Rüdiger Ritter
Der Tröster der Nation

Deutsches Polen-Institut

Polnische Profile

Herausgegeben von
Dieter Bingen und Peter Oliver Loew

Band 6

2019
Harrassowitz Verlag · Wiesbaden

Rüdiger Ritter

Der Tröster der Nation

Stanisław Moniuszko (1819–1872) und seine Musik

2019
Harrassowitz Verlag · Wiesbaden

Gefördert aus den Mitteln des Polnischen Instituts Düsseldorf und des Ministeriums für Auswärtige Angelegenheiten der Republik Polen

Der vorliegende Text basiert in Teilen auf der 2005 erschienenen Dissertation des Verfassers: Musik für die Nation. Der Komponist Stanisław Moriuszko (1819-1872) in der polnischen Nationalbewegung des 19. Jahrhunderts. Frankfurt am Main 2005.

Umschlagsabbildung:
Adolphe Lafosse Moniuszko, Polnische Nationalbibliothek, Polona.pl.

Redaktion: Saskia Metan, Dresden

Bibliografische Information der Deutschen Nationalbibliothek
Die Deutsche Nationalbibliothek verzeichnet diese Publikation in der Deutschen Nationalbibliografie; detaillierte bibliografische Daten sind im Internet über http://dnb.dnb.de abrufbar.

Informationen zum Verlagsprogramm finden Sie unter
http://www.harrassowitz-verlag.de
© Otto Harrassowitz GmbH & Co. KG, Wiesbaden 2019
Kreuzberger Ring 7c-d, D-65205 Wiesbaden,
produktsicherheit.verlag@harrassowitz.de

Das Werk einschließlich aller seiner Teile ist urheberrechtlich geschützt. Jede Verwertung außerhalb der engen Grenzen des Urheberrechtsgesetzes ist ohne Zustimmung des Verlages unzulässig und strafbar. Das gilt insbesondere für Vervielfältigungen jeder Art, Übersetzungen, Mikroverfilmungen und für die Einspeicherung in elektronische Systeme.

Umschlag: Tatjana Beimler

ISSN 2197-6066
ISBN 978-3-447-11109-6

Inhaltsverzeichnis

I Einleitung 1
1 Die Premiere der *Halka* 1858: Ein Meilenstein
   in der polnischen Operngeschichte 3
2 Fragen 5

II Moniuszkos Lebensweg 9
1 Ein junger Landadliger aus der Provinz 11
   Kindheit und familiäre Prägungen in Ubiel – Schulausbildung und erste musikalische Erfahrungen in Minsk und Warschau – Verlobung und kompositorische Interessen in Wilna – Als Kompositionsschüler Rungenhagens in Berlin
2 Komponist in Wilna 29
   Wilna als Musikstadt – Moniuszkos Eintritt in die Wilnaer Gesellschaft: Heirat und *sala Müllerów* – Organisator des Musiklebens – Frühe Bühnenwerke – Moniuszko als Liedkomponist: Die *Śpiewniki domowe* (*Liederbücher für den Hausgebrauch*)
3 Existenzsorgen 40
   Umzug nach St.Petersburg? – Das Projekt *Halka* und sein Scheitern in Warschau – Der verhinderte Opernkomponist: Kantaten und Lieder als Ersatz – Zwischen St.Petersburg und Warschau – Moniuszkos Schaffen in Wilna: Viel Arbeit, wenig Anerkennung
4 Im Zentrum des polnischen Musiklebens: Leben und Wirken
   seit 1858 57
   Der Wendepunkt: *Halka* in Warschau – Reisen ins westliche Ausland – Zwischen Neid und Anerkennung: Moniuszko als Warschauer Operndirektor – In den Warschauer Salons – *Flis* (*Der Flößer*) – *Hrabina* (*Die Gräfin*) – *Verbum nobile*
5 Leitfigur der musikalischen Nationalbewegung 87
   Oper im Kraftfeld zwischen Nationalgedanke und Besatzungsmacht – Moniuszko und der Aufstandsgedanke – *Widma* (*Die Ahnengeister*) – *Straszny dwór* (*Das Gespensterschloss*)

Inhaltsverzeichnis

6 Möglichkeiten und Grenzen Moniuszkos 105
   Komponist oder Pädagoge? Moniuszko und das *Instytut Muzyczny* – Misserfolg im Westen: Zweite Parisreise – Anerkennung im slawischen Ausland – Die unverstandene Oper: *Paria* – Denkmal seiner selbst: Letzte Lebensphase und beginnender Aufbau als nationaler Mythos

III Nationsverständnis und künstlerische Konzeption 139

1 Pole, Litauer, Weißrusse, Russe? Moniuszkos Nationsverständnis ... 141
   Ethnischer, politischer oder historischer Nationsbegriff? – Selbstäußerungen Moniuszkos als »Pole« und »Litauer« – Moniuszkos Musik und die Musik seiner Herkunftsregion – »Vormodernes« Nationsverständnis Moniuszkos

2 Moniuszkos künstlerische Konzeption 154
   Musik und Nationalgedanke – Nationale Kennzeichnung durch Tanzsätze – »Angewandte« Musik: Musik als Textausdeutung – Musik als Sprache – »Schöne« Musik, sozialkritische und nationale Aussage

IV *Halka*: Synthese des Bisherigen und Ausgangspunkt
   für Zukünftiges 177

1 *Halka* und europäische gattungsgeschichtliche Traditionen 179
2 Vom ungeliebten sozialkritischen Werk zum Nationaldenkmal 187
3 Expansion der *Halka* in die polnischen Zentren 196
4 Das Nationalsymbol *Halka* in der polnischen politischen
   Mythologie 202
5 Die Grenzen des Mythos 213

V Ausblick: Rezeptionsstationen Moniuszkos bis heute 219

VI Anhang 233
   Literatur – Werkverzeichnis (Auswahl) – Verzeichnis der Abbildungen – Quellen der Notenbeispiele – Stanisław Moniuszko: *Żal dziewczyny*

VII Personenregister 251

I Einleitung

1 Die Premiere der *Halka* 1858: Ein Meilenstein in der polnischen Operngeschichte

Am Neujahrstag des Jahres 1858 erklang Moniuszkos Oper *Halka* in ihrer vieraktigen, der sog. »Warschauer« Fassung im Warschauer Operntheater zum ersten Mal. Das Ergebnis war überwältigend. Der vor Glück völlig benommene Komponist schrieb hastig in abgehackten Satzfetzen an seine Familie nach Wilna, was ihn bewegte:

> Ein vollkommener Erfolg. [...] Verzeiht mir, dass ich ohne Sinn schreibe. Ihr versteht nicht, was mit mir geschieht. Ich bin sehr froh über mich, die Künstler und das Publikum.

Auf der Rückseite des Briefes hatte sein Schwager Jan Müller folgendes hinzugefügt:

> Nach dem Durchlesen des Briefes sehe ich, dass Staś [in der Familie übliche Form des Vornamens Stanisław, R.R.] unter dem Einfluss des Glücks wie ein Halbverrückter an Euch schreibt, also nehme ich als ernsthafterer Mensch es auf mich, nähere Einzelheiten zu beschreiben. Nach der Ouverture wurde ein riesiges Bravo gegeben; als der Vorhang aufging und die Polonaise aufklang, erdröhnte das ganze Theater [...] und nach dem dritten Akt wurde der geliebte Staś viermal, nach dem vierten Akt noch einmal herausgerufen; [...] insgesamt war der Enthusiasmus außergewöhnlich. [...] Insgesamt sage ich Euch, dass es eine äußerst angenehme Überraschung sowohl für das Publikum als auch für alle anderen war. Heute ist die zweite Vorstellung, die sicher noch besser gehen wird. An der Kasse herrscht riesiger Andrang, man kann keine Karten mehr bekommen [...].[1]

---

1 Stanisław Moniuszko. Listy zebrane [Gesammelte Briefe]. Przygotował do druku Witold Rudziński przy współpracy Magdaleny Stokowskiej, Kraków 1969 [fortan zitiert als: Listy], Nr. 267 vom 2.1.1858 aus Warschau an seine Frau, S. 291f.

Einleitung

Es blieb nicht bei der überwältigenden Aufnahme der ersten Aufführung. Nach dem Bericht Moniuszkos an seine Familie verlief die zweite Vorstellung tatsächlich noch besser als die erste.[2] Ganz offensichtlich sprach die Oper bei den Zuhörern schnell und unmittelbar starke Gefühle an. Schon die ersten kurzen Nachrichten über die Premiere und die folgenden Aufführungen legen von dieser starken Wirkung Zeugnis ab. So schrieb einer der führenden Warschauer Feuilletonisten, Józef Kenig, unter dem Eindruck des erstmaligen Hörens bereits am 2. Januar: »Diese so dramatische, überall so kunstvolle, so durchdachte Musik schmeichelte sich [...] sofort ins Herz«.[3]
Die Beliebtheit der Oper wuchs mehr und mehr. Am 27. Januar las man in der Zeitschrift Ruch Muzyczny:

> Moniuszkos *Halka* belegte alle Opernvorstellungen in dieser Woche. Und noch manch andere Woche könnte so ablaufen, wenn die Theaterleitung die Meinung des Publikums beherzigen würde, das Karten für einige Vorstellungen in Folge vorbestellt [...] Es gibt auch solche, die fast keine Aufführung von ihr auslassen.[4]

Ganz offensichtlich war die *Halka* mehr als einfach nur eine geglückte Oper. Allein im Laufe ihres ersten Jahres auf der Warschauer Bühne erlebte die Oper über 40 Aufführungen und stellte damit andere Bühnenmusikwerke weit in den Schatten. Schon die Zeitgenossen registrierten dieses Phänomen mit Erstaunen:

> Seit den ältesten Zeiten erinnern wir uns nicht an einen solchen Erfolg, wie ihn die *Halka* genießt. Zwei Jahre sind schon vergangen, die fünfzigste, die Jubiläumsaufführung nähert sich, und das Publikum erkaltet nicht in seinem Eifer. Gestern hatten wir dafür Beweise: Es gab keine Karten mehr, die Kasse wurde zwei Stunden vor Beginn der Vorstellung geschlossen; schon lange nicht mehr erfuhr ein neues Werk bei der ersten Vorstellung einen solchen Ansturm [...].[5]

---

2 Listy, Nr. 269 vom 24.12.1857/ 5.1.1858 aus Warschau an seine Frau, S. 292.
3 Gazeta Warszawska Nr. 2 (2.1.1858), S. 3.
4 Ruch Muzyczny Nr. 4 (27.1.1858), S. 2.
5 Gazeta Warszawska (5.12.1859), S. 3

Einleitung

Die Oper gefiel, sie »kam an« und entwickelte sich zu einem richtigen »Kassenschlager«. Die große Beliebtheit führte zu zahlreichen Ehrungen für den Komponisten. So war der Triumph der *Halka* der Anlass, dem Komponisten am 15. August 1858 die Stelle des Direktors der Warschauer Oper, d.h. des künstlerischen Leiters, zu übertragen. Diese und ähnliche Reaktionen standen am Anfang eines Siegeszuges der *Halka*, der bald schon nicht nur Warschau, sondern nach und nach alle anderen Zentren polnischer Kultur erfasste. In den folgenden Jahren und Jahrzehnten sollte sich eine Erfolgsstory dieser Oper abspielen, die in dieser Form in der Geschichte der polnischen Oper beispiellos ist. Dadurch hob sie sich von den wenigen anderen polnischen Opern der Zeit ab, die nach kurzer Zeit wieder abgesetzt wurden und keine über die Saison herausgehende Bedeutung erlangten, so z.b. Oskar Kolbergs Oper *Król pasterzy* (*König der Hirten*, Uraufführung am 2.3.1859) oder Adam Münchheimers Oper *Otton Łucznik* (*Otto der Bogenschütze*, Uraufführung am 8.12.1864). Andere polnische Opern kamen gar nicht erst zur Aufführung, wie etwa *Monbar czyli Flibustierowie* (*Monbar oder: Die Filibuster*) von Ignacy Feliks Dobrzyński oder die Oper *Wianki* (*Kränze*) von Baltazar Gwozdecki (Text) und Aleksander Martin (Musik) von 1855.

2 Fragen

Warum wurde gerade dieser Oper in Warschau ein solch spektakulärer Erfolg zuteil? Rezensionen und Musikanalysen zeigen, dass Moniuszko mit der *Halka* einige der zentralen Erwartungen des polnischen Publikums an eine Oper einlöste. Seit dem Ausgang des 18. Jahrhunderts hatten polnische Musikpublizisten die Komposition einer großen, eigenständigen polnischen Oper gefordert, und Moniuszko erfüllte in ihren Augen diese Forderung. Dabei war keineswegs unumstritten gewesen, was für eine Oper eigentlich genau erwartet wurde. Eine kontroverse Diskussion kam auf, und die Rezeption der *Halka* zeigt, dass ihr Bühnenerfolg auch deswegen so groß war, weil es ihr gelang, die gegensätzlichen Lager in diesem Diskurs ein ganzes Stück weit in der Idee des Nationalen zu versöhnen. *Halka* wurde dadurch schnell zu einem Symbol

Einleitung

nationaler polnischer Einigkeit. Ergebnis war die Titulierung von *Halka* als Nationaloper und ihres Komponisten Stanisław Moniuszko als Nationalkomponist. Moniuszko selbst stellte sein Werk in den Dienst der nationalen Sache, als er sein zweites Hauptwerk, die Oper *Straszny dwór*, in einer berühmt gewordenen Formulierung als »Trösterin angesichts fortwährender Niederlagen«[6] bezeichnete.

Im 19. Jahrhundert überstieg die Verehrung Moniuszkos mitunter sogar die Bewunderung Chopins, der ja »nur« Klaviermusik, aber keine Opern komponiert hatte.

Außerhalb der polnischen Kultur war Moniuszko jedoch kaum bekannt. Bis heute sind sowohl der Komponist als auch seine Opern auch für den Opernfreund außerhalb Polens ein Geheimtipp. Opern wie *Halka* oder *Straszny dwór* (*Das Gespensterschloss*) tauchen zwar immer wieder einmal sporadisch auf den Spielplänen europäischer Opernhäuser auf, gehören aber nirgendwo zum ständigen Repertoire. Dieses Schicksal teilen Moniuszkos Opern mit vielen nicht minder bedeutenden Opernwerken insbesondere aus dem mittleren und östlichen Europa.

Das ist im Falle Moniuszkos und seiner Werke umso erstaunlicher, wenn man sich vor Augen führt, wie eng seine Beziehungen und die kompositorischen Verbindungen zum gesamteuropäischen Opernschaffen sind. Moniuszko studierte in Berlin, die gattungsgeschichtlichen Parallelen seiner Opern zu den wichtigen europäischen Typen dieser Gattung sind ganz offensichtlich. Dennoch gibt es eine ganze Reihe von Aspekten des Werks Moniuszkos, die sich nur durch eine etwas genauere Kenntnis der polnischen Diskussion um Musik und Oper und durch die Kenntnis einiger Grundideen des polnischen nationalen Diskurses erschließen lassen. Erst dadurch wird erkennbar, dass es sich beispielsweise bei Moniuszkos *Halka* noch um erheblich mehr handelt als lediglich um die polnische Abwandlung eines europaweit angewendeten Operntyps.

Die Klage im polnischen Musikdiskurs über die fehlende Rezeption Moniuszkos und seiner Werke im Ausland ist nur wenig jünger als der Erfolg der *Halka* in Polen. Allerdings gab es bislang in der polnischen Musikwissenschaft kaum Versuche, die Bedeutung der Oper für auslän-

---

6 »[…] bieżących klęsk pocieszycielka«. So Moniuszko in einem Brief an seinen Freund Edward Ilcewicz vom 27.11.1861, in: Listy, Nr. 521 vom 27.11.1863 aus Warschau, S. 453.

dische Hörer begreifbar zu machen – ebenso wie bislang kaum ein nicht mit der polnischen Kultur verbundener Autor sich Moniuszkos und der *Halka* gewidmet hätte. Möglicherweise liegt das daran, dass ein polnischer Autor keine Notwendigkeit sieht, etwas aus seiner Sicht »Selbstverständliches« zu beschreiben, während ein nicht-polnischer Autor ohne Kenntnis dieser »Selbstverständlichkeiten« die Bedeutung Moniuszkos und seiner Opern nicht adäquat erfassen kann. Dabei bieten Moniuszko und sein Werk eine ausgezeichnete und dazu noch angenehm zu hörende Möglichkeit, einige der Grundideen der polnischen Kultur im 19. Jahrhundert kennenzulernen – ganz abgesehen davon, dass Moniuszkos Opern ein wichtiges Kapitel für eine Geschichte der europäischen Oper sind, die immer noch auf ihren Autor wartet.

Wer also war Stanisław Moniuszko und worin bestand seine Bedeutung als Komponist und die Bedeutung seiner Opern für die polnische, aber auch die europäische Kultur im 19. Jahrhundert? Welches waren die Erwartungen, die er mit seinen Opern, allen voran der *Halka*, beim polnischen Publikum einlöste? Wie fügt Moniuszko sich in eine europäische Musik- und Kulturgeschichte ein? Und schließlich: Welche Nachwirkungen hat sein Werk bis heute? Diese Fragen sollen in diesem Buch betrachtet werden.

II Moniuszkos Lebensweg

Abb. 1: Das Vorwerk Ubiel: Hier wurde Stanisław Moniuszko 1819 geboren

1 Ein junger Landadliger aus der Provinz

Kindheit und familiäre Prägungen in Ubiel

Stanisław Moniuszko wurde am 5. Mai 1819 auf dem Vorwerk Ubiel nahe Minsk geboren, der Hauptstadt des heutigen Belarus. Sein Vater, Czesław Moniuszko (1790–1870, sein Sohn überlebte ihn nur um zwei Jahre!), hatte erst im Vorjahr seine Frau Elżbieta Madżarska geheiratet und sich in Ubiel niedergelassen. Bei beiden Eltern handelte es sich um Vertreter des mittleren Landadels, der sog. *szlachta drobna*. Wie alle anderen Bevölkerungsgruppen hatte auch dieser Stand als Folge der schrittweisen Aufteilung der alten *Rzeczpospolita,* des polnisch-litauischen Reiches, einschneidende politische, rechtliche und wirtschaftliche Veränderungen über sich ergehen lassen müssen, die nicht nur seine materielle Lage, sondern auch die gesellschaftlichen und weltanschaulichen Einstellungen wesentlich prägten.

Der Großvater des Komponisten, ein Richter gleichen Namens, war um die Mitte des 18. Jahrhunderts zu Reichtum und Landbesitz gelangt. Zusammen mit einem weiteren verarmten Adligen, Franciszek Osztorp, verwaltete er unter anderem die Güter des Fürsten Ogiński, bis es ihnen schließlich gelang, sie käuflich zu erwerben. Die beiden neuen Besitzer teilten die Güter unter sich auf, so dass Moniuszko den Ort Śmiłowicze (heute Šmiloviči, ca. 40 km südöstlich von Minsk) und sämtliche dazugehörigen Vorwerke erhielt. Diese und noch andere Unternehmungen (weitere Pachtaufgaben, Beschaffung von Heeresausrüstungen und anderes) führten dazu, dass Moniuszko bei seinem Tod 1807 seinen sechs Söhnen je 100 Leibeigene und je 100.000 Rubel Bargeld hinterlassen konnte, seine vier Töchter erhielten je 100.000 Dukaten in bar: insgesamt ein ansehnliches Erbe.

Das Verhalten des Großvaters war für einen Vertreter seines Standes in den östlichen Gebieten der alten *Rzeczpospolita* typisch. Die *szlachta drobna* stellte in der Region um Wilna und Minsk den weitaus größten

Teil des Adels – so besaßen in der Region etwa 90% der Adligen ein bis drei Dörfer. Kennzeichnend gerade für diesen Teil des Adels war der Umstand, dass es durch geschicktes eigenes Handeln hier mitunter möglich war, den Besitz in ganz erheblichem Maße zu vermehren, so wie der Großvater des späteren Komponisten es getan hatte. Motivation für ein solches Verhalten war oft nicht einfach der Wunsch nach Vergrößerung des Besitzes, sondern oft auch der sozialen Stellung und des politischen Einflusses. Obwohl nämlich formal für jeden Angehörigen des Adelsstandes die gleichen Rechte galten (die sog. Adelsdemokratie), hatte sich ein Klientelsystem herausgebildet, als dessen Kriterium sich letzterdlich doch der Besitzstand des einzelnen Adligen erwies. Eine Verbesserung der materiellen Lage schuf hier also nicht nur eine verbesserte soziale Stellung, sondern auch Optionen auf erweiterte Einflussmöglichkeiten. Die *szlachta drobna* war derjenige Teil des Adels, der für wirtschaftliche und soziale Aufstiegschancen dieser Art die günstigsten Voraussetzungen besaß. Dem niederen, besitzlosen Adel, der *szlachta zagonowa* oder *gołota*, fehlte hierzu die materielle Basis; für den hohen und Hochadel, d.h. für die sog. Magnaten, existierte dieses Problem nicht, da sie zumeist durch ihre immensen Landgüter gleichsam exemt und unangreifbar geworden waren: Selbst die turbulenten Ereignisse der Jahrhundertwende hatten ihrer Position nichts anhaben können. Die Adelsprivilegien erwiesen sich also besonders für die *szlachta drobna* als sehr vorteilhaft, da Steuerbefreiungen, Freiheit vom Heeresdienst und diverse politische Rechte die Mehrung materiellen Besitzes sehr erleichterten.

Das änderte sich, als das Gebiet der alten *Rzeczpospolita* seit 1772 unter ihren Nachbarn aufgeteilt wurde und der Staat seit 1795 nicht mehr existierte. Im russischen Teil, zu dem der Besitz der Familie Moniuszko fortan gehörte, mussten sich alle Adligen einem Registrierungsprozess unterwerfen und ihren Adelsstatus mithilfe entsprechender Dokumente nachweisen. Dieser Registrierungszwang garantierte Czesław Moniuszko und seinen Nachkommen zwar fortan die Rechte eines russischen Hofadligen (*dvorjanin*), die wirtschaftliche Lage der Familie verschlechterte sich jedoch zusehends.

Die Gründe dafür lagen aber nicht nur in der neuen politischen Lage, sondern auch in der Person Czesław Moniuszkos. Dass es ihm nicht gelungen war, seiner Familie eine befriedigende materielle Situation zu verschaffen, hing auch wesentlich damit zusammen, dass er die traditionelle Lebensweise und die althergebrachten Einstellungen eines polnischen Adligen auch dann noch verteidigte und zur Grundlage seines Handelns machte, als die Nutzlosigkeit, ja Schädlichkeit dieser Vorgehensweise immer deutlicher zu werden begann. Obwohl Czesław nämlich ganz offensichtlich ungeeignet zur wirtschaftlichen Führung eines Gutes war, sah er doch genau hierin seine Aufgabe, wie es ja dem Bild eines Landadligen entsprach. Allein zur Deckung umfangreicher Schulden musste er schließlich das Vorwerk Ubiel verkaufen und über drei Viertel des Erlöses in die Schuldentilgung stecken. Dennoch hielt er das Selbstbild des polnischen Landadligen weiter hoch. Bezeichnend ist sein Versuch, die Herkunft der Familie wenn schon nicht auf eine Persönlichkeit der antiken griechisch-römischen Mythologie, so doch wenigstens auf ein erfundenes italienisches Adelsgeschlecht namens Moneo zurückzuführen – ganz im Sinne des traditionellen Verständnisses eines polnischen Adligen, wonach ein alter Name nicht nur Ausdruck einer verdienstvollen Vergangenheit war, sondern auch einen Anspruch auf Anerkennung und materielle wie ideelle Besserstellung beinhaltete.

Dazu passt, dass Czesław Moniuszko auch den Lebensstil eines altpolnischen Adligen weitmöglichst zu übernehmen suchte: In den dreißiger Jahren gründete er zusammen mit seinem Schwager in Minsk eine Amateurmalerwerkstatt, eine Bildergalerie und eine Bibliothek. Seine erhaltenen Skizzenbücher spiegeln sein Weltbild wider: Idyllische Zeichnungen des Landlebens und Porträts einzelner Familienmitglieder wechseln sich ab mit kurzen Texten in Gedichtform, die immer wieder die Rolle der »Sarmaten« (einem selten näher definierten Steppenvolk, von dem der polnischen Adel jener Zeit gerne seine Herkunft herleitete) und den klassischen Aufgabenkanon der »alten *szlachta*« thematisieren. Czesław Moniuszko steht für einen Teil des Adels, der insbesondere seit den 1820er Jahren in einer Zeit wachsender Verunsicherung ideologischen Rückhalt in der althergebrachten Gedankenwelt der *szlachta* suchte. Durch die wirtschaftlichen, politischen und kulturellen Veränderungen gleichermaßen verunsicherte Angehörige der *szlachta* suchten sich im Sarmatismus gleichsam ein ideologisches Refugium zu schaffen, das ihnen ein Zentrum der Identifikation bieten sollte. Der Sarmatismus und die damit verbundenen Einstellungen mussten Czesławs Sohn, dem späteren Komponisten Stanisław Moniuszko, jedoch angesichts der desolaten Lage des Familienbesitzes als bloßer, inhaltsleerer Adelsdünkel erscheinen.

Ein ganz anderes Adelsbild erhielt der junge Stanisław von den fünf kinderlosen Geschwistern seines Vaters – Ignacy (1787–1869), Dominik (1788–1848), Józef (1789–1840), Kazimierz (1795–1836) und Aleksander (1801–1836). Sie beschäftigten sich intensiv mit ihrem Neffen und nahmen erheblichen Einfluss auf seine Ausbildung und Erziehung, nicht zuletzt, weil Stanisław ja der einzige männliche Nachkomme war und sich somit *nolens volens* in einer Schlüsselstellung der Familie befand.

Ebenso wie sein Vater Czesław hatten auch seine beiden ältesten Onkel Ignacy und Dominik sich der Armee Napoleons angeschlossen, um ganz im Sinne des traditionellen polnischen Aufstandsverständnisses mit der Waffe in der Hand für die Freiheit des Vaterlandes zu kämpfen. Auch wenn Moniuszkos Vater sich mit seinen Brüdern also in der gemeinsamen Idee des patriotischen Kampfes für die nationale Sache traf, so trennte die Brüder doch eine grundsätzlich andere Natur des Verständnisses vom Sinn des eigenen Standes. Versuchte zum einen nämlich Czesław, die traditionelle altpolnische Lebensweise der *szlachta* fortzusetzen, so widmeten sich zum anderen seine Brüder mehr oder weniger intensiv den neueren aufklärerischen Bestrebungen. Wesentliche Elemente von Moniuszkos Weltbild bildeten sich an diesem Gegensatz aus.

Von höchster Bedeutung in diesem Zusammenhang ist die Tatsache, dass vier Onkel Stanisławs, nämlich Ignacy, Dominik, Kazimierz und Aleksander, ein Studium an der neugegründeten Universität Wilna beendeten. Da Czesław sich mit der Verwaltung der väterlichen Güter beschäftigen musste, blieb ihm ein Gleiches verwehrt. Student an der Universität Wilna zu sein, bedeutete zum damaligen Zeitpunkt wesentlich mehr als lediglich die Absolvierung einer Berufsausbildung. Vielmehr handelte es sich dabei um eine vertiefte Erziehung an einem Zentrum des intellektuellen polnischen Lebens mit einer ganz spezifischen Kombination von patriotisch-nationalem und aufklärerisch-sozialkritischem Denken. Für einen bestimmten Teil der *szlachta drobna* stellte damals Bildung eine Art Ausgleich für entgangene Privilegien dar, der geeignet zu sein schien, das Fortkommen auf ganz andere Weise als bisher zu sichern. Das bedingte eine grundsätzliche Auseinandersetzung mit der eigenen Herkunftsschicht, wie es sich bei Moniuszkos Onkeln auf mehreren Ebenen zeigte. Zunächst führte diese Erziehung ganz offensichtlich zu einem völlig anderen, kritischen Umgang mit dem eigenen Stand und den damit verbundenen Praktiken. Stellvertretend hierfür mag eine Satire stehen, die Aleksander Moniuszko, einer der Onkel des Komponisten, schon im Jahr 1817 im Dziennik Wileński veröffentlichte. Unter anderem riet er an dieser Stelle ironisch seinen Standesgenossen dazu, sich eine erfundene, möglichst antike Herkunft zuzulegen und prangerte dadurch genau das Verfahren an, das sein eigener Bruder anwandte.

Den wahrscheinlich größten Einfluss auf den jungen Stanisław übte Kazimierz Moniuszko aus. Schon früh hatte er seinem Neffen Literatur zum Lesen gegeben. Seit 1834 kümmerte er sich systematisch um dessen schulische Ausbildung und leitete ihn außerdem zum Selbststudium an. Als Kazimierz zwei Jahre später an Tuberkulose starb, vermachte er ihm seine um die tausend Bücher umfassende Bibliothek. Hier liegen die Wurzeln für das große literarische Verständnis des Komponisten, insbesondere für seine Verehrung von Adam Mickiewicz, dessen Werke er offensichtlich schon in dieser Zeit studierte.

Mit der Rezeption der Romantik an der Universität Wilna ging auch eine neue Sichtweise auf die bäuerliche Landbevölkerung einher. Das blieb jedoch nicht nur auf kunstästhetische Reflexionen beschränkt, sondern fand bei einem Teil der Studenten auch Ausdruck im Versuch, Neuerungen auf sozialem Gebiet einzuführen. Dies zeigte sich bei den Brüdern Moniuszko nach der Rückkehr auf ihre ländlichen Besitzungen. Am deutlichsten sichtbar ist dieses soziale Element bei Dominik Moniuszko. Ähnlich wie auch andere Gutsbesitzer teilte er sein Land in Parzellen auf, die er seinen Bauern zur eigenen Bewirtschaftung überließ. Ganz im Geiste der Aufklärung verwandte er die zu entrichtenden Abgaben nicht nur für den eigenen Lebensunterhalt, sondern ließ Schulen für die Kinder seiner Untergebenen errichten. Da bis auf Czesław, den Vater des Komponisten, alle seine Brüder sein Vorgehen guthießen und sogar ein zaristischer Visitator ein sehr positives Urteil abgab, konnte diese Organisation bis zu seinem Tod im Jahr 1848 aufrechterhalten werden. Mit seiner Ablehnung von Dominiks Vorgehen stand Czesław nicht nur im Gegensatz zu seinen Brüdern, sondern auch zu seinem Sohn, der anscheinend bei den Vorgängen um die Verteilung und Verwaltung von Dominiks Erbe im Jahre 1848 gegen seinen eigenen Vater Partei für die Bauern ergriff. Leider sind keine Selbstaussagen Moniuszkos zu dieser Frage erhalten. Dass ihm die Frage der Bauernbefreiung nicht gleichgültig war, kann man jedoch daran erkennen, dass er nochmals zu einem späteren Zeitpunkt in seiner Korrespondenz die Bauernfrage thematisierte – eine Seltenheit, da gesellschaftliche Themen sonst in seinen Briefen nicht erschienen.

Durch seine Onkel Kazimierz und Dominik war also bereits der junge Komponist intensiv mit den Gedanken der Wilnaer Aufklärung in Berührung gekommen. Vermittelt wurde ihm ein positives Adelsbild: Durch Abwendung von alten überkommenen Verhaltensweisen und Hinwendung zu rationalem Verhalten im Geiste der Aufklärung schien der Adel auch unter den neuen Bedingungen dazu fähig zu sein, für das Wohlergehen aller zu sorgen und somit seinen Auftrag und seine Daseinsberechtigung zu erfüllen. Die Reflexion über den Adel als Stand sollte fortan eines der großen Themen sein, die Moniuszkos Denken und infolgedessen auch seine Musik sein Leben lang bestimmten.

Schulausbildung und erste musikalische Erfahrungen in Minsk und Warschau

Nach Moniuszkos eigenem Zeugnis bestanden seine ersten Begegnungen mit der Musik im Kontakt mit den *Śpiewy historyczne* (*Historische Gesänge*) aus dem Jahre 1816 von Julian Ursyn Niemcewicz (1757–1841), die zu ihrer Zeit eine Art Kompendium der Dichtung und der Musik in Kreisen der polnischen Landadligen im Gebiet zwischen Wilna und Minsk darstellten. Seine Mutter sang sie ihm vor, außerdem konnte er sie von Piotr Karaffa-Korbut hören, einem seinerzeit in der Gegend sehr bekannten Musiker, der zunächst in Minsk und dann in Nieśwież im Palast der polnischen Magnatenfamilie Radziwiłł lebte. Kontaktbörse für ihn war der Salon, den sein Vater Czesław Moniuszko in Minsk führte – ein Treffpunkt der regionalen Intelligenz. Hier ergaben sich Kontakte, die zur späteren Zusammenarbeit führten, etwa mit den Dichtern Oskar Korwin-Milewski und Wincenty Dunin-Marcinkiewicz.

Die Jahre 1827 bis 1830 verbrachte der werdende Komponist in Warschau. Dieser Ortswechsel sollte seiner besseren Ausbildung dienen

– der Sohn sollte auf diese Weise wenigstens einen Teil dessen erhalten, was dem Vater verwehrt geblieben war, nämlich eine höhere Bildung. Er wurde auf das Gymnasium des Piaristenordens geschickt und erhielt dort außer in Religion, Geschichte, den Naturwissenschaften und Mathematik auch Unterricht im Polnischen, Lateinischen, Französischen und Deutschen sowie Einblick in weitere Wissensgebiete. In Warschau kam Moniuszko in engeren Kontakt mit dem Organisten August Freyer (1801–1883). Dieser war im Jahr 1827 auf Empfehlung seiner Leipziger Lehrer zu Józef Elsner nach Warschau gekommen, um dort seine Musikstudien an der Warschauer Musikakademie zu beenden. Nebenher arbeitete er als Musiklehrer und unterrichtete Stanisław Moniuszko während der Zeit von dessen Warschauer Aufenthalt von 1828 bis 1830.

Was Freyer seinem jungen Schüler im Einzelnen beigebracht hat, ist nicht bekannt. Aus zwei Gründen jedoch ist anzunehmen, dass die Rolle der deutschen Musik in seinem Unterricht bedeutend gewesen ist: Zum einen war Freyer gerade erst in Warschau angekommen und hatte vorher beim Leipziger Organisten Friedrich Schneider studiert. Zum anderen war Warschau in der damaligen Zeit eine Stadt, die ganz stark vom deutschen kulturellen Element geprägt wurde. Unter anderem lag das an den Nachwirkungen der Tatsache, dass Warschau ab 1795 als Folge der Aufteilung des polnischen Reststaates unter seinen drei Nachbarn für einige Jahre unter preußische Herrschaft gekommen war, ehe die Stadt dann Hauptstadt des Großherzogtums Warschau und nach 1815 des sog. Kongresspolen wurde.

Unter preußischer Herrschaft war eine große Anzahl Staatsbediensteter nach Warschau gekommen, die die Verwaltungsarbeit übernehmen sollten, sich aber oft auch anderweitig betätigten. So gründete einer von ihnen, E.T.A. Hoffmann, eine Musikgesellschaft in der Stadt, die zum Sammlungspunkt des musikalischen Lebens wurde. Am noch vom letzten polnischen König, Stanisław August Poniatowski, gegründeten *Liceum Warszawskie* wurde bis 1807 in deutscher Sprache unterrichtet, ehe es dann auf das französische Unterrichtssystem umgestellt wurde (nach 1831 wurde es als *Erstes Gouvernementsgymnasium* nach russischem Organisationsmodell wiedereröffnet). Bis zu 80 % der Schüler stammten aus dem Warschauer deutschsprachigen Bürgertum. Diese

Einrichtung erfüllte die Funktion einer kulturellen Begegnungsstätte. Chopins Vater war im Jahr 1807 hierhergekommen, um eine Anstellung als Französischlehrer anzutreten. August Freyer, der am *Liceum Warszawskie* studierte, war ein naher Freund Chopins. In der Wohnung der Chopins, die in einem Seitenflügel des Pałac Kazimierzowski wohnten, gingen deutsche und polnische Intellektuelle ein und aus, es wurde Französisch, Deutsch und Polnisch gesprochen. Sie war der wichtigste musikalische Salon der Stadt. Hier verkehrten u. a. die Schriftsteller Kajetan Koźmian, Bohdan Zaleski, Stefan Witwicki und Chopins Lehrer, der Komponist Józef Elsner.

Es ist nichts Näheres über Moniuszkos Kontakte und Aktivitäten in Warschau aus dieser frühen Zeit bekannt. Es darf aber als sicher gelten, dass der Warschauer Aufenthalt auf ihn insofern prägend wirkte, als er die Bedeutsamkeit der deutschen und französischen Kultur gerade für seine musikalischen Interessen erkannte.

Die Sommerferien verbrachte Moniuszko auch in diesen Jahren auf seinem elterlichen Gut in Ubiel. Nach den Sommerferien des Jahres 1830 kehrte er jedoch nicht nach Warschau zurück, sondern die Familie siedelte nach Minsk über, das damals neben Wilna ein zweites, etwas kleineres regionales Zentrum polnischer Kultur für die Gegend darstellte. Nach dem Novemberaufstand (1830/1831) wurde an Moniuszkos Minsker Schule Russisch als Unterrichtssprache eingeführt, zudem erkrankte der damals schon gesundheitlich schwächelnde Stanisław nun so häufig, dass ein weiterer Verbleib an der Schule nicht ratsam erschien und er das Minsker Gymnasium nach sechs Klassen verließ. Moniuszko litt zeit seines Lebens an einer schwachen Gesundheit: Er war kurzsichtig, zog ein Bein nach und kränkelte oft. Bemerkenswert ist, wie schnell der Komponist alterte: Als er kaum älter als 50 Jahre starb, war er tatsächlich bereits ein alter Mann – selbst die sicherlich idealisierten Porträts lassen dies deutlich erkennen. Es mag daher sein, dass schon der junge Moniuszko durch eine außerordentliche Konsequenz und Willenskraft versuchte, diese körperliche Schwäche auf anderem Gebiet auszugleichen. Fortan kümmerte sich insbesondere sein Onkel Kazimierz systematisch um die weitere Ausbildung seines Neffen, was die fehlende weitere Schulbildung mehr als ausglich. So lernte der werdende Komponist im Jahr 1835 das Versepos *Pan Tadeusz* von Adam Mickiewicz kennen, nur ein

Jahr, bevor sein Onkel Kazimierz an Tuberkulose starb und seinem Neffen seine Bibliothek vermachte. Fortan bildete dieser sich selbst fort und erwarb sich ein umfassendes Wissen vor allem über die Literatur seiner Zeit – nicht nur die polnische, sondern auch die französische, englische und deutsche. Derjenige Musiklehrer, der in dieser Zeit das Interesse des jungen Stanisław an der Musik erst richtig entfachte und der in ihm auch den Berufswunsch Musiker weckte, war Dominik Stefanowicz, der Leiter des Minsker Theaterorchesters, der ihn nach seiner Rückkehr aus Warschau nach Minsk zu unterrichten begann.

Verlobung und kompositorische Interessen in Wilna
Im Jahr 1836 begab Moniuszko sich in Begleitung seines Onkels Aleksander für einige Monate nach Wilna. Ob es die erste Reise in diese Stadt war, ist nicht bekannt, sicher ist hingegen, dass eine weitere Reise im Jahr 1837 folgte. Aus dieser Zeit datieren Moniuszkos Bekanntschaften in dieser Stadt, die ein Leben lang bestehen bleiben sollten, nämlich die Beziehungen zu Dr. Rosołowski und Dr. Frank, beide Absolventen der Wilnaer Universität und Freunde und Förderer der Künste und der Musik in Wilna.

Schon in Moniuszkos Briefen an Rosołowski war immer wieder die Rede von szenischen »Stückchen« aus seiner Feder, von ihnen ist allerdings nichts erhalten geblieben. Ein Werk lernte Moniuszko in dieser Zeit kennen, das diese Saite in ihm zum Klingen brachte und einen ganz besonderen Einfluss auf ihn ausübte, der lange Zeit stark blieb und schließlich zur Komposition einer Oper über das Sujet führte: das Drama *Paria* des französischen Schriftstellers Casimir Delavigne (1793–1843). Dieses Bühnenwerk war am 1. Dezember 1821 in Paris uraufgeführt worden. Als im Jahr 1836 eine Gesamtausgabe erschien und Moniuszko in die Hände fiel, beeindruckte dieses Werk den werdenden Komponisten anscheinend so stark, dass er es nicht nur las, sondern sofort zu übersetzen begann und damit die spätere Arbeit von Wacław Szymanowski um etwa zwanzig Jahre vorausnahm.

Delavigne und insbesondere dessen *Paria* sprachen Moniuszko aus mehreren Gründen an. In Frankreich hatte sich Delavigne eine geachtete Stellung verschafft, als er das Scheitern des Napoleonfeldzugs in einem Klagegesang künstlerisch verarbeitete. In seinen *Messéniennes* trat Delavigne für die Freiheitsbestrebungen europäischer Völker ein, was ihn im Jahr 1830 nicht nur zum Verfassen des Gedichts *La Parisienne*, sondern auch von *La Varsovienne* brachte. Sein Drama *Paria* steht einerseits in einer aufklärerischen Tradition des politischen Freiheitskampfs und zugleich an der Schwelle der Bearbeitung des Sujets des Freiheitskampfs im stilistischen Gewand der Romantik. Die Verlegung des Sujets in das indische Milieu war einer literarischen Tradition des 18. Jahrhunderts geschuldet (so auch in den Opern Rameaus wie etwa *Les Indes galantes*, *Lakmé* oder *Les Veuves de Malabar*); für das politische Klima des polnischen Adels in den 1830er Jahren bestand eine wesentliche Attraktivität des Stoffes aber auch darin, die aktuellen Probleme der nationalen und sozialen Unterdrückung im Zarenreich mithilfe einer geografischen Verfremdung auf der Bühne diskutieren zu können – wenigstens wissen wir, dass diese Verfremdungstechnik in der damaligen polnischen Oper nichts Ungewöhnliches war. So hatte man mit Opernwerken wie *Zélis et Valcoure* bereits zu napoleonischer Zeit den Feldherrn von der Bühne aus dazu aufgefordert, ein unabhängiges Polen wiedererstehen zu lassen. Für Moniuszko war *Paria* der erste greifbare Stoff, in dem er seine Kombination aus Adels- und Sozialkritik verwirklicht sah. Zugleich erachtete er selbst sich zu diesem Zeitpunkt jedoch noch nicht als fähig, diesen Stoff auf eine für ihn musikalisch befriedigende Weise zu bearbeiten. Immerhin jedoch stand ihm, ohne dass er es damals schon explizit in Worte fasste, das Ziel vor Augen, als Ergebnis seiner kompositorischen Ausbildung dieses und andere ähnliche Themen in Musikwerken darstellen zu können.

In Wilna kam es zur Begegnung des jungen Komponisten mit seiner späteren Frau Aleksandra Müller. Ihr Nachname weist darauf hin, dass es sich bei ihrer Familie um eine der bedeutenden Wilnaer großbürgerlichen Familien mit deutschen Wurzeln handelte, auch wenn sie längst kein Deutsch mehr sprach. Dazu passt die Tatsache, dass der repräsentative Wohnsitz dieser Familie in denjenigem Stadtteil lag, in dem sich traditionell die deutsche Kaufmannschaft niedergelassen hatte und die auch noch zu Moniuszkos Zeiten Deutsche Straße (ul. Niemiecka, heute Vokiečių gatvė) hieß. Obgleich bürgerlichen und nicht adligen Standes, hatte ihre Familie in Wilna dennoch Rang und Namen. Ausdruck dieser Tatsache war die gesellschaftliche Funktion ihres Stadthauses mit sei-

nem Salon, der als *sala Müllerów* eines der Zentren des gesellschaftlichen Lebens dieser Stadt bildete. Es war üblich, dass durchreisende Gäste hier Station machten, so dass Neuigkeiten aus dem Ausland in Wilna zuerst hier bekannt wurden.
Auch Moniuszko und seine Onkel waren hier zu Gast. Der Landadel der Umgegend kam des Öfteren zu Beratungen hierher, so dass die Familie Müller zu diesem Zweck einige Gästezimmer vorhielt. Wie spätere Briefe vermuten lassen, war es der Klang des Äolomelodikons[7] im Zimmer des späteren Komponisten, der die Tochter des Hauses auf den jungen, eben 17-jährigen Gast aufmerksam machte, als dieser das Instrument probierte. Zwischen beiden entwickelte sich eine Beziehung, die auch bestehen blieb, als Stanisław wieder nach Minsk zurückkehrte und die von beiden Seiten offensichtlich sehr schnell als etwas Ernsthaftes betrachtet wurde.
Nicht ohne Bedeutung war jedoch der Standesunterschied der beiden Familien. Zwar waren auch in der Familie Müller Mitglieder mit bedeutenden Stellungen vertreten. So war der Vater der zukünftigen Braut, Ksawery Müller, Offizier in der russischen Armee gewesen, und seine Frau stammte aus dem Hause Zakrzewska und war mit Ignacy Wyssogota-Zakrzewski verwandt, einem Teilnehmer des Kościuszko-Aufstands und Präsidenten der Warschauer *Rada Zastępcza Tymczasowa* (Provisorischer Rat). Dennoch lebte die Familie ganz eindeutig ein durch bürgerliche Ideale bestimmtes Leben, was sich vor allem an der Berufstätigkeit ihrer männlichen Mitglieder, einem städtisch geprägten Leben und der Abwesenheit von Landbesitz zeigte – ganz im Gegensatz zur Familie Moniuszkos, die zwar in Minsk auch ein Stadthaus besaß, ihren Lebensmittelpunkt aber traditionell eher auf den ländlichen Besitzungen hatte. Die Heirat mit einer Bürgerstochter musste dem Vater und den Onkeln des Komponisten als Abstieg erscheinen, so dass der Vater erst nach einigem Zögern einwilligte.
Aber auch von seiten der Familie der zukünftigen Frau kamen Bedenken. Die beherrschende Figur in dieser Familie war ganz offensichtlich die Mutter der Braut, Maria Müller, die mit großem Selbstbewusstsein

---

7 Dabei handelte es sich um ein seinerzeit in Polen beliebtes Tasteninstrument mit kleinen Kupferpfeifen, das wenig zuvor von Karol Brunner erfunden worden war.

die Sache ihrer Familie vertrat. An ihrem künftigen Schwiegersohn war ihr sein Adelstitel weniger wichtig als die Forderung nach einem gesicherten Beruf zum Broterwerb für die zukünftige Familie – eine rational durchgeplante, pragmatische Herangehensweise, die ganz im Gegensatz stand zum Vater des Komponisten, der sich durch erfundene Adelstitel und Genealogien, also durch Schaffung von Illusionen, überhöhen wollte, aber in wirtschaftlichen Fragen keine glückliche Hand besaß.

Da aber die beiden jungen Leute an ihren Absichten keinerlei Zweifel aufkommen ließen, einigte man sich schließlich darauf, die Heirat dann abzuhalten, wenn Moniuszko seine Ausbildung als Komponist abgeschlossen haben und somit in der Lage sein würde, mit seinem Beruf Geld zu verdienen. Darauf ging auch der Vater des Komponisten ein, löste dieses Vorgehen doch das Problem, dass die beiden noch kaum im heiratsfähigen Alter waren. Ergebnis dieser Planungen war die Studienreise Moniuszkos nach Berlin, die also von vornherein zielgerichtet war: Sie sollte die Ausbildung des jungen Komponisten erweitern und soweit abschließen, dass er fortan zur Arbeit als Komponist in der Lage sein würde. Moniuszko selbst hatte sowohl das Interesse daran, diese Ausbildung durchzuführen als auch sie nicht in die Länge zu ziehen, winkte ihm doch danach nicht nur das Berufsleben, sondern auch die Heirat mit seiner Braut.

In Form der Begegnung mit der Familie seiner zukünftigen Braut hatte Moniuszko die Existenz und die Auswirkungen gesellschaftlicher Standesgegensätze nunmehr erstmals am eigenen Leib erfahren. Als Folge davon sollten sich in der folgenden Zeit seine Aufmerksamkeit und seine Kritik an den sozialen Missständen gerade in den unteren Gesellschaftsschichten noch verstärken. Zwar wurde Moniuszko kein Sozialrevolutionär, als der er im kommunistischen Polen mitunter beschrieben wurde; seine Kritik am polnischen Adel, der ja zu seiner Zeit immer noch als Träger der gesellschaftlichen und nationalen Werte galt, erhielt jedoch aufgrund seiner persönlichen Erfahrungen eine auch für seine Standesgenossen außergewöhnliche Intensität, was sich an seinen Hauptwerken zeigen sollte.

Als Kompositionsschüler Rungenhagens in Berlin

Dass Berlin und nicht Paris als Ausbildungsort in Betracht gezogen wurde, war für alle Beteiligten eine selbstverständliche Angelegenheit. Das hing nicht nur mit der Tatsache zusammen, dass die immer noch von ihrer deutschen Herkunft geprägte Familie Müller ihrem werdenden Schwiegersohn anscheinend dorthin wenigstens erste Kontakte vermitteln konnte. Vielmehr ist darauf hinzuweisen, dass in der damaligen Zeit das deutsche Bürgertum ein Ideal der polnischen Intelligenz darstellte, das den meisten Intellektuellen gut vertraut war. Es waren deutsche Gelehrte und Professoren wie etwa der Altphilologe Gottfried Ernst Groddeck (1762–1825) und der Medizinprofessor Joseph Frank (1771–1842), die an Bildungsstätten wie dem *Liceum Warszawskie*, aber auch an der bis 1839 existierenden Universität Wilna und anderswo die polnischen Geiseseliten ausbildeten. Polnische Intellektuelle entwickelten ein Ideal solider Arbeit und gründlicher Ausbildung, das sie mit dem deutschen stadtbürgerlichen Gelehrtenwesen verbanden. Selbst Chopin war vor seiner Ausreise aus Warschau in diesem Milieu deutscher Gelehrsamkeit sozialisiert. Den deutsch-polnischen Gegensatz, wie er aus der zweiten Jahrhunderthälfte bekannt ist, gab es zur damaligen Zeit noch gar nicht. Das Bild der deutschen Kultur war bei der polnischen künstlerischen Intelligenz insgesamt positiv, ungeachtet der Tatsache, dass Preußen eine der Teilungs- und Besatzermächte war.

Vermutungen der Biographen Moniuszkos, der Komponist habe Berlin nur deshalb gewählt, weil es näher an Polen gelegen war oder aufgrund der schwierigen finanziellen Lage der Familien die einzige mögliche Alternative bot, gehen daher mit Sicherheit fehl. In polnischen Augen genoss Berlin als Studienort zur damaligen Zeit ein erheblich besseres Ansehen als Paris. Die folgende Passage aus dem Tygodnik Literacki von 1838 verdeutlicht, dass polnische Intellektuelle geradezu verächtlich auf französische Verhältnisse herabsahen, wenn es um Frankreich als Ausbildungsstätte ging:

> Wenn ich höre, dass ein Pole sich in der Musik in Frankreich ausbilden lassen will, muss ich unwillkürlich lächeln. […] Wer bloß lernen will, mit einem Musikinstrument die Ohren zu kitzeln oder die Zuhörer in wohliges Taumeln zu versetzen, der möge in dieses Land gehen, wo nur Seichtheit, Trivialität, und – meist irgendwie durch

Scharlatanerie erlangter – Anschein des Ruhms mehr bedeutet als das ganze Leben eines bescheidenen, aber mit echtem Talent begnadeten Meisters.[8]

Außerdem gab es gewichtige Argumente für eine Ausbildung in Berlin und nicht in Paris, Wien oder Leipzig. So begründete die Kontinuität von Faschs Singakademie in den Fortsetzungen dieser Institution durch Zelter und Rungenhagen nicht nur ein Stück musikalischer Institutionengeschichte, sondern verankerte auch die Musik ganz wesentlich in der Bildungsidee des klassisch-romantischen Zeitalters. Damit hängt auch zusammen, dass sich gerade in Berlin eine ästhetische und historische Reflexion über Musik ausbreitete, wie es sie in dieser Form beispielsweise in Wien, einem anderen Musikzentrum der damaligen Zeit, nicht gab. Auch kam es in Berlin, früher als in Paris, bereits sehr schnell zu einer Verbindung der Idee von Originalität mit der des Nationalen, eine Erscheinung, die in der ersten Hälfte des 19. Jahrhunderts allerdings noch nicht automatisch Gegnerschaft zu den Nachbarn im chauvinistischen Sinne des letzten Jahrhundertdrittels bedeutete. Moniuszkos Absicht, mit den *Śpiewniki domowe* (*Liederbücher für den Hausgebrauch*) eine eigene polnische Schule zu gründen, stellt eine solche Verbindung von Originalität und Nationalgedanken dar und lässt sich also durchaus auf Ideen zurückführen, die er während seines Berlinaufenthaltes kennengelernt hatte. Symbolhaft manifestierte sich diese Verbindung in Berlin an der Uraufführung des *Freischütz* im Jahre 1821, die neben der Wiederaufführung der Matthäus-Passion eines der zentralen Ereignisse jener Berliner Jahre bildete und große Ausstrahlung auf die Folgejahrzehnte nicht nur in Berlin haben sollten.

Moniuszkos Berliner Lehrer, Carl Friedrich Rungenhagen (1778–1851), war seit 1801 Mitglied der Singakademie und übernahm im Jahre 1815 die ihm von Zelter angebotene Stelle eines Vizedirektors. Rungenhagen wurde dann am 22. Januar 1833 mit 60 Stimmen Mehrheit gegen Felix Mendelssohn-Bartholdy zum Leiter der Singakademie und Nachfolger Zelters gewählt. Mendelssohn lehnte nicht nur die ihm angebotene Vizedirektorstelle ab, sondern schied auch aus dem Kreise aus, dem er von

---

8 Tygodnik Literacki 1838, hier zit. nach SM I, S. 49.

Kindheit an angehört hatte. Das führte zu einer Spaltung im Berliner Musikleben, was zum Verständnis von Moniuszkos Position, der ja ganz eng an Rungenhagen angebunden war, nicht unwichtig ist. Dennoch führte Rungenhagen am 18. Januar 1838 Mendelssohns Oratorium *Paulus*, das zuerst in Düsseldorf erklungen war, in der Singakademie auf und erhielt dafür vom Komponisten ein Dankschreiben. Es ist anzunehmen, dass Moniuszko diese Aufführung miterlebt hat.

Die Singakademie erhielt nach längeren und komplizierten Verhandlungen mit ihrem vormaligen Leiter Zelter gegen eine Zahlung von 1000 Reichstalern die Musikbibliothek Zelters in ihren Besitz und verfügte damit über eine der kostbarsten Musiksammlungen jener Zeit überhaupt. Den Grundstock bildeten die Werke Bachs und seiner Söhne, auch eine Vielzahl italienischer und deutscher Meister des 17. und 18. Jahrhunderts – ein Schatz, mit dem sicherlich auch Moniuszko in Berührung gekommen ist. Im Mai 1833 wurde Rungenhagen zusätzlich an die Preußische Akademie der Künste gerufen, wo er in der neugegründeten Sektion Musik Komposition lehrte. Rungenhagen stand fest auf dem Boden der Berliner bürgerlichen Musikkultur. Das äußerte sich in der Pflege der Musik Bachs (Johannes-Passion und h-Moll-Messe, 1833 bzw. 1833/34) und Händels, aber auch zeitgenössischer Komponisten wie Mendelssohn, Loewe und Schumann.

Als Komponist gilt Rungenhagen als Hauptvertreter der sog. Dritten Berliner Liederschule. Diese stellte eine Weiterentwicklung der Zweiten Berliner Liederschule dar, die vor allem von Carl Friedrich Zelter, dem Vorgänger Rungenhagens an der Singakademie, und durch Johann Friedrich Reichardt geprägt wurde. Die Anlage des Sololieds bei Moniuszko in seinen *Śpiewniki domowe* zeigt eine auffällige Nähe zu den Prinzipien Zelters und Rungenhagens bei der Liedkomposition. Beide, Zelter und Rungenhagen, wandten sich gegen das durchkomponierte Lied und bevorzugten die strophische Gestaltung. Dass Gedicht sollte »bleiben, was es ist«, die Vorrangstellung des Worts blieb ungebrochen, es sollte musikalisch unterstützt und ausgedeutet werden. Rungenhagen zeigte besonders in seinem oratorischen Werk eine Orientierung an Carl Loewe, die sich auch bei Moniuszko wiederfinden lässt.

Rungenhagen hatte Anteil an der Sympathie für die polnische Kultur in weiten Kreisen seiner Zeit, was sich auch in seinen Kompositionen niederschlug. So hatte er zusammen mit Georg Abraham Schneider und Carl Friedrich Zelter die Musik zu einem Schauspiel von Karl Levezow geschrieben. Ergebnis war das Bühnenwerk *Ratibor und Wanda. Schauspiel in 5 Akten*, das im Jahr 1819 aufgeführt und freundlich besprochen wurde.

Moniuszko verbrachte mit Unterbrechungen drei Jahre in Berlin. Er reiste von Minsk über Wilna und Königsberg in die preußische Hauptstadt und kam dort im August 1837 an. Der junge Komponist wohnte zunächst in Rungenhagens Privathaushalt, der sogleich damit begann, seinem Schüler Kompositionsunterricht zu erteilen. Später, im Mai 1839, zog Moniuszko in eine eigene Wohnung im Stadtteil Tiergarten.

Rungenhagen führte seinen Schüler ins Handwerk des Kontrapunkts nach Art der alten Meister ein. Davon zeugen die erhaltenen Notenaufzeichnungen Moniuszkos. Die Vermittlung gerade dieses Handwerks entsprach dem Geist der Zeit und insbesondere dem Geist, der bei Rungenhagen und in der Singakademie herrschte. Zwar war Kontrapunkt nicht mehr Grundlage des Komponierens, galt aber aufgrund der Orientierung an der Musik Bachs, Händels oder Palestrinas als grundlegende Technik, die man erlernen musste.

Rungenhagen setzte seinen Schüler auch in der Konzert- und Aufführungspraxis ein. Moniuszko übernahm Korrepetitor- und Chorleitungsdienste, insbesondere während Zeiten von Rungenhagens Abwesenheit. So war er bei Proben unter Leitung Spontinis beteiligt, möglicherweise sogar bei den Vorbereitungen zur Aufführung von Händels Oratorium *Alexanderfest*. Weitere Werke, an denen Moniuszko beteiligt war oder deren Aufführung er zumindest miterlebte, waren Händels *Messias*, Mendelssohns *Paulus*, Radziwiłłs *Faust* sowie Werke von Riess, Schultz und Rungenhagen selbst. Darüber hinaus lernte Moniuszko die damals wichtigsten Pianisten kennen. Rückblickend nannte er in einem Brief an Walicki die Namen Thalberg, Dreyschock, Henselt, Kullak und Clara Wieck.

In Berlin herrschte eine lebhafte bürgerliche, halbprivate Gesangskultur, auf die Institutionen wie die Singakademie aufgebaut hatten. Auch Moniuszko nahm daran Anteil und gründete mit Freunden und anderen Schülern Rungenhagens ein aus vier bis fünf Personen bestehendes Vokalensemble, zu dessen Gründung am 3. Februar 1840 eine Stiftungsfeier veranstaltet wurde, bei der es anscheinend ganz vergnüglich zuging

– in der Beschreibung Moniuszkos ist nicht nur von einer Komposition extra für diesen Anlass, nämlich der *Phantasie zur Stiftungsfeier unseres saftigen Quintetts* auf einen Text aus der Feder von Heinrich Dammas die Rede, sondern auch von vielen geleerten Weinflaschen.

Moniuszko legte im Frühling 1839 einen kurzen Zwischenaufenthalt in Minsk und Wilna ein, wo er sich nun erstmals als Komponist vorstellte. Oskar Milewski schrieb in der örtlichen Presse (Wizerunki i Roztrąsanie Naukowe) einen Artikel über den Komponisten und sein Wirken. Erwähnt wurden dort nicht nur Moniuszkos drei Lieder auf Texte von Adam Mickiewicz, sondern auch seine Musik zum Bühnenwerk *Nocleg w Apeninach* (*Eine Übernachtung in den Apeninnen*) auf einen Text von Aleksander Fredro sowie die Musik zu einer Messe *Na uroczystość Opieki Najświętszej Panny Marii Ostrobramskiej* (*zur Feier der Fürsorge der Heiligsten Muttergottes von Ostrobrama*), die in der Karmeliterkirche in Wilna am 1. November 1839 aufgeführt wurde.

Bereits seine ersten Kompositionen zeigen seinen späteren Wirkungskreis auf. Moniuszko schrieb sowohl strophische Liedkompositionen als auch Balladen und nahm damit seine beiden wichtigsten Gattungen der Liedkomposition vorweg. Nicht zufällig standen am Beginn seines Liedschaffens Vertonungen von Texten des Dichters Adam Mickewicz, nämlich die Lieder *Trzech Budrysów* (*Die drei Budrys*), *Chochlik* (*Der Kobold*), und *Rozmowa* (*Das Gespräch*). Als Ergebnis der Erziehungsarbeit vor allem seines Onkels Kazimierz nahm Mickiewicz in Moniuszkos Denken zeitlebens einen besonderen Platz ein. Als Moniuszko nach Wilna kam, begann er, dort nach Spuren von Mickiewizs Wirksamkeit zu suchen. Wie sehr die Gedankenwelt gerade dieses Dichters den Komponisten sein Leben lang prägen sollte, zeigen nicht nur weitere Vertonungen von dessen Gedichten (eine der Liedersammlungen Moniuszkos ist ausschließlich den Texten des Dichters gewidmet), sondern auch die Tatsache, dass in seinen Hauptwerken wie dem *Straszny dwór* wesentliche Motive des Denkens von Mickiewicz verarbeitet wurden.

Das Bühnenwerk *Nocleg w Apeninach* wurde auf einen Text des damals sehr beliebten Aleksander Fredro geschrieben. Bei ihm handelte es sich um Moniuszkos erste szenische Komposition, die vermutlich während seines Besuchs in Wilna im Jahr 1839 entstand. Zu diesem Zeitpunkt trat Moniuszko noch sehr vorsichtig auf; ihm fehlte noch das Selbstbewusst-

sein, sich als junger Komponist zu präsentieren. Aus diesem Grund erschien sein Name auch noch nicht auf den Plakaten der Ankündigung.
Aus Moniuszkos Berliner Zeit muss auch mindestens ein Streichquartett stammen, das er Józef Elsner gewidmet hatte, und möglicherweise noch ein weiteres Quartett. Diese Gattung sollte bei Moniuszkos späterem Schaffen jedoch keine weitere Rolle mehr spielen.
Moniuszkos erste Kompositionen weisen darauf hin, dass er sich an seine Herkunftsregion wandte: Polnische Textdichter für Lieder und szenische Bühnenwerke und ein einem polnischen Komponisten gewidmetes Quartett hatten in Berlin kaum eine Chance, anders wahrgenommen zu werden als eine Marginalie eines aus dem Ausland stammenden Studenten. In seiner Herkunftsregion hingegen waren es gerade diese Dichter und diese Kompositionen, die das dortige Publikum ansprachen. Deswegen ist es nur natürlich, dass zwar eine lobende Erwähnung aus der Feder Milewskis in einer Zeitschrift der Wilnaer Region, nicht aber eine ebensolche Würdigung in Berlin entstand. Daran änderte auch die Tatsache nichts, dass Moniuszko – sicher mit Hilfe Rungenhagens – seine ersten drei Lieder beim renommierten Berliner Musikverlag Bote & Bock veröffentlichen konnte.
Im Ergebnis erhielt Moniuszko in Berlin das, was er selbst und seine Familie von dem Aufenthalt erwarteten: eine solide, im handwerklichen Sinne allumfassende Ausbildung sowohl in der Technik des Komponierens als auch in der praktischen Anwendung, d.h. in der Organisation des Musikbetriebs. Rungenhagen erteilte ihm am 18. Juni 1839 das Zeugnis,

> dass er seine Zeit zur Vervollkommnung angewendet und gute Fortschritte gemacht habe, auf deren Grundlage er seine Ausbildung fortsetzen kann.[9]

Einige Autoren haben in dieser Formulierung eine zwar durch die Blume ausgesprochene, aber dennoch deutliche Kritik des Leiters der Singakademie an Moniuszko gesehen und interpretieren die Erwähnung einer weiteren Ausbildung dahingehend. Dennoch scheint es gerade seine Berliner Zeit gewesen zu sein, die dem jungen Studenten die Grundbedin-

---

9 So zitiert bei Walicki, Aleksander: Stanisław Moniuszko, Warszawa 1873, S. 92.

gung für seine lebenslange Beschäftigung als Berufsmusiker vermittelte, nämlich das Vertrauen auf die eigenen Fähigkeiten. Gegen Ende seines Aufenthalts in Berlin schrieb der einundzwanzigjährige Musikstudent selbstbewusst an seine Braut:

> Immer mehr fühle ich die wachsenden Kräfte meines Talents, die mich kraftvoll vom Gesindel wegreißen […]. So wird sich meine geliebte Alina, wenn sie diesen Brief liest, ganz stark wundern! »Was ist ihm passiert? Woher diese Rede? Woher so ein Stolz?!?! Er war so bescheiden! Mein Gott!« – Das war einmal. Diese Zeit der Bescheidenheit ist vergangen. Man muss beginnen, sich selbst zu schätzen.[10]

Moniuszko blieb noch einige Zeit länger in Ausland, kehrte aber bald zurück, da er nun die Hochzeit mit seiner Braut nicht länger verschieben wollte.

2 Komponist in Wilna

Wilna als Musikstadt

Die Stadt Wilna hatte gegen Ende des 18. Jahrhunderts eine kulturelle Blüte erlebt, die bis ins 19. Jahrhundert hinein anhielt. Zentrum des polnisch geprägten Kulturlebens dieser Stadt war die 1578 gegründete Universität. Während der polnischen Aufklärung konnte Wilna sich neben Warschau als ein weiteres wichtiges Zentrum der polnischen Kultur etablieren, und wichtige Impulse für die Entstehung der polnischen Romantik gingen von Wilna aus.

Auch als Wilna nach dem Ende des polnischen Staates zum Russischen Reich kam, setzte sich diese kulturelle Blüte zunächst fort. Im Zeichen der polnischen Romantik entstanden Studentenbünde der Philomaten und Philareten. In Dichtung, bildender Kunst und Musik beschäftigten sie sich mit der Frage der Definition einer polnischen Nation nach dem Ende des polnischen Staates, letztlich also mit der eigenen Identität. Die Antworten fanden sie in einer Verbindung der althergebrachten Idee der

---

10 Listy, Nr. 28 vom 6.7.1840 aus Berlin an seine Verlobte, S. 57.

polnischen Adelsnation mit Ideen der modernen Nationalbewegungen. Derjenige Dichter, der dieses Gedankengut in seinen Werken formulierte und damit in der gesamten polnischen Kultur bekannt wurde, war Adam Mickiewicz, der als Hauptvertreter der Wilnaer Romantik gilt. Diese Phase kultureller Blüte in Wilna wurde durch den Novemberaufstand des Jahres 1830 und seine Folgen jäh beendet. Als Strafmaßnahme gegen die Intellektuellen verfügte der Zar die Schließung der Universität und ein Verbot der Neugründung höherer Bildungseinrichtungen. Damit wurde nicht nur die Stadt von einem kulturellen Zentrum zu einer Provinzstadt herabgestuft, sondern auch eine ganze Region ihres Mittelpunkts beraubt. Wer fortan nach höherer Bildung strebte, musste sich entweder nach Warschau oder nach St. Petersburg orientieren – Moniuszko selbst ist das beste Beispiel dafür. Zwar gelang es der zaristischen Administration nicht, Wilna zu einer einfachen russischen Provinzstadt zu machen, das polnische Kulturleben in dieser Stadt verlor jedoch die überregionale Strahlkraft, die es vor allem in Gestalt der Werke von Mickiewicz bislang entfaltet hatte. Erst ab der zweiten Jahrhunderthälfte sollte sich dann in der polnischen Kultur ein immer stärkerer Mythos um die Stadt als polnischem Kulturzentrum aufbauen, der den Konflikt mit der dann auch entstehenden litauischen und weißrussischen Nationalbewegung vorbereitete.

Davon jedoch war zu Moniuszkos Zeiten noch nichts zu merken. Moniuszko kam in eine Provinzstadt, die immer noch an den Folgen des kulturellen Kahlschlags von 1831 litt.

Auch im Musikleben lässt sich dieser Gegensatz zwischen einstiger Bedeutung vor 1831 und erzwungener Provinzialität danach beobachten. Wilna als Musikstadt war zu Beginn des 19. Jahrhunderts stark durch das Wirken Jan David Hollands geprägt worden, der seit 1802 den Posten eines Professors an der Universität Wilna bekleidete und mit seinem Vaudeville *Agatka czyli przyjazd Pana* (*Agathe oder: Die Ankunft des Herrn*) in der polnischen Musikwelt sehr bekannt geworden war. An seinem Lehrstuhl vergab Holland Diplome im Fach Komposition. Józef Deszczyński und Jan Renner, zwei der Komponisten der bedeutendsten polnischen Liedersammlung jener Zeit, der *Śpiewy historyczne*, wirkten hier.

Das Musikinteresse der Studenten war nicht gering: In der Buchhandlung Zawadzki, der ersten Buchhandlung am Platz, stand ein Klavier, auf dem jeden Morgen Improvisationen Renners oder Stücke aus den *Śpiewy historyczne* von Niemcewicz zu hören waren. Seit 1805 organisierte der kunst- und musikinteressierte Arzt Dr. Frank, der später mit Moniuszko eine enge Freundschaft unterhielt, in der *sala Müllerów* Konzerte. Eine wichtige Rolle im Kultur- und Musikleben der Stadt spielte auch die Freimaurerloge. Ganz im Geist der Romantik betrachteten die Musiker, Komponisten und Literaten auch die Musik der ländlichen Bevölkerung in der Umgebung ihrer Stadt mit großer Aufmerksamkeit, was zur Rezeption und Verarbeitung nicht nur polnischer, sondern auch weißrussischer und litauischer Musikelemente führte.

Der Novemberaufstand mit seinen einschneidenden Folgen für das Kulturleben in Wilna, vor allem in Form der Schließung der Universität in dieser Stadt, beendete diese Phase des Wilnaer Musiklebens. Die Aktivitäten in den Salons der Stadt konnten fortan nur in erheblich bescheidenerem Maße durchgeführt werden. Zu Moniuszkos Zeiten herrschte in Wilna eine Selbstperzeption als zwar musikliebende, sich aber dennoch auf einem allzu geringen musikalischen Niveau befindliche Stadt. Einerseits schrieb der Berichterstatter des TYGODNIK PETERBURSKI:

> Im Sommer [...], wenn die Dämmerung die Stadt umgibt [...], gehe um zehn Uhr auf den hölzernen Bürgersteigen der Zamkowa-, Dominikańska- und Wileńska-Straße – dort wirst Du bei jedem Schritt vor einem Fenster anhalten müssen, aus dem [...] entweder der Klang eines Klaviers, oder der leise, melodische Gesang einer Litauerin herausschallt. Du wirst kaum ein Haus finden, wo kein Klavier ist [...].[11]

Andererseits beschrieb Oskar Milewski zur gleichen Zeit im Gegensatz dazu den niedrigen Stand dieser Beschäftigung mit Musik:

> In dieser großen Menge verdient nur eine bescheidene Anzahl den Namen eines guten Amateurs, eine noch bescheidenere [...] hingegen den Namen Künstler. [...] Der Gesang ist bei uns auf einem vollkom-

---

11 TYGODNIK PETERBURSKI Nr. 82 (1840), Korespondencja z Wilna.

men niedrigen Niveau, eine Seltenheit ist eine gut singende Frau, eine Rarität ein [gut singender] Mann.[12]

Eine prägende Rolle für Moniuszkos künstlerischen Horizont übte ebenfalls die reisende Operntruppe des deutschen Musikunternehmers Wilhelm Schmidkoff aus, die von 1835 bis 1845 in Wilna gastierte. Diese Truppe spielte teils in Konkurrenz zum örtlichen Theater, teils aber auch zusammen mit den einheimischen Künstlern. Nach 1839 brachte Schmidkoff ein tschechisches Orchester nach Wilna, an dessen Spitze Wiktor Każyński stand, der sich zu einem der schärfsten Konkurrenten Moniuszkos in Wilna entwickeln sollte.

Schmidkoff und seine Musikensembles stellten eine willkommene Abwechslung und eine wesentliche Bereicherung des Repertoires für ein Publikum dar, das zumeist kaum die Möglichkeit hatte, die bedeutenderen aktuellen Musikwerke kennenzulernen und daher auch die gewiss vereinfachten und an die personellen Möglichkeiten vor Ort angepassten Ausschnitte aus den großen Bühnenwerken dankbar annahm. Schmidkoff spielte unter anderem Werke von Ferdinando Paër (*Der fröhliche Schuster*), Vincenzo Bellini (*Norma*), François-Adrien Boieldieu (*La Dame blanche*), Nicolas Isouard (*Aschenputtel*), Ferdinand Hérold (*Zampa*), Carl Maria von Weber (*Freischütz, Oberon*), Wenzel Müller (*Der Alpenkönig und der Menschenfeind*), Wolfgang Amadeus Mozart (*Zauberflöte, Entführung aus dem Serail, Don Juan*), Karl von Holtei (*Wiener in Berlin*) und Daniel-Esprit François Auber (*Fenella, Fra Diavolo, Muette de Portici*). Moniuszko lernte hier also die damals aktuellen Opern und musikalischen Bühnenwerke vor allem deutscher, italienischer und französischer Komponisten kennen.

Moniuszkos Eintritt in die Wilnaer Gesellschaft: Heirat und *sala Müllerów*

Am 25. August 1840 fand schließlich die Heirat von Stanisław Moniuszko und Aleksandra Müller in Wilna statt. Diese Heirat war End- und Ausgangspunkt in Moniuszkos Leben zugleich: Zum einen betrachteten er selbst und

---

12 Milewski, Oskar: Muzyka w Wilnie, in: Wizerunki i Roztrząsania Narodowe (1841) Bd. 19, S. 116 f.

seine Familie diese Heirat als Ereignis am Endpunkt seiner Berufsausbildung. Aus dem jungen Kompositionsschüler war nun ein angehender Musiker und Komponist geworden. Dieser wechselte symbolhaft sein Lebensmilieu, indem er nicht mehr auf einem der Adelssitze seiner Familie, sondern im großbürgerlichen Stadthaus der Familie Müller Wohnsitz nahm. Zum anderen aber bildeten diese Heirat und der Umzug den Ausgangspunkt für eine sehr rege Tätigkeit Moniuszkos als Organist, Komponist, Organisator des Musiklebens und Musiklehrer in Wilna. Die *sala Müllerów*, eigentlich nur ein privater Salon der großbürgerlichen Wilnaer Familie Müller, war jedoch etwas ganz anderes als Czesław Moniuszkos Kontaktbörse in Minsk: Sie figurierte nicht als Treffpunkt des lokalen Landadels, sondern als eine der wichtigsten Stätten kulturellen Austauschs im Wilnaer Stadtleben neben den Salons von Edward Mostowski, Stanisław Minejko und des Grafen Rafał Tyszkiewicz. In ihrer Eigenschaft als Mischform aus privatem bis halböffentlichem Salon und öffentlichem, fast schon städtischem Konzertsaal nahm die *sala Müllerów* einen sehr viel bedeutenderen gesellschaftlichen Platz ein als die Salons, die Moniuszko aus Minsk kannte. Moniuszko erhielt mit einem Schlag eine für Wilna zentrale gesellschaftliche Stellung.

Mangelte es der Stadt Wilna nach dem Aderlass von 1831 an namhaften Künstlern, so widmeten sich die verbliebenen Schriftsteller, Künstler und Musiker mit umso größerer Energie ihren Aufgaben. Das hatte seinen Grund auch darin, dass ihre kulturelle Betätigung zudem einen nicht unwichtigen politischen Aspekt hatte: In einem Klima politischer Unfreiheit, wie es in Wilna seit den 1830er Jahren herrschte, bedeutete oft allein schon die Aufrechterhaltung eines polnischen kulturellen Lebens einen Akt des Widerstands gegen die russische Ordnungsmacht. So war der Salon der Dorota Łopacińska in Kojrany, einem Landgut in der Nähe von Wilna, deswegen bekannt, weil sie nach 1831 »etwas nach Art eines Bayreuth für die Werke Fredros schuf, ein Asyl der Seufzer für Moniuszko und geplagte Künstler«.[13] In zentraler Stellung der künstlerischen Diskussion, die aufgrund dieser Verbindung zugleich eine politische Diskussion war, befand sich der Salon Moniuszkos selbst, der »wegen

---

13 Miller, Antoni: Teatr polski i muzyka na Litwie jako strażnice kultury Zachodu, 1745–1865, Wilno 1936, S. 208.

der Lektüre verbotener Bücher« im Verzeichnis der durch die zaristische Geheimpolizei zu beobachtenden Personen stand.[14] Zu den häufigen Besuchern Moniuszkos zählten neben in der Wilnaer Szene wichtigen Dichtern und Literaten wie Kazimierz Wilczyński und Edward Żeligowski auch ehemalige Untergrundakteure wie Bronisław Zaleski, der nach dem Aufdecken seiner illegalen Aktivitäten alles daransetzte, die legalen Möglichkeiten zur Aufrechterhaltung eines polnischen Kulturlebens auszuschöpfen und auch seine Umgegend dahingehend zu beeinflussen suchte.

Organisator des Musiklebens

Der junge Komponist begann sich in Wilna sogleich seinem Beruf zu widmen. Ein erstes Feld des Wirkens Moniuszkos bestand in der Etablierung eines regelmäßigen Konzertlebens. Anfangs verwendete er viel Energie darauf, die in der Stadt vorhandenen musikalischen Kräfte zu bündeln: zunächst die in der Stadt anwesenden Deutschen, dann Amateure aller Art, die er nach Möglichkeit in das *orkiestra katedralna* (*Domorchester*) eingliederte und schließlich mit dem Orchester des Grafen Tyszkiewicz vereinigte, sowie schließlich alle in Stadt und Umgegend anwesenden Musiklehrer. Als Ergebnis dieser Bemühungen konnte Moniuszko bereits kurze Zeit nach seiner Ankunft in Wilna einige bedeutende Konzertabende veranstalten, etwa am 2. November 1840 eine Aufführung des Requiems von Mozart in der Kirche St. Johann oder am 30. November 1840 ein Konzert im Rathaus, dem ersten Aufführungsort in der Stadt neben der *sala Müllerów*, mit Werken von Spontini, Mendelssohn, Beethoven und Haydn.

Die Energie, das Organisationstalent und die musikalische Vielseitigkeit des Komponisten wurden von den Kritikern zwar anerkannt, für einen gesicherten Lebensunterhalt reichte all das jedoch nicht aus. Moniuszko übernahm daher zusätzlich die Stelle des Organisten an der Kirche St. Johann, die ihm vermutlich Jan Menue verschaffte, der dortige Priester, der Moniuszko in dieser Kirche auch getraut hatte. Außerdem betätigte sich Moniuszko als Musiklehrer. Sein herausragendster Schüler war César Cui, der später einer der Komponisten des »Mächtigen Häufleins«

---

14 Fajnhauz, Dawid: Ruch konspiracyjny na Litwie i Białorusi 1846–1848, Warszawa 1965, S. 338.

wurde. Er war der Sohn eines französischen napoleonischen Offiziers, der eine Wilnerin geheiratet und sich in der Stadt niedergelassen hatte. Auch nach Cuis Wegzug nach Petersburg blieb der Kontakt zu seinem Musiklehrer erhalten. Während seines Besuchs in der russischen Hauptstadt im Jahre 1856 besuchte Moniuszko seinen ehemaligen Schüler nochmals, beide hielten auch danach noch den Briefkontakt aufrecht. Als Cui 1918 starb, hinterließ er als letztes Werk einen Zyklus von Kinderliedern mit polnischen Texten.

Frühe Bühnenwerke

Ein weiteres Tätigkeitsfeld Moniuszkos in Wilna war die Bühnenmusik. Sein erstes Bühnenwerk *Nocleg w Apeninach* wurde im Jahr 1839 in Wilna erstmals aufgeführt. In den Jahren darauf folgten weitere Bühnenwerke: *Ideał* (*Das Ideal*, 1840), *Nowy Don Kiszot* (*Der neue Don Quichotte*) sowie *Karmaniol* (*Carmagnole*, 1841), *Loteria* (*Die Lotterie*, 1842), *Woda cudowna* (*Das Wunderwasser*, 1843) und *Kolęda czyli Żółta szlafmyca* (*Das Weihnachtslied, oder Die gelbe Schlafmütze*) sowie *Sielanka* (*Die Idylle*, beide zu Beginn der 1840er Jahre).

Aus der Rückschau betrachtet ist es naheliegend, diese Bühnenwerke sozusagen als Fingerübungen für Moniuszkos spätere großformatige Opern aufzufassen. Tatsächlich konnten diese Bühnenwerke nicht allzu umfangreich und auch nur von einer begrenzten musikalischen Raffinesse gestaltet werden, da sie ja mit den doch relativ bescheidenen personellen und musikalischen Mitteln der Wilnaer und der Minsker Operntheater aufgeführt werden sollten. Moniuszko griff hier zum einen Sujets auf, mit denen er sein Publikum zu unterhalten hoffte, suchte zum anderen aber auch Themen und Material aus der Volksmusik der Landbevölkerung, ganz im Sinne der damaligen romantischen Kunstauffassung. Daher finden sich hier sowohl Komödien als auch satirische, unterhaltende Stoffe sowie Themen aus dem bäuerlichen Landleben. Die frühen Opernwerke erfüllten die Bedürfnisse des Wilnaer und Minsker Publikums, aber auch nicht mehr. In ihrer Thematik und den musikalischen wie auch den instrumentalen und organisatorischen Möglichkeiten waren sie ganz auf die Bühnen und das Publikum dieser Städte zugeschnitten. Von einem Interesse an Moniuszkos Kompositionen außerhalb dieses Gesichtskreises konnte zu diesem Zeitpunkt noch keine Rede sein.

Eine besondere Bedeutung sollte allerdings das Bühnenwerk *Sielanka* erhalten. Das Libretto stammte von Wincenty Dunin-Marcinkiewicz, einem Dichter, der in seinem Textbuch erstmals die auftretenden Bauern ihre eigene Sprache sprechen und singen ließ, nicht mehr nur das literarisch elaborierte Polnisch. Was damals lediglich dazu gedacht war, die lokalen Zustände auf pittoreske Weise nach Art der damals gängigen künstlerischen Ästhetik des »Nationellen« auf der Bühne anzudeuten, wurde im Rückblick als wesentlicher Schritt auf dem Wege der weißrussischen Nationswerdung gedeutet. Der Text von Marcinkiewicz und das Bühnenwerk Moniuszkos nehmen daher in der heutigen weißrussischen Literatur- und Musikgeschichte einen besonderen Rang als erstes weißrussisches Bühnenwerk ein.

Moniuszko als Liedkomponist:
Die *Śpiewniki domowe (Liederbücher für den Hausgebrauch)*

Bereits vor seinem Berlinaufenthalt hatte Moniuszko erste Liedkompositionen geschaffen, in Berlin war es ihm sogar gelungen, seine drei ersten Liedkompositionen bei einem Berliner Verlag zu veröffentlichen. In seiner Wilnaer Zeit begann Moniuszko nun, seine bisherigen Liedkompositionen zu sammeln und sie zusammen mit einigen anderen, neu komponierten Liedern zu einem Liederbuch herauszugeben, dass er *Śpiewnik domowy* nannte. Moniuszko kündigte seine Absicht zur Herausgabe dieses Liederbuchs im Jahr 1842 im Tygodnik Peterburski an, in dem er in einem längeren Artikel seine künstlerische Konzeption darlegte. Der Titel *Śpiewnik domowy* ist schwer ins Deutsche zu übersetzen. Am ehesten trifft die Bezeichnung »Liederbuch für den Hausgebrauch« das Gemeinte. Die Absicht war, dem musikalisch interessierten Publikum der Region um Minsk und Wilna eine Sammlung von Liedern und Balladen zur Verfügung zu stellen, die gemäß den Gewohnheiten des damaligen Musizierens im privaten Kreis oder im Salonwesen benutzt werden konnte. Es war üblich, dass in den gebildeten, zumeist polnischsprachigen Familien dieser Region halböffentliche Zusammenkünfte befreundeter und benachbarter Familien der umliegenden Herrensitze abgehalten wurden, auf denen man die aktuellen Neuigkeiten, aber auch die neuesten künstlerischen, literarischen Erzeugnisse besprach und zu Gehör brachte. Da eine musikalische Ausbildung auf mittlerem Niveau

Abb. 2: Moniuszko in den 1840er Jahren

zum selbstverständlichen Bildungskanon vor allem des weiblichen Nachwuchses gehörte, konnte Moniuszko mit einem Abnehmerkreis rechnen, für den Lieder mit Klavierbegleitung von Interesse waren.

Lieder mit Klavierbegleitung zu einer Sammlung zusammenzufassen und herauszugeben, war damals nichts Neues. Moniuszko orientierte sich mit seinem Vorhaben an den *Pieśni sielskie* (*Idyllische Lieder*) von Józef Ignacy Dobrzyński, vor allem aber an den *Śpiewy historyczne* von Julian Ursyn Niemcewicz, die noch aus der Zeit der sog. polnischen Aufklärung, d.h. gegen Ende des 18. Jahrhunderts, stammten und in der damaligen polnischsprachigen Welt große Verbreitung und Anerkennung gefunden hatten. Dabei verband Moniuszko die Konzeption von Niemcewicz mit der von Dobrzyński: Bei ihm fanden sich sowohl Lieder mit Themen aus dem ländlich-bäuerlichen Leben, das seine Zeitgenossen, die ja wie er zumeist Angehörige des polnischsprachigen Landadels oder Städter aus Wilna und Minsk waren, gut kannten, als auch Themen aus der polnischen Geschichte wie bei Niemcewicz, wobei Lieder mit Inhalten dieser Art bei Moniuszko allerdings eine geringere Rolle einnahmen.

Moniuszkos Liederbuch sollte also Material für diese Art des Musizierens liefern. Dass hier gerade Moniuszkos Liederbücher tatsächlich genau den Bedürfnissen der Zeitgenossen entsprachen, zeigt die Empfehlung von Józef Ignacy Kraszewski, der nach seiner sehr vorteilhaften Besprechung des ersten Liederbuchs abschließend schrieb:

> Mögen unsere schönen Frauen, auf deren Klavieren P. L. Puget, Adam, Dessauer, Bérat und H. Monpou liegen, sich erbarmen und Kenntnisreichtum und Geschmack beweisen, indem sie das Liederbuch von Herrn Moniuszko annehmen, zur Begleitung dieser ausländischen Meister, die nur dadurch besser sind als Herr Moniuszko, dass sie das Glück hatten, nicht bei uns geboren zu werden und nicht bei uns berühmt werden zu müssen.[15]

Zwei Aspekte sicherten Moniuszkos Liederbüchern also eine wichtige Stellung sowohl in der privaten Hausmusik als auch in der halböffentlichen Salonmusik. Zum einen war es die Tatsache, dass die Musikstücke im praktischen, täglichen Umgang verwendbar waren. Sie stellten die Ausführenden nicht vor größere Probleme und ließen sich leicht realisieren. Je nach Gelegenheit und Möglichkeit konnte man sie in der Originalbesetzung für Gesang und Klavierbegleitung oder aber auch rein instrumental ausführen. Es war nicht ungewöhnlich, einfach so zum Zeitvertreib das eine oder andere Lied aus den Sammlungen zusammen zu spielen. Moniuszkos Lieder gehörten zum Hausgut wie die Märchenbücher und Gedichtbände, die sich in den Haushalten der damaligen

---

15 Tygodnik Peterburski Nr. 5 (1844), S. 306.

Zeit fanden; eine ganze Reihe von Liedern errangen einen so hohen Grad an Bekanntheit, dass die Kenntnis über den Urheber dem Glauben wich, die Melodie stamme »aus dem Volksmund«. Mit der Zeit lernte man die Lieder kennen, wurde mit ihnen vertraut, so dass sie den Charakter von angenehmen, unterhaltsamen Erinnerungen erhielten, die man immer wieder einmal gerne hervorholte. So berichtete beispielsweise Edward Römer in seinem Tagebuch für 1859 von einem spontanen Musizieren im Familienkreis:

> Nach der Abreise [der Gäste] setzte ich mich mit Anna ans Klavier und ans Melodion[16] und wir hatten ein schönes Vergnügen daran, im Ersten Liederbuch Moniuszkos zu spielen, von dem ich zwei Exemplare habe. Ich spiele auf dem Melodion den Gesang, Anna die Begleitung. Broniś erinnerte sich, dass er im Winter unser Zuhörer war und bat mich, die Geige aus dem Kasten zu nehmen […].[17]

Zwar konnte ihm das erste Liederbuch auch nicht aus der in Wilna alsbald eintretenden finanziellen Misere hinaushelfen, aber für den Komponisten Moniuszko hatte es einen ungleich größeren Wert: Auf das Liederbuch und auf ihn als Komponisten wurde nicht nur der Rezensent der Petersburger Zeitung Tygodnik Peterburski, sondern auch der Herausgeber der in Warschau soeben neu gegründeten Zeitschrift Biblioteka warszawska aufmerksam. Der Rezensent des Tygodnik Peterburski war Józef Ignacy Kraszewski, ein damals sehr bekannter Literat, Dichter und Publizist, dessen Produktivität bereits zu Lebzeiten Legende war – er wurde oft auch als »Institution Kraszewski« bezeichnet, da er mit einer Vielzahl von Dichtungen, kleineren Prosa- und szenischen Werken eine ganz außerordentliche Bekanntheit und Beliebtheit erlangt hatte und als eine der Personen galt, an denen sich polnische Kultur in den Zeiten fehlender eigener Staatlichkeit sichtbar machen ließ. Kraszewskis sofortige Rezension, die nicht nur Kompetenz hinsichtlich der vertonten Texte, sondern auch der Musik selbst bewies, war für den noch kaum

---

16 Dabei handelte es sich um ein Tasteninstrument ähnlich der Glasharmonika.
17 Römer, Edward: Rocznik na 1859 rok, o.O.u.J. (handschriftlich), »Śpiewnik Moniuszki na fortepianie i melodyjoma«, Eintrag für Sonntag, den 3. Juli 1859, ohne Paginierung, in: Lietuvos Mokslų Akademijos Biblioteka, Vilnius (LMAB), Rankraščių skyrius, Fondas 138–1778, Agenda 59.

bekannten Komponisten daher von höchster Bedeutung. Noch wichtiger für die Zukunft aber sollte die Rezension Józef Sikorskis werden, des Herausgebers der in Warschau neugegründeten Zeitschrift BIBLIOTEKA WARSZAWSKA. Die Rezension war freundlich und positiv, allerdings nicht gerade überschwänglich – aber darum ging es Moniuszko nicht. Viel wichtiger war ihm, dass er zum ersten Mal in Warschau wahrgenommen worden war, einer Stadt, die sich in diesen Jahren immer mehr als wichtiges Zentrum der polnischen Kultur zu etablieren begann und dabei Krakau, Lemberg und Posen in den Schatten stellte, nachdem die Bedeutung Wilnas ja bereits im ersten Jahrhundertviertel zum Erliegen gekommen war.

Moniuszko zog Erkundigungen über den Autor der Rezension ein und startete einen Briefverkehr, der zu einer lebenslang andauernden Beziehung zwischen beiden führte. Zunächst war es nicht zu erkennen, aber mit dieser Beziehung hatte Moniuszko den Grundstein dafür gelegt, dass seine *Halka* im Jahr 1858 in Warschau aufgeführt werden konnte, was ja die Grundlage für Moniuszkos Stellung als bedeutender polnischer Komponist sein sollte.

3 Existenzsorgen

Umzug nach St. Petersburg?

Bis sich diese Perspektive realisierte, sollte es jedoch noch lange dauern. Vorerst war der junge Komponist alles andere als erfolgreich. Die finanzielle Lage seiner Familie wurde auch deswegen schwieriger, weil sie sich vergrößerte – zwischen 1841 und 1857 bekam das Ehepaar zehn Kinder, von denen jedoch drei schon bald verstarben, so dass am Tisch zeitweise mehr als ein Dutzend Personen saßen, die versorgt werden wollten. Hinzu kam eine Wirtschaftsführung seines Vaters, die diesen schließlich im Jahr 1842 dazu zwang, das Vorwerk Ubiel zur Schuldentilgung zu verkaufen. Im selben Jahr wurden die letzten Reste der Wilnaer Universität, nämlich die Akademie für Medizin, geschlossen, was zu einem erneuten Abfluss der Akademiker nach St. Petersburg führte – ein Personenkreis, an den sich Moniuszko mit seinen musikalischen Aktivitäten gewandt hatte. Höhere Steuern taten ein Übriges, so dass die Familie sich unversehens mit Schulden und Forderungen von Gläubigern konfrontiert sah. Spannungen brachen auf, wie der Briefwechsel zeigt, den die Mütter der Eheleute Moniuszko in dieser Zeit führten. Hier wird der eigentlich schon beigelegte Zwist über die Standesunterschiede erneut aufgebracht. Moniuszko dachte damals offenbar immer öfter an einen Umzug nach Petersburg:

> Dienen muss ich doch irgendwo, wenn schon nicht für Geld, so doch wegen des Rangs – wo soll ich mich denn hinwenden, wenn nicht nach Petersburg?[18]

Die Hauptstadt des Russischen Reiches, zu dem damals ja auch Wilna gehörte, übte offenbar eine weit größere Anziehungskraft als beispielsweise Warschau aus – Gedanken an diese Stadt spielten zu diesem Zeitpunkt noch überhaupt keine Rolle. Die Familie Moniuszkos war in dieser Frage gespalten. Einerseits berichtete der Komponist seiner Frau, dass

> auch unser Vater das [die schwierige finanzielle Lage – R.R.] sehr gut versteht und alle Bestrebungen unterstützt, uns so schnell wie möglich von Wilna zu befreien.[19]

Die Beziehung zu Petersburg war also wenigstens bei Moniuszko und seinem Vater ganz pragmatisch von Karriereerwägungen bestimmt. Seine Onkel teilten diesen Pragmatismus hingegen nicht. Sie reagierten aufgebracht gegen den Plan einer eventuellen Übersiedlung ihres Neffen nach Petersburg. An die Umsiedlung nach Petersburg knüpfte Moniuszko selbst hingegen ganz konkrete Hoffnungen, die durch eine Anfrage des unter anderem für den TYGODNIK PETERBURSKI arbeitenden Schriftstellers und Journalisten Romuald Podbereski vom 16. Juli 1842 genährt wurden. Anscheinend hatte dieser von der Absicht zur Veröffentlichung des Ersten Liederbuchs gehört und wollte eine Notiz für die Petersburger Zeitung verfassen. Darüber hinaus versprach er, bei der Zensur behilflich zu sein und für seine eigene Zeitschrift, den ROCZNIK LITERACKI, eine Erlaubnis zu erwirken.

---

18 Listy, Nr. 44 vom 7./ 8.9.1842 aus Petersburg an seine Frau, S. 75.
19 Listy, Nr. 32 vom 15./ 27.8.1841 aus Minsk an seine Frau, S. 60.

Moniuszko plante eine Reise nach Petersburg und brach im August 1842 auf. Seine Familie und er hatten versucht, durch Kontakte und Empfehlungsschreiben die Reise so gut wie irgend möglich vorzubereiten. Ein Versuch nach dem anderen, stets mit großer Hoffnung und viel Erwartungen unternommen, scheiterte jedoch. Ein Brief an den Orchesterdirektor Hase, von dem Moniuszko sich anfangs viel versprach, führte schließlich zu nicht mehr als lediglich einem unverbindlichen Treffen. Auch die Begegnungen mit in Petersburg lebenden Polen, wie z.B. dem Maler und Universitätsprofessor Franciszek Szmuglewicz oder dem Theologieprofessor Ignacy Onacewicz brachten keinerlei greifbares Resultat, selbst wenn Moniuszko seiner Frau gegenüber allein schon das Zustandekommen dieser Begegnungen als Erfolg darstellte.

Bei den damals führenden Repräsentanten des russischen Musiklebens verhielt es sich kaum anders; eine Begegnung mit einem der Brüder Vielgorskij, die im Petersburger russischen Musikleben damals eine führende Stellung einnahmen, blieb ohne Ergebnis. Erfolgversprechend schien allein die Bemühung Moniuszkos zu sein, sich beim Fürsten L'vov, dem Komponisten der Zarenhymne, einzuführen. Einer seiner Onkel hatte ihm ein Empfehlungsschreiben an einen Bekannten mitgegeben, der Moniuszko offenbar vage Hoffnungen machte. Bezeichnend für die Intensität von Moniuszkos Hoffen auf eine Möglichkeit zur Niederlassung in Petersburg ist seine Beschreibung dieses Gesprächs mit dem Bekannten über Möglichkeiten bei L'vov:

> […] vor ihm also eröffne ich meine Bekümmernisse, er aber erfreut mich und sagt, dass Lwoff [sic!] oft von Leuten angegriffen wird, die oft in ihrem Kopf von Stellen träumen, und wenn ich irgendeinen empfehlenden Brief für ihn hätte oder wenigstens irgendeine Komposition von mir, würde mein Geschäft anders gehen. Er sagte mir, dass, wenn ich mich der Komposition für die berühmten Kaiserlichen Sänger widmen wolle, ich eine hervorragende Karriere machen könne.[20]

Offenbar sprach man auch über die Möglichkeit einer Anstellung am Hof. Begeistert von der vagen Möglichkeit entwarf Moniuszko bereits Luftschlösser und fuhr fort:

---

20 Listy, Nr. 42 vom 2./ 14.9. 1842 aus Petersburg an seine Frau, S. 72.

[…] denn es ist eine Stelle am Hof. Dann ein Rang, eine sehr angemessene Unterkunft, wie sie allen Staatsdienern hier gegeben wird, Wachs- und Talgkerzen, und eine Pension dazu… und mit Omka [Moniuszkos Frau – R.R.]! Man könnte existieren. – Alle Kräfte werde ich daransetzen, um an diesen Platz zu kommen, zusätzlich werde ich Opern schreiben können, die hier Handelsware sind: Wer eine Partitur fertig hat, stellt sie der Theaterdirektion vor und erhält eine Belohnung nach ihrem Wert.[21]

Die sich scheinbar konkret abzeichnende Aussicht auf eine materiell gesicherte Existenz und zusätzlich auf die Möglichkeit zur Verwirklichung des Hauptwunsches des Berufsmusikers Moniuszko, nämlich Opern schreiben zu können, ließen Moniuszko alle Anstrengungen unternehmen, dieses Ziel zu verwirklichen. Ein glücklicher Zufall schien zu sein, dass einer der Theaterdirektoren, ein Baron Ral, offenbar ein alter Bekannter von Moniuszkos Schwiegermutter war. Diese sorgte auch für ein entsprechendes Empfehlungsschreiben, von dessen Erhalt Moniuszko ihr aus Petersburg berichtete. Aber diese Angelegenheit verlief offenbar ebenfalls im Sande, denn weitere Nachrichten darüber sind nicht bekannt.
Die Geldsorgen wurden immer größer, von Mal zu Mal intensivierten sich Klagen Moniuszkos darüber. Schließlich blieb ihm keine Wahl: Da sich alle Hoffnungen auf eine Anstellung in Petersburg zerschlagen hatten, kehrte Moniuszko nach Wilna zurück, wo er gegen Ende Oktober wieder eintraf.
Die folgenden Jahre stellten für Moniuszko eine Zeit des mehrfachen Wechsels zwischen Hoffnungen auf Anerkennung einerseits und Enttäuschungen seiner Erwartungen andererseits dar. Auf der Suche nach einer Stellung, die ihn sowohl als Komponist befriedigte als auch ihm und seiner Familie ein gesichertes Auskommen ermöglichte, pendelte Moniuszko in diesen Jahren zwischen Wilna, Petersburg und Warschau hin und her, immer im Bestreben, mögliche Chancen auszunutzen, die sich ihm darboten. Weder im Westen noch im Osten jedoch gelang es ihm, mehr als Achtungserfolge oder verbale Anerkennung zu erzielen, so dass er sich wieder auf Wilna zurückgeworfen sah. Da diese Stadt aber

21 Ebd.

keine langfristige Lebensmöglichkeit bot, begab sich Moniuszko immer wieder von neuem auf die Suche. Erst der große Erfolg der Warschauer Aufführung der *Halka* am Neujahrstag des Jahres 1858 sollte diese sehr unruhige Phase voller Ungewissheit und Zukunftsangst in Moniuszkos Leben beenden.

Das Projekt *Halka* und sein Scheitern in Warschau

Hatten sich die Hoffnungen auf beruflichen Erfolg in Petersburg trotz des so positiven Anscheins also vorerst zerschlagen, so versuchte es Moniuszko nun in Warschau. Auch hier gab es ja Anknüpfungspunkte, die ihn optimistisch stimmten: Ermutigt durch die positive Aufnahme seines ersten Liederbuchs durch den Warschauer Musikredakteur Józef Sikorski, versuchte Moniuszko im Jahr 1846/47, nun erstmals auf dem Warschauer Pflaster Fuß zu fassen und plante eine Reise dorthin. Sein Ziel war es, ein Libretto für eine Oper zu finden, die ihm dort gewissermaßen als Türöffner dienen sollte. Am Ende dieser Reise hatten sich zwei Möglichkeiten für Moniuszko ergeben: eine Vertonung des Stücks *Karpaccy górale* (*Die Karpathengóralen*) des Dichters Józef Korzeniowski oder des Poems *Halszka* von Włodzimierz Wolski. Beide Themen übten auf Moniuszko großen Einfluss aus. Korzeniowskis Vorschlag griff eine Thematik auf, die in der Geschichte der polnischen Oper seit der Aufklärung immer wieder auf die Bühne gebracht wurde: Anhand der Bevölkerung der Góralen in der Berglandschaft südlich von Krakau, deren Volksmusik damals als unverfälscht polnisch galt, demonstrierten Komponisten wie Jan Stefani oder Karol Kurpiński den Reichtum und die Urwüchsigkeit der polnischen Musik.[22] Wolskis Thema hingegen stellte den für Moniuszkos Denken so wichtigen Gegensatz zwischen adligem Habitus und bäuerlicher Lebenswelt in den Mittelpunkt.

---

22 Erst zu Beginn des 20. Jahrhunderts erwiesen polnische musikwissenschaftliche Forschungen (Adolf Chybiński), dass die Góralenregion weder in musikalischer noch in anderer Hinsicht ein Rückzugsgebiet authentischer polnischer Kultur war, sondern im Gegenteil von sehr unterschiedlichen (neben polnischen beispielsweise auch slowakischen und ungarischen) kulturellen Einflüssen geprägt war. Dessen ungeachtet war die Idee der Góralenregion als Hort authentischer polnischer Kultur im 19. Jahrhundert eine zentrale und produktive Vorstellung in der polnischen Musik, Literatur und Kunst.

Weswegen Moniuszko sich schließlich für Wolskis Libretto entschied, lässt sich nicht eindeutig sagen. Sicher beeinflusste ihn die Tatsache, dass im Jahre 1846 in Galizien, dem österreichischen Teilgebiet Polens, ein Aufstand der polnischen bäuerlichen Landbevölkerung ausgebrochen war, der sich nicht, wie nationalbewusste Intellektuelle es gefordert und erwartet hatten, gegen die österreichische Herrschaft, sondern gegen die polnischen Landadligen in diesem Gebiet gerichtet hatte. Moniuszkos Grundthema, nämlich die Kritik am Gebaren des Adels und am Konzept der Adelsnation, war hier unversehens zu einem aktuellen Thema geworden. Besonders während der Zeit der staatssozialistischen Herrschaft in Polen war die Versuchung groß, den Komponisten zu einer Art Klassenkämpfer im Sinne des Marxismus-Leninismus zu stilisieren und auch die Entstehung der *Halka* aus diesem Denken heraus zu beschreiben. Diese Ansicht ist heutzutage einer differenzierteren Sichtweise gewichen.

Als die Entscheidung zur Oper jedoch einmal getroffen war, legte Moniuszko ein erstaunliches Kompositionstempo vor. Vermutlich fing er bereits in Warschau an, erste Teile der neuen Oper zu skizzieren und widmete sich in Wilna dann der weiteren Arbeit am Werk mit ganzer Energie, auch wenn ihn Ereignisse unterschiedlichster Art behinderten: Weiter musste er Konzerte geben, Schüler unterrichten, Orchesterproben abhalten, im November kam seine Frau mit einer weiteren Tochter nieder und erwartete bereits im Februar das nächste Kind. Dennoch war die Arbeit am Libretto bereits Ende dieses Monats, also im Februar 1847, beendet, wie der Vermerk des Zensors auf dem erhaltenen Manuskript belegt. Moniuszko arbeitete weiter an der Komposition mit dem Ziel, die Oper so schnell wie möglich in Warschau zur Aufführung zu bringen und plante im Mai 1847 nach Abschluss der Arbeiten an der Oper eine weitere Reise dorthin, die er vermutlich Ende Juni 1847 antrat.

Der Plan Moniuszkos bestand darin, die Oper unverzüglich der Direktion der Warschauer Oper zur Aufführung anzubieten, nachdem er davon ausging, dass insbesondere Józef Sikorski alles dafür Notwendige vorbereitet hatte. Allerdings war Moniuszko auch bereits in Wilna bewusst gewesen, dass es dennoch Widerstände und Hindernisse geben könne: Der Direktor der Warschauer Oper Tomasz Nidecki behandelte ihn, wie der Komponist sich in einem Brief Sikorski gegenüber beklagte, als adligen Dilettanten und nicht als ernsthaften Komponisten.

Damit konnte Moniuszko umgehen. Auf Widerstände anderer Art war er allerdings nicht vorbereitet: In Warschau formierte sich Widerstand der Intelligenz gegen den Inhalt des Librettos und also auch gegen die Oper als Ganzes. Beispielhaft formulierte es Karol Baliński, ein Dichter, der nach den Unruhen in Galizien vom Demokraten zum konservativen Reaktionär wurde. In einem Brief an József Sikorski bezeichnete er die Thematik als »unlogisch« und »schädlich«. Unlogisch sei es, Mitglieder der einfachen Landbevölkerung als Protagonisten auf die Bühne zu stellen, die ja nicht lesen könnten, und schädlich sei das Thema, da es Zwietracht zwischen den gesellschaftlichen Schichten säe, wo doch Einigkeit und Harmonie gefordert seien. Diese und weitere Anwürfe gegen die neue Oper führten dazu, dass Sikorski in seinen Bemühungen, die *Halka* zu unterstützen, wesentlich erlahmte und Moniuszko schließlich ergebnislos die Rückreise nach Wilna antrat. Auch die Protektion, die er von einigen einflussreichen Warschauer Familien nach wie vor erhalten hatte, wie etwa von der Familie Wilkoński, die einen wichtigen Salon in der Stadt führte und Moniuszko zu sich einlud, konnte an diesem Ergebnis vorerst nichts ändern.
In dieser Situation erwies sich Wilna als Moniuszkos Rettungsanker: Hier war es immerhin möglich, die Oper am Neujahrstag 1848 erstmals aufzuführen, allerdings nur als konzertante Aufführung, d.h. ohne szenische Darstellung, in der *sala Müllerów*, also sozusagen beim Komponisten zu Hause. Die örtliche Zeitung, der KURIER WILEŃSKI, schrieb eine freundliche und positive Rezension, und Moniuszko berichtete von diesem Erfolg sofort Sikorski nach Warschau.
Dennoch blieb auch in Wilna das Sujet nicht ohne Kritik. Der prominenteste Vertreter einer gegnerischen Position zur Oper in Wilna war Seweryn Römer, ein Mitglied aus einer angesehenen und einflussreichen Wilnaer Familie. Seine Kritik gipfelte in der Behauptung, die Person der Bäuerin *Halka* sei etwas Gewöhnliches und daher nichts einer Bühnendarstellung Würdiges. Moniuszko hätte Römers Ansicht nach vielmehr das Schicksal einer mythischen nationalen Heldin wie Wanda vertonen sollen, die sich ebenfalls in den Fluss gestürzt hatte – aber nicht wegen eines aus Römers Sicht banalen Liebeskummers wie im Falle der *Halka*, sondern aus höheren, nationalen Motiven: um sich nicht einer fremden Person hinzugeben und somit die eigene Nation zu verraten.

Erst im Jahr 1854 kam es erstmals zu einer szenischen Aufführung der *Halka* in Wilna. Möglich geworden war das aufgrund der Beziehungen des Komponisten in der Stadt: Sein alter Freund und Nachbar, der Arzt Dr. Julian Titius, war zu dieser Zeit Vizedirektor am polnischen Theater im Rathaus. Die Presse berichtete in knappen Worten von dem Ereignis. Dass die Widerstände aber keineswegs schwächer geworden waren, zeigte eine Besprechung der Aufführung von Wacław Przybylski, dem Wilnaer Korrespondenten der Gazeta Warszawska. Przybylski ließ sich zwar dazu herbei, die »schöne Musik« anzuerkennen, erklärte aber, dem Komponisten fehle es offensichtlich an Kenntnissen über die Grundgegebenheiten der Bühne und warf ihm Nestbeschmutzung vor, indem der Komponist die schlechten Eigenschaften des polnischen Adels als Träger der Nation vertont habe. Nun standen die Vorwürfe nicht nur in Briefen an Privatpersonen, sondern auch in einer öffentlichen Konzertkritik. Ob und wie es jemals zu einer Aufführung der Oper in Warschau kommen würde, musste Moniuszko nach alldem mehr als unwahrscheinlich erscheinen.

Die Nachricht vom Aufschub der Proben an der *Halka* in Warschau gegen Ende des Jahres 1847 auf unbestimmte Zeit bedeutete eine große Enttäuschung für Moniuszko. Die Hoffnungen auf einen Durchbruch in einem Zentrum der polnischen Musikkultur und alle anderen damit verbundenen Erwartungen hatten sich zerschlagen; alle noch so intensiven Bemühungen im Vorfeld, von der Suche nach einem Librettisten bis hin zu den Vorbereitungen für die Aufführung, hatten sich damit letztlich als nutzlos herausgestellt. Daher ließ der enttäuschte Komponist seinen Gefühlen freien Lauf, als er die Hiobsbotschaft kommentierte:

> Vor einer Woche erhielt ich aus zwei Seiten der Stadt Warschau glaubwürdige und miteinander übereinstimmende Nachrichten über die *Halka*, die die Direktion der Warschauer Theater auf jeden Fall am Neujahrstag zur Aufführung bringen solle. Mit einem Bein an das Dirigentenpult meiner *Halka* in Wilna gefesselt, zog ich mich mit dem anderen bereits zur Tür hinaus, […] als mir Dein Brief erklärt, dass Schufte niemals ehrenwerte Leute sind und dass irgendein italienischer Dudelsack uns immer übertönen wird, dass Halpert eben Halpert, Korzeniowski eben Korzeniowski und Nidecki, der wie ein unwiderstehlicher Damm gegen die Entwicklung der dramatischen Musik in

unserem Land, einen, wie ich hoffe, ihm angemessenen Platz in der Geschichte unserer Musik einnehmen wird, […] also Nidecki eben Nidecki ist. – Gott der Herr vergebe ihnen, wenn sie nicht wissen, was sie tun; aber falls sie mit Bewusstsein eine Sünde zulassen… ich weiß nicht, wie ich dieses Gebet beenden werde.[23]

Der verhinderte Opernkomponist: Kantaten und Lieder als Ersatz

Moniuszko verlegte sich zunächst auf kleinere Werke. Schon während der Arbeit an der *Halka* hatte er weitere Liedkompositionen verfasst und gab nun ein zweites und drittes *Śpiewnik domowy* nach Art des ersten heraus. Aus dieser Zeit datiert aber vor allem die Kantate *Milda*, die ein Sujet der litauischen Mythologie zum Inhalt hatte. Voller Enthusiasmus angesichts der neuen Aufgabe schrieb er:

> Der Misserfolg der *Halka* entmutigt mich überhaupt nicht. Ich arbeite so eifrig wie unter der besten Ermutigung und Belohnung. Ich habe jetzt eine Kantate oder Ballade geschrieben, der Inhalt aus der litauischen Mythologie. Sie heißt *Milda*.[24]

Kurz vorher hatte Moniuszko an Sikorski geschrieben:

> Jetzt arbeite ich an einer mythologischen Kantate, deren Worte zum größten Teil aus der Einleitung zu *Witolorauda* von Kraszewski genommen sind – sie heißt *Milda*. Es wird, so scheint mir, ein ziemlich interessantes Werk sein – der Inhalt erlaubt den Gebrauch völlig neuer Materialien aus dem Lied unserer Heimat. – Ich habe mich überzeugt, dass diese Kompositionsform für jetzt die einzige ist, der ich mich widmen sollte. Sie erlaubt alle Möglichkeiten der dramatischen Komposition: sogar in freiesten Formen, und was am wichtigsten ist, sie gibt die Möglichkeit zu einer einigermaßen anständigen Aufführung, soviel sich der Komponist an die armseligsten Ressourcen der örtlichen Musikalität anzupassen vermag. Die Aufführung meiner *Halka* brachte mich auf diesen wirklich rettenden Gedanken.[25]

---

23 Listy, Nr. 95 vom 24.12.1847/ 5.1.1848 aus Wilna an Józef Sikorski, S. 126.
24 Listy, Nr. 101 vom 4.11.1848 aus Wilna an Józef Komorowski, S. 135.
25 Listy, Nr. 97 von 1848 aus Wilna an Józef Sikorski, S. 131.

Am 12. September konnte das Werk der Zensurbehörde vorgelegt werden, schon im Herbst war die Musik zumindest in Teilen fertiggestellt, die Uraufführung fand am 18. Dezember 1848 in Wilna statt: Seit der Entstehung der Idee war also nicht einmal ein Jahr vergangen.

Dass Moniuszko sich in Gestalt der *Milda* gewissermaßen die in Warschau erhaltenen Wunden leckte, kann man an seiner Invektive gegen die Gattung der Oper erkennen. In einer langen brieflichen Abhandlung an Kraszewski über seine eigentlich doch so geliebte Gattung Oper verteufelte Moniuszko sie geradezu und pries anstatt ihrer die Vorzüge der Kantate.

> Es wäre an der Zeit gewahr zu werden, wie sehr die Oper nichts anderes ist als nur abgesprochene Sinnlosigkeit. Jeden noch so fantastischen Inhalt können wir auf günstige Weise in eine Kantate legen. Nichts verbindet sich nicht mit ihr: weder die Dauer der Zeit, noch der Wechsel des Ortes, noch die Anzahl der Personen. […] Die Erzählung (nicht unbedingt das althergebrachte *recitativo*) füllt genau die dramatische Bewegung aus, und die Lieder, Arien, Duette und Chöre […] schaffen eine Gesamtheit voller Interesse und Liebreiz.[26]

Der nächste genannte Vorteil der Kantate gegenüber der Oper ist verräterisch, zeigt er doch den wahren Grund für Moniuszkos Begeisterung:

> Und wieviel Erleichterung in der Aufführung selbst! Die ganze Hilfe hinter den Kulissen – die Abhängigkeit des Erfolgs des Werks von allen Personen des Theaterpersonals (von dem vom ersten Tenor bis zum letzten Beleuchter jeder dieser Herren mit seiner Ungnade zu einem völlig unverdienten Fiasko beitragen kann), den dornigen Weg, den man durchschreiten muss, um bei der Theaterdirektion die Aufführung des Werks zu erbetteln, und so viele andere, bittere, demütigende Einzelheiten beseitigt die Kantate.

Moniuszko sah sich angesichts der begrenzten Wilnaer Möglichkeiten offensichtlich einfach nicht in der Lage, eine eigene Oper befriedigend aufzuführen. Eine Kantate oder ein oratorisches Werk schien ihm hier einen glücklichen Ausweg zu bieten, da die Wilnaer Möglichkeiten die

---

26 Listy, Nr. 181 vom 27.7.1854 aus Wilna an Józef I. Kraszewski, S. 198.

Aufführung eines solchen Werks immerhin gestatteten. Diese Tatsache konnte er sich offenbar allerdings nicht ohne weiteres eingestehen, da anscheinend der Warschauer Misserfolg auch Jahre später in ihm bohrte. Noch 1855 schrieb er an Sikorski: »Ich habe genug *Halka* im Gedächtnis, um mich noch dem Traum einer Aufführung auf Eurer Bühne hinzugeben«.[27] Es liegt daher nahe, die Lobeshymnen auf die Form der Kantate als vor sich selbst und vor anderen zur Schau gestellten Zweckoptimismus aufzufassen und nicht lediglich als Pragmatismus, wie es zunächst erschienen war.

Tatsächlich entstanden in den folgenden Jahren bis 1858, d.h. bis nach der Aufführung der *Halka* in Warschau und bis zur Entstehung der nächsten Oper *Flis* (*Der Flößer*) 1858, keine weiteren Opern. Auch widmete sich Moniuszko nun noch einmal verstärkt der Gedankenwelt der polnischen Intellektuellen seiner Heimatregion. Das zeigen seine oratorischen Werke aus jener Zeit: Zunächst entstand *Milda* und im Anschluss daran *Nijola*. Dies waren die Werke, in denen Moniuszko das verarbeitete, was ihn an seiner Herkunftsregion so faszinierte: der Reichtum an Sagen und Erzählungen, der das Ergebnis einer nur dort erfolgten Überschneidung mehrerer unterschiedlicher kultureller Einflüsse war, nämlich polnischer, weißrussischer und litauischer.

In dieser Lage entwickelte Moniuszko auch seine zweite Domäne weiter, die Liedkomposition. Ende 1845 erschien sein *Zweites Liederbuch* im Druck. Die Konzeption war ganz ähnlich wie beim ersten Liederbuch, es versammelte gehobene Kompositionen mit einfacheren Stücken. Moniuszko hatte vielfach persönliche Kontakte zu den Dichtern und hatte die Texte direkt von ihnen erhalten. Schon zwei Jahre später hatte Moniuszko das nächste, das *Dritte Liederbuch* fertiggestellt, wegen Problemen des Lithographen konnte es jedoch erst Anfang 1851 erscheinen. Er versammelte hier Neukompositionen mit Liedern, die er bereits in Berlin verfasst hatte. Moniuszko schickte sogleich nach dem Erscheinen das *Zweite Liederbuch* nach Warschau zu Sikorski, der es in einem längeren Artikel besprach und damit half, Moniuszkos Bekanntheit in Warschau zu fördern.

Moniuszko veröffentlichte Lieder und Balladen weiterhin auch einzeln und nicht gesammelt in Liederbänden. Einige seiner bekanntesten Lied-

---

27 Listy, Nr. 186 vom 3.6.1855 aus Wilna an Józef Sikorski, S. 204.

kompositionen wie etwa *Magda Karczmarska*, *Kozak* oder *Maciek* gehören dazu. Das hatte mitunter auch den Grund, dass das verlegerische und unternehmerische Risiko einer Einzelveröffentlichung viel geringer war.

Wenn ein einzelnes Lied nicht gefiel oder sogar auf Widerstand stieß, war der Verdienstausfall eher zu verschmerzen, sofern es als einzelnes Lied herausgegeben war und nicht gleich die ganze Liedersammlung mit ins Defizit riss. Moniuszko veröffentlichte daher oft gerade diejenigen Lieder gesondert, mit denen er entweder musikalisch oder textlich Neuland betrat und sich des Erfolgs der Komposition nicht recht sicher sein konnte. Ein gutes Beispiel dafür ist die Ballade *Maciek*, in der Moniuszko das tragische Schicksal eines Bauern mit einer Mazurkamelodie kontrastiert und den Absturz des Bauern mit drastischen musikalischen Mitteln und einem geradezu sarkastischen Text nachzeichnet. Moniuszko berichtete brieflich Sikorski, dass diese Ballade bei ihrer ersten Aufführung in Wilna durch den Sänger Achilles Bonoldi im August 1850 »viel Lärm gemacht« habe – nicht erstaunlich angesichts der beißenden Kritik an den sozialen Verhältnissen, die ganz im Geist seiner *Halka* steht.

In dieser Zeit schrieb Moniuszko auch kleinere Instrumentalwerke und wandte sich damit einem Genre zu, das er insgesamt recht wenig bediente. Es entstanden seine *Sechs Polonaisen* (1845), *Fraszki* (wohl 1846), die heute verschollenen *Nokturny* und andere Arbeiten. Moniuszko schickte drei seiner Polonaisen an Franz Liszt zur Aufnahme in dessen Sammlung *Das Pianoforte* und stellte fest, dass alle drei aufgenommen worden waren, wie er Sikorski im März 1858 erfreut berichtete.

Zwischen St. Petersburg und Warschau

Der Misserfolg in Warschau hatte also zunächst zum Rückzug nach Wilna und zur Hinwendung zur Kantate geführt, brachte Moniuszko aber bald dazu, ein anderes Projekt wiederaufzunehmen, an dem er einige Jahre zuvor gescheitert war. Die in Wilna gastierenden Solisten und Virtuosen berichteten ihm immer wieder von den beeindruckenden und in jüngster Zeit offenbar gestiegenen Möglichkeiten des Verdiensts für Musiker in St. Petersburg. Daher fasste Moniuszko nun im Jahr 1849 den Plan, seine Kompositionen, die Virtuosen wie Henri Vieuxtemps, Sophie Bohrer oder Adrien-François Servais in Wilna kennengelernt und hoch gerühmt hatten, in Petersburg vorzustellen. Im Gegensatz zur ersten Reise ging es Moniuszko nun um eine Vorstellung seiner Person nicht mehr nur als arbeitsuchender Musiker aus einer Provinzstadt, sondern als gereifter Komponist – auch wenn diese erneute Vorstellung natürlich ebenfalls vom Motiv der Arbeitssuche gekennzeichnet war.

War Moniuszko bei seiner ersten Reise ganz offensichtlich noch kaum auf echtes Interesse bei den russischen Musikern und Komponisten gestoßen, so war das diesmal anders. In Petersburg entwickelte sich in dieser Zeit der Gegensatz zwischen den an italienischen Mustern orientierten russischen Komponisten wie etwa Aleksej L'vov einerseits und der sich neu bildenden Gruppe junger Musiker, die russische Motive in ihre Musik einbeziehen wollten, andererseits. Diese zweite Gruppe nun entwickelte ein echtes Interesse an Moniuszkos Musik, die ganz offensichtlich trotz ihrer immer noch vorhandenen Orientierung an italienischen Mustern auch Motive der eigenen Herkunftsregion in die Komposition aufnahm. Moniuszko kam in engeren Kontakt mit Aleksandr Dargomyžskij, der sich nicht nur enthusiastisch über die *Halka* äußerte, sondern auch Moniuszkos Komposition *Bajka*, sein einziges größeres erhaltenes Instrumentalwerk, lobend hervorhob, so dass der Komponist es seinem russischen Kollegen widmete. *Bajka* (*Conte d'hiver*) war bereits im Jahr 1848 entstanden und am 1. Mai 1848 in Wilna uraufgeführt worden. Es handelte sich dabei um ein Stück zwischen einer Ouvertüre für Orchester und einer Sinfonischen Dichtung – der Komponist selbst sprach später von einer Fantasie für Orchester. An einigen Stellen ist der Einfluss Glinkas deutlich zu hören. Großen Eindruck auf das Petersburger Publikum hatte außerdem Moniuszkos Kantate *Milda* gemacht, die von russischen Zeitschriften wie der Severnaja Pčela als »hervorragendes Werk« bezeichnet wurde.

Abermals jedoch gelang es Moniuszko nicht, durch seine Reise nach Petersburg seine Position und seine materielle Situation zu verbessern. Die Wiederaufnahme des Alltagsgeschäfts in Wilna führte ihm seine Misere nur umso deutlicher vor Augen, zumal er sich nun auch mit Widersachern auseinandersetzen musste, die die Zeit seiner Abwesenheit genutzt hatten, gegen ihn zu intrigieren und ihm seine Musikschüler abspenstig zu machen. Moniuszko begann sich daher wiederum nach Westen, nach Warschau, zu orientieren. Er versuchte nun, den Erfolg der *Milda*

in Petersburg in der polnischen Hauptstadt zu wiederholen. Ein vielversprechendes Anzeichen schien ihm zu sein, dass in einem der wichtigsten Warschauer Salons, nämlich dem *salon u Łuszczewskich*, Fragmente aus der Kantate *Witolorauda* aufgeführt werden konnten.
Moniuszkos Schlussfolgerung, dass damit auch die Grundlage für eine Aufführung der in Petersburg so gelobten *Milda* gelegt sei, erwies sich allerdings als Trugschluss. Voller Optimismus fuhr Moniuszko im Jahr 1851 erneut nach Warschau, konnte eine Aufführung der *Milda* jedoch nicht realisieren. Eine solche Funktion hatte anscheinend die Aufführung von Teilen von Moniuszkos *Witolorauda* im Salon der Łuszczewskis im Jahre 1851. An diesem Ereignis manifestierte sich das große Interesse wenigstens eines Teils der Warschauer Musikszene an Moniuszko und seiner Musik. Leider ist über diese Aufführung nichts Näheres bekannt. Immerhin ist diese Aufführung ein Hinweis darauf, wie groß das Interesse in Teilen der Warschauer Gesellschaft an dem Wilnaer Komponisten auch nach der Absetzung der Proben an der *Halka* immer noch war. Eine weitere Reise nach Warschau nur einige Wochen später beendete Moniuszko jedoch ohne greifbaren Erfolg, lediglich Ignacy F. Dobrzyński veröffentlichte einige lobende Worte über den Komponisten in einer Warschauer Zeitung.
Eine erneute Reise nach Petersburg im Jahr 1856 festigte Moniuszkos Kontakte zur dortigen Musikwelt, zeigte aber auch deutlich die Spaltung auf, die dort herrschte: Während Aleksandr Serov, der Verkünder der Komponistengruppe des »Mächtigen Häufleins«, Moniuszko als einen Geistesverwandten bezeichnete und in einer langen Rezension seiner Liederbücher den slawischen Charakter des polnischen Komponisten hervorhob (und zur besseren Verbreitung in Russland eine Übersetzung der Liedtexte ins Russische anregte), blieben Moniuszkos Bemühungen, bei der höfischen Musikwelt Anklang und Unterstützung zu erhalten, ohne Erfolg – so etwa beim Grafen Viel'gorskij, einem in der Petersburger russischen Gesellschaft anerkannten Musiker. Während Moniuszko ein erstes Konzert mit großem Erfolg geben konnte, gelang es ihm nicht, ein weiteres Konzert abzuhalten. Abermals erfüllte die Musikstadt Petersburg die Erwartungen nicht, die Moniuszko in sie gesetzt hatte. Auch wenn er in Teilen der Musikwelt hier mittlerweile Anerkennung und Wertschätzung erhalten hatte, eröffneten sich keine weiteren Perspektiven.

Moniuszkos Schaffen in Wilna: Viel Arbeit, wenig Anerkennung

Während seiner Wilnaer Zeit arbeitete Moniuszko als Kirchenmusiker und Organist an der Kirche St. Johann. In diesem Zusammenhang entstand eine Reihe geistlicher Kompositionen. So schrieb er vier *Litanie ostrobramskie* (*Ostrobrama-Litaneien*) für Chor und Orchester, eine Messe für Soli, Chor und Orchester sowie drei kleinere Messen geringeren Ausmaßes mit Orgelbegleitung. Vor allem in den *Litanie ostrobramskie* griff Moniuszko regionale kirchliche Traditionen auf. Die Ikone der *Matka Boska ostrobramska* (*Muttergottes von Ostra Brama*) war ein Heiligtum, das damals bis heute für die katholische Welt nicht nur Wilnas, sondern auch der gesamten Region eine zentrale, auch identitätsstiftende Bedeutung hatte. Moniuszkos *Litanie ostrobramskie* entstanden im Zeitraum von 1843 bis 1855 und waren für den praktischen Gebrauch im Wilnaer Gottesdienst bestimmt. Darüber hinaus fanden sie kaum Verbreitung, so wurden sie erst viele Jahre nach ihrem Erscheinen überhaupt erstmalig gedruckt. Die erste *Litania* widmete Moniuszko Rossini während seines zweiten Parisaufenthalts, woraufhin sie vom Pariser Verleger Flaxland ins Programm aufgenommen wurde.

Kirchenmusik war zu jener Zeit in Moniuszkos Herkunftsregion ein nicht nur von den Komponisten, sondern auch von der Kirche vernachlässigtes Feld. Als Komponist geistlicher Werke von sich reden zu machen, war kaum möglich; die meisten Werke waren für das liturgische Alltagsgeschäft bestimmt. Hinzu kamen Ansichten, die die stilistischen Entwicklungsmöglichkeiten geistlicher Werke hemmten. Moniuszko versuchte auch hier, als Neuerer zu wirken, hatte jedoch nur geringen Erfolg. Zunächst wandte er sich an die Wilnaer Protestanten, die er vor allem unter dem Milieu des Bürgertums mit seinen oftmals deutschen Wurzeln fand. Als seine Bemühungen hier jedoch nicht zum Erfolg führten, gründete er einen Chor für die katholischen Kirchen. Im Jahr 1854 konnte er schließlich an der Kirche St. Johann die Hl.-Cäcilia-Gesellschaft gründen. Sie existierte bis 1863 und versammelte einige weitere Wilnaer Komponisten in ihren Reihen, so unter anderem Florian Miladowski. Was hier aber musikalische Neuerungen verhinderte, waren in kirchlichen Kreisen verbreitete Ansichten, nach denen sich die Kirchenmusik sämtlichen Formen weltlicher dramatischer Musik zu enthalten

habe – was die kirchenmusikalischen Bestrebungen nicht nur Moniuszkos, sondern eines jeden Komponisten auf diesem Gebiet erschwerte.
Ein an sich unbedeutendes Ereignis führte zu einer Spaltung der Wilnaer musikalischen Welt in zwei Lager, in die auch Moniuszko hineingezogen wurde. Ausgangspunkt war die Konkurrenzsituation zwischen den beiden Geigenvirtuosen Apolinary Kątski und Henryk Wieniawski. Als Künstler grundverschieden, verstanden sie sich auch menschlich nicht, obgleich beide ihre Vorzüge hatten: Wenn Wieniawski die größere musikalische Begabung hatte, so glich Kątski das durch souveräne Technik und herausragende organisatorische Fähigkeiten aus. In Wilna konnte man beide hören, da die Stadt ja aufgrund ihrer Lage als Durchgangsstation nach Petersburg sozusagen eine Pflichtstation für durchreisende Virtuosen war. Wieniawski oder Kątski – diese Frage beherrschte vor allem in der ersten Hälfte der 1850er Jahre das Wilnaer Musikleben, und Moniuszko ergriff klar Partei für Wieniawski, den er als Musiker höher schätzte. Kątski hingegen bezeichnete er als »Scharlatan« und warf ihm Effekthascherei vor. Das konnte Kątski nicht unverborgen bleiben, und auch seine Versuche, den Komponisten von seinen Qualitäten zu überzeugen, halfen wenig – Moniuszko konnte in seinen Urteilen, einmal gefasst, sehr beständig bleiben. Nach dem Bericht eines frühen Moniuszko-Biographen, Jan Karłowicz, unternahm Kątski sogar eine Art Versöhnungsversuch, indem er den Komponisten auf einem eigens dafür eingerichteten Konzert von seinen Qualitäten zu überzeugen suchte. Moniuszkos Urteil besserte sich zwar fortan, aber Aversionen blieben bestehen. Das sollte sich später als ungünstig für Moniuszko erweisen, denn kein anderer als Kątski war es, der einige Jahre später das *Instytut Muzyczny* in Warschau gründete und Moniuszko als Lehrer einlud, so dass sich der Komponist unversehens vor ein schwieriges Dilemma gestellt sehen sollte.
Zunächst jedoch führte die Parteinahme Moniuszkos im Wilnaer Streit über Kątski vs. Wieniawski dazu, dass eine ganze Reihe von Personen, die ihn bislang unterstützt hatten, sich nun von ihm ab- und Kątski zuwandten. Darunter waren für das intellektuelle Leben in Wilna so wichtige Persönlichkeiten wie der Literat Adam Kirkor oder der Archäologe Eustachy Tyszkiewicz. Auf Moniuszkos Seite verblieb hingegen der beliebte Opernsänger Achilles Bonoldi. Dieser sollte sich auch in Zukunft

als einer der überzeugtesten Anhänger und Förderer Moniuszkos erweisen, auch zu einer Zeit, als Moniuszko bereits in Warschau wirkte. Der Bariton Bonoldi, ein gebürtiger Italiener, war Anfang der 1840er Jahre als Gesangslehrer nach Wilna gekommen und hatte dort die Tochter des damaligen Vizegouverneurs geheiratet. Er schätzte von Anfang an Moniuszko sehr und sollte sich gerade in der Anfangszeit von Moniuszkos kompositorischem Wirken als wichtigster Popularisator seiner Werke erweisen, vor allem der Lieder. Die persönliche Wertschätzung, die damit einherging, war wechselseitig. Moniuszko schrieb einige seiner Gesangsarien direkt für die Stimme Bonoldis. Immer wieder sollte dieser seinem Freund nicht nur durch Aufführungen seiner Musik, sondern auch durch Fürsprache an geeigneter Stelle Wege ebnen.

Die Beziehungen zu Każyński hingegen gelangten auf einen Tiefpunkt, als der Vorwurf aufkam, Każyński habe eine Komposition, nämlich ein ukrainisches Lied für Klavier mit dem Titel *Dumka*, unter seinem Namen veröffentlicht, wobei er es Note für Note von Moniuszkos Lied *Kozak* abgeschrieben habe. Tadeusz Bulharyn machte diesen Vorwurf in einem sehr populären Blatt der Zeit, der Severnaja Pčela (1849, Nr. 287), publik und äußerte zugleich Zweifel an der tatsächlichen Autorenschaft Moniuszkos des *Kozak*. Dieser Vorgang rief in Moniuszko sofort ungute Gefühle wach. Beide Musiker standen in einer Art unerklärtem Konkurrenzkrieg miteinander: Moniuszko hatte nach Każyński die Stelle als Organist an St. Johann in Wilna übernommen; im Anschluss hingegen erhielt Każyński und nicht er die privilegierte Stellung in Petersburg. Moniuszko behandelte Każyński daher als zwar fähigen, aber dennoch erfolglosen Karrieristen. Moniuszko interpretierte die Herausgabe des Liedes von Każyński anfangs als Angriff auf ihn selbst, bis er jedoch nach einiger Zeit bereit war anzuerkennen, dass es Bulharyn war, der hier die Dinge verschärft hatte. Heutige Forschungen deuten darauf hin, dass die Ähnlichkeiten zwischen beiden Kompositionen, die in der Tat bestehen, daher rühren, dass beide Komponisten sich aus derselben Volksliedquelle bedient haben. Ob Moniuszko das auch wusste, ist nicht bekannt, jedenfalls äußerte er sich gegen Ende der 1850er Jahre sehr viel freundlicher Każyński gegenüber und war bereit, den Vorfall vor allem den Einlassungen Bulharyns anzulasten – und nicht mehr seinem ehemaligen Gegner.

4 Im Zentrum des polnischen Musiklebens: Leben und Wirken seit 1858

Der Wendepunkt: *Halka* in Warschau

Im Mai 1857 gab Józef Sikorski in seiner Zeitschrift BIBLIOTEKA WARSZAWSKA der Hoffnung Ausdruck, dass es nun bald zur Aufführung von Moniuszkos *Halka* in Warschau kommen werde. Bereits im März 1857 hatte ein Redakteur der GAZETA WARSZAWSKA die Theaterdirektion angemahnt, die Partitur der *Halka* doch aus der Bibliothek des Opernhauses wieder hervorzuholen und zur Aufführung zu bringen, und darauf verwiesen, dass die Direktion gegenwärtig eine ganze Reihe von Komödien aus der Feder einheimischer Autoren im Repertoire habe.

Anscheinend standen diese Pläne und Absichten in Zusammenhang mit den kurzzeitigen innenpolitischen Liberalisierungen im zaristischen Russland nach dem Regierungsantritt des neuen Zaren Aleksandr II. im Jahr 1855. Er versprach insbesondere seinen polnischen Untertanen die Gewährung größerer kultureller Freiheiten, so dass die zweite Hälfte der 1850er Jahre eine Phase der Hoffnung und des Aufbruchs für die polnische Intelligenz wurde. Ihre Vertreter konzentrierten sich darauf, die Existenz polnischer kultureller Erzeugnisse, ob Theater, Schauspiel oder Oper, nunmehr auch öffentlich sichtbar zu machen und daher alle verfügbaren Ressourcen nutzbar zu machen. In dieser Situation erinnerte sich manch einer an die Partitur Moniuszkos, die vor einigen Jahren nach erfolglosen Aufführungsversuchen ins Archiv gewandert war. Dass diese Oper seinerzeit auf Widerstand in der polnischen Intelligenz gestoßen war, war ihnen nicht unbekannt, der Widerstand war auch keineswegs erloschen.

Die Ankündigung kultureller Liberalisierungen hatte jedoch zu einer Art Burgfrieden innerhalb polnisch-nationaler Kreise geführt: Um polnische Kulturerzeugnisse sichtbarer zu machen, war die Bereitschaft gestiegen, auch Werke zu protegieren, mit denen sich nicht alle Angehörigen der polnischen Intelligenz einverstanden erklärten – man war also bereit, den Dissens über die *Halka* zurückzustellen, wenn dadurch erreicht werden konnte, dass eine weitere Oper eines polnischen Komponisten in Warschau aufgeführt werden konnte.

Von wem die Idee zur Wiedererneuerung der *Halka* letztlich ausging, ist nicht bekannt – sicher ist nur, dass es nicht Moniuszko war. Sowie er allerdings diese für ihn vollkommen unerwartete Neuigkeit erfuhr, machte er sich unverzüglich an eine Bearbeitung des Werks von Grund auf. Zum einen erweiterte er die bislang zweiaktige Oper auf vier Akte und nahm einige andere Veränderungen und Einfügungen vor. Zum anderen entschärfte Moniuszko die stark adelskritische Tendenz der Wilnaer Fassung durch diese Veränderungen und Einfügungen um einiges und trug somit den Bedürfnissen dieses Burgfriedens auch selbst Rechnung. Ein nicht geringes Hindernis stellte die Person des bisherigen Operndirektors Jan Quattrini dar, der in dem Neuankömmling aus dem provinziellen Wilna eine potentielle Bedrohung seiner Stellung sah – womit er, wie die Zukunft schon bald zeigen sollte, nicht unrecht hatte. Als Moniuszko im Vorfeld der Arbeiten an der Warschauer Oper in der Stadt eintraf, gelang es ihm immerhin, sich mit Quattrini zu einigen, was dazu führte, dass dieser und nicht Moniuszko selbst die Uraufführung der Warschauer *Halka* leitete. Während seiner letzten Reise vor der Uraufführung gelang es Moniuszko, seine Kontakte in der Stadt zu festigen. Moniuszko war offensichtlich im Salon der Łuszczewskis anerkannt, denn die Salondame Jadwiga Łuszczewska widmete dem Komponisten im Jahre 1857 ein längeres Gedicht, das in der neugegründeten Zeitschrift Ruch Muzyczny veröffentlicht wurde.[28] Nicht zuletzt diese Unterstützung durch die Warschauer »Gesellschaft« machte es möglich, dass die Oper schließlich, noch vor ihrer Uraufführung, vom Verleger Gebethner zur Veröffentlichung gekauft und ein Instrumentalstück, die sog. Góralentänze, in der Zeitschrift Biblioteka warszawska vorabgedruckt werden konnten.

Die Warschauer *Halka* war ein durchschlagender Publikumserfolg. Die Premiere geriet zu einer Sensation, auch die folgenden Vorstellungen der Oper ließen kein Nachlassen der Begeisterung des Publikums erkennen. Erstmals war auf der Warschauer Opernbühne eine großformatige, mit

---

28 Deotyma [= Łuszczewska, Jadwiga]: Do Stanisława Moniuszki, in: Ruch Muzyczny 22.7.1857, S. 131.

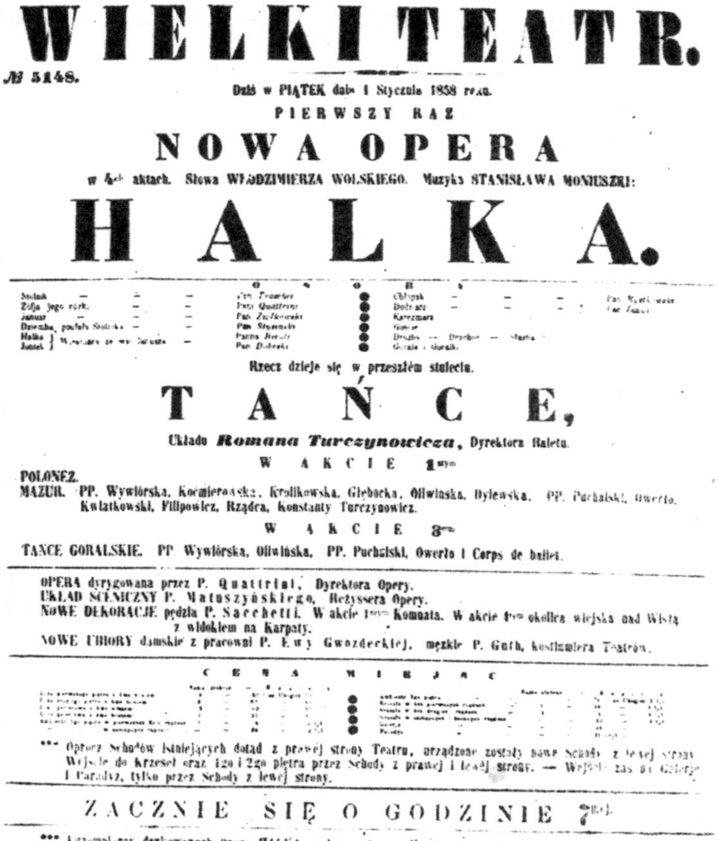

WIELKI TEATR.

№ 5148.

Dziś w PIĄTEK dnia 1 Stycznia 1858 roku.

PIERWSZY RAZ

NOWA OPERA

w 4ch aktach. Słowa WŁODZIMIERZA WOLSKIEGO. Muzyka STANISŁAWA MONIUSZKI:

HALKA.

Rzecz dzieje się w przeszłém stuleciu.

TAŃCE,

Układu *Romana Turczynowicza*, Dyrektora Baletu.

W AKCIE 1szym

POLONEZ.

MAZUR. PP. Wywiórska, Kozmierowska, Królikowska, Głębocka, Oliwinska, Dylewska. PP. Puchalski, Owerlo, Kwiatkowski, Filipowicz, Rządca, Konstanty Turczynowicz.

W AKCIE 3cim

TAŃCE GÓRALSKIE. PP. Wywiórska, Oliwińska, PP. Puchalski, Owerlo i Corps de ballet.

OPERA dyrygowana przez P. Quattrini, Dyrektora Opery.
UKŁAD SCENICZNY P. Matuszyńskiego, Reżyssera Opery.
NOWE DEKORACJE pędzla P. Sacchetti. W akcie 1szym Komnata. W akcie 4tym okolica wiejska nad Wisłą z widokiem na Karpaty.
NOWE UBIORY damskie z pracowni P. Ewy Gwozdeckiej, męzkie P. Guth, kostiumiera Teatrów.

CENA MIEJSC

*** Oprócz Schodów istniejących dotąd z prawej strony Teatru, urządzone zostały nowe Schody z lewej strony. Wejście do krzeseł oraz 1go i 2go piętra przez Schody z prawej i lewej strony. — Wejście zaś na Galerję i Paradyz, tylko przez Schody z lewej strony.

ZACZNIE SIĘ O GODZINIE 7mej.

*** Egzemplarzy drukowanych Opery HALKA, nabyć można w Kassie teatralnéj i przy wejściach po kop. 30.

W DRUKARNI GAZETY WARSZAWSKIEJ.

Abb. 3: Theaterplakt der Warschauer Uraufführung von Halka am 1. Januar 1858 ihren vier Akten abendfüllende *opera seria* erklungen, die nicht nur aus der Feder eines polnischen Komponisten stammte, sondern auch durch die Authentizität des Sujets und die Gestaltung im nationalen Geist etwas völlig Neues auf der Opernbühne darstellte. Mit seiner *Halka* hatte Moniuszko die Erwartungshaltung der polnischen musikinteressierten Intelligenz getroffen und ihnen ein Opernwerk geliefert, mit der sich der Anspruch auf kulturelle Eigenständigkeit und Leistungsfähigkeit demonstrieren ließ.

So sahen es auch die beiden wichtigsten Rezensenten, Józef Sikorski und Józef Kenig. Die Kritik am Sujet, die noch kurze Zeit zuvor eine Aufführung der Oper in Warschau als Ding der Unmöglichkeit hatte erscheinen lassen, spielte in ihren Besprechungen so gut wie gar keine Rolle mehr. Sikorski, der nach den kritischen Äußerungen Balińskis und anderer die Angelegenheit der *Halka* vorerst nicht weiter verfolgt hatte, war jetzt ohne weiteres bereit, die Oper als gelungenes Werk anzuerkennen. Dass es tatsächlich der Erfolg beim Publikum war, der die Bedenken und Vorwürfe der Kritiker sozusagen hinwegschwemmte, zeigt die Rezension Kenigs. Auch wenn dieser nämlich der Ansicht war, Moniuszko hätte besser ein anderes Sujet vertont, so betonte er in seiner ausführlichen Besprechung jedoch, dass die Art und Weise, wie der Komponist dieses Thema umgesetzt habe, ein epochemachendes Ereignis in der Geschichte der polnischen Oper sei.

Was niemand vorausgesehen hatte, traf ein: *Halka* erwies sich auch in finanzieller Hinsicht als erfolgreiche Oper. Alle Veranstaltungen waren ausverkauft, auch Wochen und Monate später. Moniuszko war zwar Berufsmusiker, aber kein Geschäftsmann: Es gab daher keinen Vertrag, der ihm in Vorhinein im Falle eines finanziellen Erfolgs einen angemessenen Anteil gesichert hätte, und so brachte ihm persönlich der große finanzielle Erfolg des Theaters durch seine *Halka* keinen großen Nutzen. Er war ganz davon abhängig, dass die Theaterleitung ihm eine Belohnung, eine Ehrung oder eine sonstige Anerkennung zukommen ließ. Moniuszko kam durch die Oper nur dadurch an Geld, dass er den zuvor mit dem Verleger Gebethner geschlossenen Vertrag erfüllte und dem Verlag das Manuskript der Partitur zur Verfügung stellte sowie einen Klavierauszug anfertigte – beides Aufgaben, die ihn in den Wochen nach der Premiere stark beschäftigten.

Abb. 4: Paulina Rivoli als Darstellerin der Halka in der Warschauer Uraufführung setzte Maßstäbe für die Rezeption der Titelgestalt

Ein weiteres, ebenfalls unerwartetes Problem stellte sich. Nach der Besprechung der vierten Aufführung der Oper erschien im KURIER WARSZAWSKI eine Nachbemerkung des Librettisten, Włodzimierz Wolski, in der dieser seine eigene Rolle am Zustandekommen der Oper stark herausstrich, ganz offensichtlich, weil er sich im Vergleich zum Komponisten zu wenig wertgeschätzt fühlte. Als es schließlich um die Frage ging, ob das Honorar für den Druck der Partitur der Oper zwischen Moniuszko und Wolski geteilt werden sollte, protestierte Moniuszko bei seinem Verleger energisch gegen dieses Vorhaben.

Hingegen ermöglichte der Erfolg der *Halka* ein anderes Projekt: Moniuszko erlangte die Aufmerksamkeit einflussreicher Kreise, so dass er noch im Jahr der Uraufführung der Warschauer *Halka* eine Reise ins westliche Ausland antreten konnte. Eine Reise nach Paris erschien Moniuszko schon vor der Warschauer Premiere anscheinend sinnvoll und erstrebenswert, lag aber für ihn zunächst weit außerhalb seiner Möglichkeiten. Ein Zufall änderte die Situation innerhalb kürzester Zeit. Die seinerzeit berühmte Adlige und Salondame Maria Kalergis ließ sich in Warschau nieder und wurde auf Moniuszko aufmerksam. Sie leistete für ihn das, was er nicht aus eigener Kraft bewerkstelligen konnte: Sie stellte Kontakte her und schuf eine finanzielle Basis für die Reise. Um zu verstehen, warum sich eine kunstsinnige Angehörige des europäischen Adels mit ihren internationalen Verbindungen überhaupt Moniuszkos annahm, sind einige grundlegende Kenntnisse über ihren biographischen Hintergrund notwendig.

Maria Kalergis-Muchanov, geb. in Warschau als Gräfin Nesselrode (1822–1874), entstammte einer deutsch-polnischen Verbindung, nämlich der Ehe zwischen dem gebürtigen Deutschen Friedrich Carl Reichsgraf von Nesselrode-Ehreshoven (1786–1868), Generalleutnant der kaiserlich-russischen Armee und Adjutant des russischen Großfürsten Konstantin, und der gebürtigen Polin Tekla geb. Nałęcz Górska (?–1848). Ab ihrem sechsten Lebensjahr (1828) wuchs Maria Kalergis bei dem Vetter ihres Vaters, dem russischen Diplomaten Karl Robert Graf von Nesselrode-Ehreshoven (1780–1862), in St. Petersburg auf. Gemeinsam mit dessen Kindern erhielt sie eine umfassende Erziehung, die auch einen musikalischen Schwerpunkt enthielt. Am 3. (15.) Januar 1839 heiratete die 17-Jährige den reichen griechischstämmigen Adeligen Jan Kalergis

(1814?–1863), von dem sie sich ein Jahr später ohne Scheidung wieder trennte. Nach der Hochzeit reiste Maria Kalergis mit ihrem Mann nach London, kehrte aber nach der Trennung nach St.Petersburg zurück. 1843 zog sie aus gesundheitlichen Gründen nach Italien. Zwischen 1847 und 1858 lebte sie in Paris, wo sie in der Rue d'Anjou einen literarischen Salon führte, in dem neben Dichtern und Schriftstellern zahlreiche berühmte Musiker, Künstler und Politiker ein und aus gingen. Nach der Heirat ihrer Tochter verlegte Maria Kalergis den Salon 1857 nach Warschau. 1860 ging sie nach Wien, hielt sich auch mehrfach in Kurorten auf, von denen sie seit 1856 Baden-Baden bevorzugte, und lebte schließlich abwechselnd in Baden-Baden, Warschau, St.Petersburg und Paris. Der Diplomat Gustav Blome nannte sie »Französin in ihrer Denkweise, Deutsche in ihren zuverlässigen Eigenschaften und Polin in ihrer Begeisterungsfähigkeit«.[29] Für polnische kulturelle, insbesondere musikalische Belange hatte sie ein offenes Ohr: Außer der Hilfe für Moniuszko war sie später maßgeblich an der Gründung und finanziellen Erstausstattung der Warschauer Musikgesellschaft beteiligt. Im Jahr seines Todes bezeichnete sie den Komponisten als »génie du foyer domestique pour la Pologne et la Lithuanie«.[30] Maria Kalergis hatte Moniuszko mit großer Wahrscheinlichkeit bereits lange vor der Warschauer Aufführung der *Halka* kennengelernt, nämlich im Haus der Familie Müller in Wilna, das ja für Künstler und kunstsinnige Adlige ein beliebter Zwischenhalt auf dem Weg von Berlin über Warschau nach Petersburg war. Wir wissen aus zwei Briefen von ihr, dass Kalergis im Herbst und Winter 1849 in Wilna bei der Familie Müller war oder sogar dort wohnte, zu einem Zeitpunkt also, als Moniuszko sich ebenfalls in Wilna befand.

29 Brief von Gustav Blome an Louis de Pons vom 8.9.1854, zit. nach Lamberts, Emiel: A Peculiar Heir of Metternich: Gustav von Blome (1829–1906). An Intermediary between Conservatism and Socio-Political Catholicism, in: Religiöse Prägung und politische Ordnung in der Neuzeit. Festschrift für Winfried Becker zum 65. Geburtstag, hrsg. von Bernhard Löffler u. Karsten Ruppert, Köln 2006, S. 193–220, hier S. 206.
30 Brief von Maria Kalergis-Muchanov an ihre Tochter, in: Marie von Mouchanoff-Kalergis, geb. Gräfin Nesselrode, in Briefen an ihre Tochter. Ein Lebens- und Charakterbild hrsg. v. La Mara, Leipzig 1907, Brief Nr. 217, Warschau, erste Juniwoche 1872, S. 286–288. Bericht vom Begräbnis Moniuszkos und Unterstützung der Witwe Moniuszkos.

Als Maria Kalergis sich seit 1857 in Warschau aufhielt, können ihr die Bemühungen Moniuszkos, seine *Halka* in Warschau auf die Bühne zu bringen, nicht entgangen sein, ebenso wenig wie der triumphale Erfolg der Aufführung vom Neujahrstag 1858. Der Plan, für den Komponisten eine Benefizveranstaltung durchzuführen, entstand vermutlich im Januar oder Februar. Das Konzert fand am 25. März 1858 statt. Gespielt wurden u.a. Ouvertüre und Mazurka aus *Halka*, ein Allegro aus einem Konzert Bachs, ein Trio von Beethoven, die Bettler-Arie aus Meyerbeers Oper *Der Prophet*, das Finale aus *Figaros Hochzeit* von Mozart, eine Barcarole von Schubert, eine Romanze, ein Nocturne und eine Polonaise von Chopin. Maria Kalergis hatte im Vorfeld ihre Kontakte in der Warschauer Musikszene mobilisiert, um das Konzert möglich zu machen. Maria Kalergis war in einer idealen Position: Sie hatte nicht nur Sympathien in der polnischen »guten Gesellschaft« und bei den Musikerkreisen in Warschau, sondern auch hervorragende Kontakte zur russischen Verwaltungselite, so dass sowohl die Zusammenstellung der Musiker als auch das administrative Arrangement für sie ein Leichtes war. Der Erfolg gab ihr recht: Das Konzert wurde sehr gut besucht. Es versammelte die polnische musikalische Elite der Stadt. Anwesend war außerdem Generalgouverneur Michail D. Gorčakov, was der Veranstaltung einen offiziellen Anstrich verlieh.

Es erschienen ausführliche Besprechungen in den beiden wichtigsten Blättern der Stadt, dem Kurier Warszawski und der Gazeta Warszawska. Maria Kalergis erklärte ihrer Tochter voller Befriedigung: »Mein großer Salon erinnert an einen Garten, so voll ist er mit Blumen als persönliches Ergebnis des Konzerts.«[31] Außerdem erklärte sie voller Stolz, auf das Konzert hin eine Einladung der führenden Salondame Warschaus, Jadwiga Łuszczewska (gen. Deotyma), erhalten zu haben, was vielleicht die höchste Anerkennung der Warschauer »guten Kreise« darstellte.

Nicht zuletzt erbrachte das Konzert auch den erhofften finanziellen Erfolg von 3000 Rubeln (25.000 Złoty oder 15.000 Franc), die Moniuszko nun in die Lage versetzten, ins Ausland zu reisen. Wann er das Geld erhielt, ist unklar: Maria Kalergis fuhr in der letzten Dekade des April von Warschau weg, er kam jedoch erst am 28. April aus Wilna in Warschau an. Die beiden trafen sich hingegen Ende Mai in Weimar bei Franz

31 Ebd.

Liszt, als Moniuszko auf dem Weg nach Paris war, so dass spätestens hier die Übergabe erfolgt sein dürfte.

Reisen ins westliche Ausland

Wie wir aus einem Brief an seine Frau wissen, den Moniuszko am Tage seiner Ankunft schrieb, erreichte er das Ziel seiner Reise, Paris, am 12. Juni 1858 und nahm Quartier in der Rue Gramont 22, ganz in der Nähe der Oper. Hier wohnte er »wirklich wie der Fisch im Wasser, aber im besten Teil«.[32] Sogleich kaufte Moniuszko sich ein kleines Melodikon, das ihm bei der Arbeit an seiner Oper *Flis* sehr nützlich sein sollte.

Moniuszko konnte in Paris die Musik seines geliebten Auber im Überfluss hören, was er auch tat. Bereits um die Mitte des Juni hatte er von ihm die Opern *Haydée ou le Secret*, *La Fiancée*, *Le Maçon* und *Fra Diavolo* gehört, die in der Opéra Comique gegeben wurden. Außerdem besuchte er Aufführungen von Hérolds *Zampa ou La Fiancée de marbre*, von Gevaërts *Quentin Durward* und von Meyerbeers *Le Prophète*.

Von den Theatern der Stadt hatte Moniuszko keinen ausschließlich positiven Eindruck. In einem längeren Brief an seine Tochter zählte er zunächst über zwanzig kleinere und größere Einrichtungen auf und stellte dann Vergleiche an:

> Die Schauspieler der Dramen, Komödien und Vaudevilles sind ausgezeichnet. Die Sänger der Großen Oper sind die schlechtesten, hingegen die der Komischen Oper herausragend. Das Ballett in Warschau ist besser. Das Orchester und die Chöre, obwohl ausgezeichnet, sind auf niedrigerem Niveau als die deutschen. Die Dekoration ist hässlich, weil gebraucht. Die Kostüme sind ganz unterschiedlich. […] Mit einem Wort, das Theater befriedigt mich überhaupt nicht, und seitdem ich in Paris bin, bin ich erst ein einziges Mal […] bis zum Ende des Stückes sitzengeblieben.[33]

Vor allem aber waren es einige Gewohnheiten und Verhaltensweisen des Publikums, die Moniuszko hochgradig befremdeten. So wunderte er sich darüber, dass in den Pausen Zeitschriften verkauft wurden und die Händ-

---

32 Ebd.
33 Moniuszko an seine Tochter Elżbieta aus Paris, 17./ 29.6.1858, in: Listy, Nr. 288, S. 314–317, hier S. 316.

ler ihre Ware mit lauter Stimme anpriesen. In den Pausen, die mindestens eine Viertelstunde dauerten, gingen alle auf die Straße, um frische Luft zu schnappen – auch das bemerkte Moniuszko mit Erstaunen.

Den Kirchenmusiker Moniuszko beeindruckten die französischen Orgeln mit ihren Schwellern und Crescendowalzen sehr. Hier ebenso wie an anderen Stellen zeigt sich, welchen Eindruck die Stadt gerade auf ihn als Musiker gemacht haben musste – aber auch, dass ihm hier sehr seine Provinzialität zu Bewusstsein kam. Einerseits nannte er Paris »das wahre Paradies«, andererseits schrieb er an seine Tochter:

> Ich weiß nicht, was das für ein Kummer ist, aber Paris quält mich, langweilt mich und macht mich ungeduldig zugleich. Vielleicht deswegen, weil es hier einfach zu viel interessante und bedeutende Dinge gibt? Vielleicht auch, weil gewöhnlich diejenigen, die selbst nur bescheidene Möglichkeiten haben, andere beneiden, die alles im Überfluss ausschöpfen können.[34]

Moniuszko verfolgte den Plan, Zutritt zu einem oder mehreren Pariser Salons zu erhalten, dort seine Werke vorzustellen und somit die Grundlage für eine Aufführung seiner Werke in dieser Stadt zu schaffen. Dieser Plan schien erfolgversprechend zu sein, war der Salon doch die wichtigste gesellschaftliche Drehscheibe des Pariser Musiklebens, und ohne einen Salonzugang war kaum etwas zu erreichen – das wusste auch Moniuszko. An Salons herrschte kein Mangel. In Paris gab es einige größere und kleinere Salons, die Treffpunkte der lokalen musikalischen Szenerie darstellten: Im Salon von Emile und Delphine Girardin, eigentlich einem literarischen Salon, fanden bald auch *matinées musicales* statt. Für das gesellschaftliche Leben wichtig war der Salon in der österreichischen Botschaft, da der Botschafter Rudolphe Apponyi ein begeisterter Musikliebhaber war. Der Salon der Madame Orfila, einer Sängerin und Frau eines bekannten Arztes, wurde hochgelobt; es hieß, dass Künstlerzusammenstellungen von gleicher Qualität nur noch Rossini hervorbringen könne. Die bedeutendsten Künstler waren in den Salons des Pianisten Pierre Zimmerman (Lehrer von César Franck) und dem der Gebrüder Lionnet anzutreffen. Zwei berühmte, »große« private Salons waren der

---

34 Ebd., S. 314.

Salon der Prinzessin Cristina Belgiojoso (1808–1871) (hier fand u.a. das berühmte musikalische Duell zwischen Liszt und Thalberg statt) und der Salon der Prinzessin Mathilde (1820–1904), der früheren Frau des Fürsten Demidoff. Sie ließ keinen Geringeren als Pasdeloup und später Sauzay ihre Konzerte organisieren.

Man könnte denken, dass die Ausgangsposition Moniuszkos wegen seiner polnischen Herkunft eigentlich gar nicht schlecht war. Zum einen hatte Chopin, seinerzeit der Liebling der Pariser Salons, gewissermaßen den Boden bereitet, zum anderen waren einige der bedeutendsten Salons mit dem Milieu der Pariser Polonia verbunden. Dazu gehörte derjenige der Prinzessin Czartoryska, der Lieblingsschülerin von Chopin, im Hôtel Lambert. Hier trafen sich sowohl die Pariser Künstler als auch die polnischen Emigranten. Ebenso hervorzuheben ist der Salon der Gräfin Potocka und derjenige der Gräfin Grabowska, in der u.a. Sowiński verkehrte.

Um Zutritt zu diesen Salons zu erhalten, konnte man jedoch nicht einfach anklopfen. Eine persönliche Einladung war notwendig, um Zutritt zu erlangen. Auch die Berichterstatter, die in den großen Gazetten über die Salons schrieben, benötigten eine solche Einladung. Es gab intime Treffen bis hin zu Großveranstaltungen mit an die Tausend Gästen. Die Gastgeber gehörten dem Adel, der Regierung, der weltlichen Mittelklasse oder der Musikwelt (insbesondere Musiklehrer) an. Es wird geschätzt, dass in den ersten sechs Monaten des Jahres 1865 in Paris über 400 öffentliche Konzerte stattgefunden haben. Diese hohe Zahl ist nur so erklärlich, dass viele Salons ihre Veranstaltungen wöchentlich anboten. Auch wenn diese Salonveranstaltungen nur ein Teil des Pariser Musiklebens waren, so lag ihre Bedeutung doch darin, dass der Musiksalon die gesellschaftliche Plattform war, auf der verhandelt wurde, wer dazu gehörte und wer nicht. Jeder, der in Paris auch nur oberflächlich bekannt sein wollte, musste sich in einem Salon vorstellen. Dabei war es keineswegs unwichtig, um welchen Salon es sich handelte. Allerdings wurden auch gerade »Neulinge«, die von außen her an die Pariser Gesellschaft herantraten, allein schon aus Neugier von Salon zu Salon herumgereicht, so dass es für einen *homo novus* wie Moniuszko vorrangig sein musste, zuerst einmal zu irgendeinem dieser Salons Zutritt zu erhalten.

Das war Moniuszko nicht unbekannt. Die Situation war schließlich in Wilna, Warschau und Berlin, also in den Städten, die er bislang intensiver kennengelernt hatte, nicht anders gewesen – vielmehr hatten sich die Verhältnisse in diesen Städten nach Pariser Vorbild entwickelt. Moniuszko selbst hatte, indem er in die Familie des bedeutendsten Saloninhabers einheiratete, mit einem Schlag eine geachtete Stellung in Wilna erreicht und wusste also genau, worum es ging.

Der Plan, den er verfolgte, machte sich die Stellung der Polonia in Paris zunutze. Die Pariser Polonia, die als *Wielka Emigracja* (*Große Emigration*) nach dem misslungenen Novemberaufstand des Jahres 1830 in Paris entstanden war, hatte eine politische und eine kulturelle Stoßrichtung. Die Emigranten des Hôtel Lambert versuchten, ihre außenpolitischen Konzeptionen von Paris aus zu verwirklichen oder wenigstens zu propagieren. Es gab in der frühen Zeit der *Wielka Emigracja* im Wesentlichen zwei Lager: das liberal-konservative Lager um Adam Czartoryski und die sog. Demokraten. Parolen wie »Za naszą i waszą wolność« (»Für unsere und für eure Freiheit«), die aus Frankreich von den Polen an die russischen Liberalen gerichtet wurden, riefen die Wut des russischen Botschafters in Paris hervor, so dass die französische Regierung beschloss, die polnische Linke zu schwächen und herausragende Aktivisten wie Worcell, Krępowiecki, Czyński, Pułaski und Lelewel im Sommer 1833 des Landes verwies.

War die Wirksamkeit der Polonia auf politischem Gebiet solcherart begrenzt, so konnte sie aufgrund einer anderen Einrichtung doch größte Bedeutung behalten: 1832 gründeten Adam Czartoryski, Aleksander Walewski (ein natürlicher Sohn von Napoleon I.), Chopin, die Dichter Mickiewicz, Krasiński, Słowacki und Norwid sowie Alphonse d'Herbelot die *Société littéraire polonaise*. Die Idee zur Gründung kam von Daniel de Saint-Antoine. Es sollten die zerstörten Bibliotheken in Wilna, Krzemieniec und Petersburg zusammengeführt werden. Mickiewicz und der Marquis de La Fayette brachten das Projekt voran, so dass 1839 die Bibliothek eröffnet werden konnte. Bemerkenswert ist, dass dieses literarische Projekt von Anfang an eine polnisch-französische Kooperation war, was ihm möglicherweise einen besseren Stand auf französischem Boden sicherte als die direkten Versuche politischer Einflussnahme polnischer Emigranten gegenüber der russischen Regierung. Im Jahr 1866 wurde durch ein Dekret Napoleons III. die *Société* eine geförderte Einrichtung. Unterstützer waren namhafte französische Schriftsteller und

Intellektuelle wie Charles de Montalembert, Jules Michelet, Edgar Quinet, George Sand oder Prosper Mérimée. Anknüpfungspunkte ergaben sich für Moniuszko nun in zwei Bereichen dieser Polonia: Zum einen fand er hier Bekannte vor allem aus seinen Wilnaer Zusammenhängen vor, bei denen eine Vorsprache lohnend erschien. So war seit 1857 Aleksander Chodźko Inhaber des Lehrstuhls für slawische Literaturen am *Collège de France*, der im Jahr 1840 dank der Bemühungen Adam Czartoryskis geschaffen und mit Adam Mickiewicz besetzt worden war. Chodźko war Absolvent der Universität Wilna, was ihn für Moniuszko als möglichen Ansprechpartner qualifizierte. Zum anderen waren insbesondere im Umkreise der *Societé litteraire* auch französische Musiker aufgetreten, an die Moniuszko herankommen wollte. Die Liste der Bekannten Chopins, der ja nur ein Jahrzehnt vor Moniuszko in Paris gewesen war, zeigt, um wen es ging. Hier erschienen Namen wie Honoré de Balzac, Ernest Legouvé, Théophile Gautier, Victor Hugo, Astolphe de Custine, Alfred de Vigny, Camille Pleyel, Eugène Delacroix, Vincenzo Bellini, Friedrich Kalkbrenner, Henri Herz, Ferdinand Hiller, Heinrich Heine. Moniuszko hoffte also, indem er zur Polonia in Paris Kontakt aufnahm, Verbindungen auch zum französischen Musikleben zu erhalten, die zu einer Einladung in einen der Pariser Salons führen sollten. Wenigstens während der ersten Parisreise gelang ihm das jedoch nicht. Der Plan scheiterte bereits in der ersten Phase aus einem ganz banalen Grund, nämlich daran, dass die führenden Persönlichkeiten der Polonia fast alle in Urlaub waren. Die Lektüre von Moniuszkos Briefen zeugt davon, wie er einen Versuch nach dem anderen unternahm, sich mit den führenden Protagonisten der Polonia zu treffen, aber ein ums andere Mal von ihrer Abwesenheit erfahren musste.

Im Juni 1858 berichtete Moniuszko von seinen Misserfolgen:

> Ich traf hier nur das Fräulein Przeciszewska und Fürst Zaleski an. Seine Familie ist in den Bädern in Vichy. Weder der Bruder Bonoldis noch Sowiński sind hier. Sie sind auf dem Land. Alfred Römer und Tyzenhaus kehren erst in ein paar Wochen zurück.[35]

---

35 Moniuszko an seine Tochter Elżbieta aus Paris, 12.6.1858, in: Listy, Nr. 288, S. 314–317, hier S. 316.

Der Kontakt zu Józefa Przeciszewska hatte vielversprechend ausgesehen, da sie über gute Verbindungen verfügte: Ihr Bruder, Antoni, war bis 1831 Abgeordneter im Warschauer Sejm gewesen. Anscheinend ergaben sich aber keine weiteren Verbindungen, denn Moniuszko erwähnt nichts Weiteres in seiner Korrespondenz. Moniuszko hoffte außerdem sehr auf die Hilfe Albert Sowińskis, des späteren Autors des *Słownik muzyków polskich* (*Wörterbuch der polnischen Musiker*), der gute Kontakte in der Pariser Musikwelt hatte. Leider war auch Sowiński nicht anwesend. Er befand sich in den Ferien und schrieb lediglich einen Brief an Moniuszko, in dem er sich entschuldigte, ihm in den Tagen seines Aufenthalts in Paris nicht helfen zu können. Immerhin schätzte er die Musik Moniuszkos anscheinend hoch ein, denn er schrieb:

> Wir haben von Ihren Erfolgen in Warschau gehört [im JOURNAL DES DÉBATS war über die Uraufführung der *Halka* berichtet worden] und wir haben gerne von der vorzüglichen Aufführung ihrer Oper gelesen; man muss darüber nachdenken, sie zu übersetzen und auch in Paris aufzuführen. Es stimmt zwar, dass das viel Zeit braucht, aber es würde sich lohnen, wenn Sie die Franzosen mit Ihren schönen Werken bekannt machen würden.[36]

Sowiński blieb bis zum August in seinem Ferienort und konnte daher Moniuszko tatsächlich nicht helfen. Ob er jedoch wirklich diese Absicht gehabt hatte, muss offenbleiben, denn in seinen Notizen und Berichten in der französischen Presse zur polnischen Musik verlor er auch fortan kein Wort über Moniuszko. Im Mai 1858, also kurz vor der Ankunft des polnischen Komponisten in Paris, veröffentlichte Sowiński einen ausführlichen Artikel über den Zustand der dramatischen Musik in Polen. Dieser ausführliche Artikel lenkte die Aufmerksamkeit des französischen Lesers darauf, dass es in Polen noch andere Komponisten außer Chopin gab. Allerdings beendete Sowiński seinen Überblick mit Moniuszkos Vorgänger am Theater, Kurpiński, und ergriff damit die Gelegenheit nicht, das französische Publikum auf die Ankunft eines weiteren polnischen Komponisten vorzubereiten – ob bestimmte Absichten hin-

---

[36] Albert Sowiński an Stanisław Moniuszko, 18.6.1858, zit. nach Rudziński, Witold: Stanisław Moniuszko. Studia i materiały. Bd. 2, Kraków 1961 [fortan zitiert als SM 2], S. 29 f.

ter diesem Vorgehen steckten, ist unklar. Hingegen wurde Sowiński im Falle von Adam Mickiewicz aktiv, der im Gegensatz zu Moniuszko dem Pariser Publikum ja bekannt war. Auf den Tod des Dichters schrieb Sowiński ein Klavierstück und ließ die Information über die Veröffentlichung dieses Werks im MÉNESTREL erscheinen.

Das eigentliche Ziel Moniuszkos war es, zu Rossini vorzudringen, der zur damaligen Zeit die unbestrittene Autorität in der Pariser Musikszene darstellte. Nachdem Rossini sich 1830 zur Ruhe gesetzt und Paris verlassen hatte, kehrte er im Jahr 1855 nach Paris zurück und kultivierte dort selbst ein Image von sich als lebendige Reliquie, umgeben von den Büsten großer Komponisten, einschließlich ihm selbst. In dieser Aura empfing er Besucher, hielt Soiréen ab und begann wieder zu komponieren. Rossini versammelte in seiner Eigenschaft als anerkannte Autorität des Pariser Musiklebens jener Zeit jeden Sonnabend in seinem Salon hervorragende Musiker und ein ausgewähltes Publikum. Hier wurden oft sog. Salon-Opern gespielt, was allein schon auf die besonderen Möglichkeiten Rossinis hinweist.

Zum Kreis der Eingeladenen zu gehören, hätte Moniuszko auch zu anderen Veranstaltungen dieser Art Tür und Tor geöffnet und ihm diejenigen Kontakte vermittelt, die er brauchte. Sich direkt bei ihm vorzustellen, war eine gesellschaftliche Unmöglichkeit. Moniuszkos einzige Chance, an Rossini heranzukommen, bestand darin, über seine Kontakte zur Pariser Polonia Zugänge zur französischen Musikszene zu finden, die Rossini auf ihn aufmerksam werden ließen.

Zu diesem Zweck bemühte Moniuszko sich, an den Fürsten Poniatowski heranzukommen, einen der wichtigsten Sponsoren und Organisatoren des polnischen Musiklebens in Paris. Als Mitglied im jährlich tagenden Kuratorium des Wettbewerbs der geistlichen Musik hatte Poniatowski auch Kontakte in der französischen Musikszene und stellte also das für Moniuszko so sehr ersehnte Bindeglied dar. Jedoch gelang es Moniuszko nicht, eine Verbindung zu Poniatowski aufzubauen, so dass er sich infolgedessen auch keine Hoffnungen auf Kontakte zu Rossini machen konnte. Daher musste er unverrichteter Dinge nach Polen zurückkehren.

Zwischen Neid und Anerkennung: Moniuszko als Warschauer Operndirektor

Moniuszko kehrte aus Paris nicht sofort nach Wilna zurück, sondern blieb erst eine Zeitlang in Warschau. Mittlerweile hatten sich begründete Hoffnungen darauf ergeben, dass er in dieser Stadt endlich einen Posten erhalten würde – der Operndirektor hatte ihm die Stelle des Dirigenten an der Warschauer Oper in Aussicht gestellt. Am 11./23. August 1858 war es dann soweit: Moniuszko erhielt den Posten, mit dem nicht nur ein Gehalt von mindestens 1200 Rubeln verbunden war, sondern auch die Verpflichtung, polnische Opern aufzuführen, und das sollten in der Folge fast ausschließlich seine eigenen sein. Damit hatte Moniuszko die besten Arbeitsbedingungen erreicht, die sich ein polnischer Komponist dieser Zeit nur wünschen konnte.

Diese Ernennung sollte sich im Nachhinein nicht nur als der entscheidende Karrieresprung Moniuszkos, sondern auch als ein entscheidender Schritt für die polnische Oper erweisen. Von Seiten der Operndirektion allerdings war das sicher kein Akt des polnischen Patriotismus. Auch wenn die Position des Dirigenten, wie es offiziell hieß, die höchste künstlerische Position an der Oper war, so oblag das letzte Wort nicht nur in Fragen der finanziellen Ausstattung, sondern auch in der Spielplanpolitik einem Mitglied der zaristischen Administration, und zwar in diesem Fall bezeichnenderweise einem Offizier, nämlich General Abramowicz. Dass ein militärischer Offizier und kein Zivilist das letzte Wort im Theater hatte, zeigt, wie wichtig die zaristische Administration das Theater nahm. So verfolgte Abramowicz mit seiner Theaterpolitik denn auch vorrangig die Interessen des Zarenreiches. Moniuszkos Ernennung war insofern ein weiteres Ergebnis der neuen zaristischen Kulturpolitik seit 1855, dem Amtsantritt des Zaren Aleksandr II. Dieser versuchte durch eine Politik der kontrollierten Liberalisierung den nationalen polnischen Bestrebungen den Wind aus den Segeln zu nehmen. Sowohl die Erlaubnis zur Aufführung der *Halka* als auch die Ernennung Moniuszkos dienten im Denken der russischen Administration also dem Ziel, sich durch begrenzte Zugeständnisse politische Stabilität zu erkaufen und erneute Aufstände zu verhindern.

Für Moniuszko hatten politische Kalkulationen dieser Art zunächst überhaupt keine Bedeutung. Voller Freude über die Ernennung widmete er sich zuallererst der Aufgabe, nunmehr endgültig seinen Wohnsitz und den seiner Familie von Wilna nach Warschau zu verlegen, und fand schließlich eine Wohnung im Haus Krakowskie Przedmieście 81.

Galt zunächst die Zeit bis zur Warschauer Aufführung der *Halka* vor allem der Sicherung der materiellen Lebensgrundlage, so sah sich der Komponist auch danach, trotz erlangter Anerkennung und Prestigestellung als Direktor der Warschauer Oper, auf eine andere Weise gefährdet. Einige zentrale Figuren des Warschauer Musiklebens neideten dem aus der Provinz dahergekommenen *homo novus* seinen Erfolg und wurden offenbar nur schwer damit fertig, Moniuszko gewissermaßen vor die Nase gesetzt zu bekommen. Mit dem Zwang zur Durchsetzung im Warschauer Establishment stand Moniuszko nicht alleine da: Etwa ein Jahrzehnt zuvor war es dem mittlerweile anerkannten und »dazugehörigen« Sikorski anscheinend ganz ähnlich ergangen. Moniuszko versuchte sich angesichts dieser Lage auf mehrfache Weise zu schützen.

Besonders mit zwei Personen musste er sich auseinandersetzen: Der bisherige Operndirigent, der Italiener Tomasz Quattrini, der auch die Warschauer Premiere der *Halka* dirigiert hatte, konnte sich anfangs gar nicht mit dem Verlust seiner Stellung anfreunden. Wie aus der Korrespondenz Moniuszkos an seine Frau in Wilna hervorgeht, versuchte Quattrini anscheinend, die Proben und die Aufführung von Moniuszkos neuer Oper *Flis* zu sprengen. Als Quattrini jedoch realisierte, dass Moniuszkos Ernennung nicht mit einem totalen Prestigeverlust für ihn selbst verbunden war, begann sein Widerstand zu erlahmen. Die andere Person war Ignacy Feliks Dobrzyński, der bereits früher, im Jahre 1852, für kurze Zeit Operndirektor gewesen war, und dessen Oper *Monbar czyli Flibustierowie* (*Monbar oder die Flibustiere*) vor Moniuszkos *Halka* hatte zurückweichen müssen. Dobrzyński, der sich als Warschauer Komponist mit Sicherheit gewisse Anrechte auf den Posten ausgerechnet hatte, konnte nicht nur im Vorfeld ihrer Uraufführung sein Missfallen an der *Halka* verbergen, sondern litt nun zusätzlich darunter, den Posten von einem Provinzmusiker aus dem Osten streitig gemacht zu bekommen. Auch die Beziehung zu Józef Sikorski, den Moniuszko in seiner Wilnaer Zeit als Gönner, Fürsprecher und Freund verehrt hatte, blieb nach Moniuszkos Übersiedlung nach Warschau kühler als es zu erwarten gewesen wäre, ohne dass die Gründe dafür bekannt sind.

Mit zunehmender Anerkennung des neuen Operndirektors in Warschau wuchs nun aber auch sein Selbstbewusstsein. Im Jahre 1860 schrieb Moniuszko gönnerhaft an Apolinary Kątski, als er ihm seine Ablehnung mitteilte, als Musiklehrer am von Kątski initiierten Musikinstitut zu wirken:

> Wenn sich hingegen ein außergewöhnliches Talent findet, das meiner Hilfe bedürfen kann, biete ich mich ohne eigenes Interesse an, ihm mit Privatunterricht zu helfen.[37]

Aus diesen Worten spricht eine klare Selbsteinschätzung des Komponisten als herausragender, wenn nicht sogar bester Komponist in seiner näheren Umgebung, d. h. in der polnischsprachigen Welt – eine Einschätzung, die sich mit jedem weiteren seiner Opernerfolge nach 1858 immer mehr selbst bestätigte. Im Jahr 1860 zeigte schließlich die Reaktion des Publikums und der Rezensenten, wie beliebt Moniuszko bei ihnen war: Er würde also nichts riskieren, wenn er vorwiegend eigene Kompositionen aufführen würde.

Ebenso wie seine Vorgesetzten verstand auch Moniuszko trotz der Bezeichnung seines Postens als »Operndirigent« diesen vor allem als Komponist mit dem Auftrag, die polnische Oper zu stärken – und ebenso wie seine Vorgesetzen verstand Moniuszko darunter vor allem seine eigenen Opern. Außer seinen neuen Werken *Halka*, *Flis* und *Hrabina* (*Die Gräfin*), die mit vielen Wiederholungen den ersten Platz im Spielplan einnahmen, wurden unter Moniuszkos Dirigat außer den Opern *Król pasterzy* (*Der König der Hirten*) von Oskar Kolberg, *Wianki* (*Kränze*) von Aleksander Martin und *Otton Łucznik* von Adam Münchheimer kaum andere polnische Opern gegeben. Eine herausragende Ausnahme bildete im Jahr 1862 noch die Oper *Zamek na Czorsztynie* (*Die Burg von Czorsztyn*) von Karol Kurpiński, dem Vorgänger Moniuszkos am Warschauer Opernthеater.

Dem trotz seines Erfolgs bescheidenen und bodenständig gebliebenen Moniuszko, dem selbst angesichts seiner Stellung zeit seines Lebens jegliche weltmännische Züge abgingen, wegen dieser Repertoiregestaltung egomane Selbststilisierung vorzuwerfen, wäre verfehlt. In der Praxis führte diese Repertoiregestaltung aber dazu, dass trotz der Existenz eines pol-

---

37 Listy, Nr. 427 vom 23.11.1860 aus Warschau an Apolinary Kątski, S. 403.

nischen Operndirigenten in Warschau das Genre der polnischen Oper ein im Wesentlichen auf Moniuszkos Werke zentriertes Unternehmen blieb. Es entwickelte sich kein schöpferisches Klima nach Art einer kompositorischen Schule, in dem, beispielsweise unter Moniuszkos Leitung, weitere polnische Opernkomponisten die Gattung auf eine breitere personelle Basis gestellt hätten. Wenn Moniuszkos Opern sowohl hinsichtlich ihres Inhalts als auch hinsichtlich ihrer Musik dennoch großen Einfluss auf die polnischen Komponisten späterer Generationen ausübten, so lag das an der Rezeption ihres Ideengehalts, aber nicht an der Weitergabe seiner Komponierhaltung an einen oder mehrere Schüler.

Hingegen leistete Moniuszko einiges, um die bis dahin immer noch deutliche Herrschaft der italienischen Oper in Warschau zurückzudrängen, indem die nach wie vor beliebten Werke italienischer Komponisten wie Donizetti oder Verdi in polnischer Sprache aufgeführt wurden – nur einige Jahrzehnte später nach einer intensiven Diskussion unter polnischen Intellektuellen darüber, ob die polnische Sprache überhaupt zum Singen geeignet sei. Moniuszko nutzte seine Position außerdem, um zwei Opern seines Lieblingskomponisten Auber aufzuführen, nämlich *Le cheval de bronze* und *Haidée*.

Moniuszko war jedoch auch hinsichtlich seiner eigenen Werke wählerisch. Von den zahlreichen Opern aus der Wilnaer Zeit erachtete er einzig *Jawnuta* einer Aufführung am Warschauer Operntheater für würdig. Die anderen Werke aus dieser Zeit erschienen ihm anscheinend nicht repräsentativ genug. Hingegen bemühte sich Moniuszko mit Erfolg, seine Kantaten *Milda* und *Nijola* in Warschau zu präsentieren. Er hatte anscheinend keinen Zweifel daran, dass das litauische Sujet dieser Werke auch in Warschau auf Interesse stoßen würde. Für die Umarbeitung der Kantate *Milda* hatte Moniuszko sich eigens nochmals an Kraszewski gewandt, mit der Bitte, dass dieser ihm einige neue Verse für die Erweiterung der Kantate schreiben sollte.

In den Warschauer Salons

In Wilna war die *sala Müllerów* das Zentrum des gesellschaftlichen Lebens gewesen, und Moniuszko hatte sich in dieser Stadt zu einer geachteten Figur entwickelt. In Warschau war der Komponist zwar nach seinem Erfolg mit der *Halka* geachtet und anerkannt, war aber deswegen noch nicht ins gesellschaftliche Leben der Stadt integriert. Besonders zu Anfang seines Aufenthalts unternahm er kaum Anstrengungen, diesen Zustand zu ändern, sondern zog sich eher zurück und verkehrte vorrangig mit einem kleinen Kreis von Personen, die er bereits aus seinen früheren Aufenthalten in Warschau kannte, wie etwa Matuszyński, Oskar Kolberg, Lesznowski, vielleicht auch Wolski, aber nicht mit Józef Sikorski, der ihm möglicherweise den Weg in die Warschauer Gesellschaft hätte ebnen können. In dieser ersten Zeit in Warschau war der Komponist in keiner allzu guten Verfassung. Er kränkelte und litt an Stimmungsschwankungen bis hin zu depressiven Phasen. Der äußere Erfolg war für Moniuszko verbunden mit dem Verlust seiner bisherigen Lebenswelt. Nicht selten zeigte er in seinen Briefen an die alten Wilnaer Bekannten Anzeichen von Wehmut und Nostalgie, insbesondere wenn ihm seine Außenseiterposition in Warschau deutlich vor Augen kam.

Trotz seines Humors, der von den Zeitgenossen immer wieder beschrieben wurde, und anderer Qualitäten Moniuszkos zwischenmenschlicher Art weist dennoch vieles darauf hin, dass der Salon nicht das eigentliche Wirkungsfeld Moniuszkos als Person war, weder das beabsichtigte noch das tatsächliche. Auch seine größten Bewunderer nämlich bedauerten die mangelnde Präsenz Moniuszkos in der »Gesellschaft«:

> Moniuszko hat bei uns auf dem Gebiet der Musik eine ungeheure Bedeutung. Viele seiner Werke werden von den Künstlern aufs höchste geschätzt, aber unglücklicherweise sind sie unter dem hiesigen Publikum nicht so verbreitet, wie sie es verdienen und wie es ihr Recht ist. Ein Komponist, der selbst in der Gesellschaft seine Lieder nicht singt, kann nur mit Schwierigkeiten bekannt sein: Das ist ein wichtiger Weg zur Popularität, deshalb benützen die Provinzen, die an Moniuszkos Sitz näher gelegen sind, seine Werke häufiger als Warschau und seine Umgebung [...]. Nicht jeder kann dreißig Złoty für ein Liederbuch ausgeben.[38]

Der Moniuszko gegenüber sehr positiv eingestellte Jan Karłowicz suggerierte in seinen Erinnerungen an den Komponisten sogar, Moniuszko habe möglicherweise eine Popularität im Salon gar nicht gewollt. Auf

---

38 Karasowski, Maurycy, in: BIBLIOTEKA WARSZAWSKA (1856), Bd. 1.

die Frage, warum seine Musik weder in den Salons noch in der Kirche zu hören sei, habe der Komponist »immer wieder« geantwortet: »Was ist daran verwunderlich; meine Musik hat häuslichen Charakter.«[39] Es erweist sich hier, dass Moniuszko trotz seines Humors eben nicht der »Salonlöwe« war, der sich mit schlafwandlerischer Sicherheit auf dem gesellschaftlichen Parkett bewegte und den Salon als ein hauptsächliches Betätigungsfeld erkoren hatte. In der Beschreibung des »bescheidenen«, unscheinbaren Auftretens des Komponisten, der »eifrig jedem Gespräch über sich und seine Werke auswich«,[40] zeigte sich Karłowicz in Einklang mit vielen anderen Biographen des Komponisten. In seinen Schritten zur Aufnahme eines gesellschaftlichen Lebens erwies Moniuszko sich eher als unsicher, zögernd, linkisch, den aus Wilna bekannten provinziellen Verhältnissen verhaftet. Symptomatisch war sein Urteil über die Einrichtung seines neuen Warschauer Salons:

> [… für den] Salon braucht man tatsächlich modische und hiesige Möbel, aber über die unseren, auch wenn sie für unsere Herzen so teuer sind, fängt man schon an zu lachen.[41]

Moniuszko hatte in erster Zeit in Warschau kaum Lust, offensiv das gesellschaftliche Leben zu beginnen:

> Ich habe bis jetzt keine Beziehungen begonnen und beabsichtige das auch nicht […], außer zu einigen Personen, die mir lange bekannt sind.[42]

Für diese Zurückhaltung des Komponisten waren wohl mehrere Gründe maßgebend. Zunächst ist darauf hinzuweisen, dass Moniuszkos Position in Warschau zwar äußerlich gut war, aber anscheinend immer wieder gegen Widerstände gefestigt werden musste. Stand am Beginn seines Erscheinens im Warschauer Geistesleben die Kritik am Libretto der *Halka Wileńska*, so war es ein Jahrzehnt später der Erfolg der erweiterten Fassung dieser Oper, der ihm nicht nur großes Lob, sondern auch Neid und

---

39 Karłowicz, Jan: Rys żywota i twórczości Stanisława Moniuszki, in: Echo Muzyczne, Teatralne i Artystyczne Nr. 72 (2./ 14.2.1885), S. 62.
40 Ebd.
41 Listy, Nr. 298 vom 17./29.8.1858 aus Warschau an seine Frau, S. 327.
42 Listy, Nr. 305 vom 12.11.1858 aus Warschau an Edward Ilcewicz, S. 333.

Missgunst einbrachte – etwa bei denjenigen Opernangestellten, die sich mit dem kometenhaften Aufstieg des Neulings und ihrer eigenen dadurch geschmälerten Bedeutung nicht recht abfinden mochten. Das bildete ein empfindliches Gegengewicht zur positiven Aufnahme, die Moniuszko im Salon der Łuszczewskis oder beim Ehepaar Wilkoński erhalten hatte und führte dazu, dass Moniuszko in Warschau von einer unangefochtenen Vorrangstellung im gesellschaftlichen Stadtleben weit entfernt war. Hier ist jedoch scharf zu trennen zwischen der Stellung Moniuszkos und der Stellung seiner Musik, die sich im Gegensatz dazu schnell steigender Beliebtheit erfreute.

Mit Sicherheit spielten hier auch charakterliche Eigenschaften des Komponisten eine Rolle, was seine Biographen besonders betonten. Viele Hinweise gibt es darauf, dass Moniuszko mitunter sehr nachtragend sein konnte und die ihn umgebenden Leute oft ganz pauschal in einer Schwarz-Weiß-Malerei in »gut« und »böse« unterteilte. Solche Verhaltensweisen erschwerten naturgemäß das Umgehen mit den kleinen Reibereien des gesellschaftlichen Lebens.

Hinzu kamen familiäre Probleme des Komponisten. Der einstmals so bedeutende Landbesitz erwies sich nun mehr und mehr als ein hemmender Klotz am Bein. Der Komponist sah sich immer wieder zu Reisen nach Wilna und Minsk gezwungen, aber nicht, um alte Bekannte zu treffen, sondern um Schulden zu bezahlen und Liegenschaftsangelegenheiten zu regeln – und das, obwohl sein Vater während der Abwesenheit seines Sohns die Minsker Liegenschaften in seinem Auftrag verwaltete. Verpflichtungen dieser Art führten dazu, dass das Einkommen, das Moniuszko in Warschau von nun an erhielt, immer wieder fast aufgebraucht wurde.

Flis (Der Flößer)

Nach dem Erfolg der *Halka* war es nicht nur der Wunsch Moniuszkos, sondern auch das Verlangen der Theaterdirektion, einen weiteren Erfolg des Komponisten folgen zu lassen. Daher beauftragte die Direktion des Theaters den Komponisten bereits im Mai 1858 mit zwei weiteren Opernprojekten, nämlich zum einen mit einer Oper über den polnischen König Kazimierz Wielki (Kasimir der Große) mit dem geplanten Titel *Król chłopków (Der König der Bauern)* nach einem Libretto von Józef Korze-

> **Flis (Der Flößer)**
>
> Unweit von Warschau am Ufer der Weichsel lebt der reiche Fischer Antoni mit seiner Tochter Zosia. Diese liebt den jungen Flößer Franek, der ihre Liebe auch erwidert. Ihr Vater jedoch will seine Tochter nicht mit einem armen Flößer verheiraten. Stattdessen verlangt er eine Heirat mit dem wesentlich besser situierten Warschauer Friseur Jakub, da er für seine einzige Tochter in dieser Verbindung bessere Chancen sieht. Weder die Bitten Zosias und Franeks noch die Intervention des alten Soldaten Szóstak, eines Freunds des Vaters, schaffen Abhilfe. Franek nimmt verzweifelt Abschied von Zosia und bemüht sich, seinen verschollen geglaubten Bruder wiederzufinden. Es stellt sich heraus, dass dieser Bruder kein anderer ist als der Friseur Jakub. Hocherfreut, den Bruder wiedergefunden zu haben, verzichtet dieser auf die Hand Zosias, zumal ihm die Freiheit eines Junggesellen wesentlich mehr behagt. Der Heirat von Zosia und Franek steht nunmehr nichts mehr im Wege.

niowski, und zum anderen mit einer einaktigen Oper mit dem Titel *Flis*, deren Libretto aus der Feder von Wojciech Bogusławski stammte. Während das erste Projekt jedoch trotz dieser Beauftragung nicht realisiert wurde, entstand die Oper *Flis* nun mit einer erstaunlichen Geschwindigkeit. Nachdem er das Libretto erhalten hatte, machte der Komponist sich unverzüglich ans Werk. In Paris beschaffte er sich ein kleines Tasteninstrument und beschäftigte sich intensiv mit seiner neuen Komposition. Möglicherweise half ihm diese Arbeit an seinem neuen Werk über die Enttäuschung hinweg, dass es in Paris eben doch nicht zu den erwünschten Kontakten gekommen war, jedenfalls schrieb er voller Stolz und wohl auch mit etwas Übertreibung an seine Tochter, dass er schon weit gekommen sei und sich um den Rest der Oper nicht mehr groß den Kopf zerbrechen müsse.

Die Oper war Mitte August fertig, etwa zur Zeit der Ernennung des Komponisten zum Leiter der Warschauer Oper, und sollte sein Debüt in dieser neuen Stellung werden. Die Premiere des neuen Werks fand dann nach diversen Verzögerungen aufgrund kranker Schauspieler, aber möglicher-

weise auch wegen Intrigen von Widersachern Moniuszkos wie etwa seines Vorgängers Quattrini erst am 24. September 1858 statt.
Dieser Einakter, ein Warschauer Auftragswerk, war ganz auf Konsens hin angelegt. Moniuszko hatte hier auf Anspielungen über die Rolle des Adels ganz verzichtet und das Werk auch musikalisch so gestaltet, dass er sich schließlich der Zustimmung des Warschauer Publikums schon im Voraus gewiss war.
Dieses Werk Bogusławskis nahm im Grundthema Smetanas *Verkaufte Braut* voraus, die sieben Jahre später ihre Uraufführung erlebte. Allerdings handelte es sich dabei um ein Sujet, das im Bereich der Opernlibretti kleineren Formats und auf der Bühne allgemein weder in der polnischen Literatur noch im Ausland ungewöhnlich war.
Die Oper brachte den erhofften Erfolg. Bereits als der Vorhang nach dem Instrumentalvorspiel aufging und nicht wie sonst üblich eine italienische oder antike Szenerie, sondern das heimatliche Warschauer Weichselufer auf der Bühne erschien, kam spontaner Applaus auf. Die Zeitungen schrieben positive Rezensionen, und ebenso wie nach der *Halka* waren auch die Folgevorstellungen des neuen Werks sehr schnell ausverkauft.
Moniuszko war von diesem Erfolg nicht allzu überrascht, hatte er ihn doch gewissermaßen mit dem Appell an die nationalen Bedürfnisse des Publikums und dem Verzicht auf dissensstiftende Themen sorgfältig geplant. Ihn beschäftigte etwas anderes, nämlich die Tatsache, dass es nicht gelungen war, mit dieser Oper die besondere Gunst des Zaren zu erlangen und sich somit gleichsam unangreifbar zu machen. Dieser Gedanke lag für einen großen Teil der polnischen Intelligenz damals nicht allzu fern, denn mit der Person Aleksandr II., der seit 1855 regierte, verbanden sich damals noch Hoffnungen auf Liberalisierungen in vielerlei Hinsicht. Die Gunst des Zaren konnte sich auf dreierlei Weise für Moniuszko günstig auswirken: erstens in Form von Geschenken des Monarchen, zweitens in Form von Gunstbeweisen und damit zusammenhängend einer ideellen und finanziellen Stärkung des polnischen Operntheaters und damit auch Moniuszkos, drittens als Folge davon in Form einer geschützten Stellung Moniuszkos.
Moniuszkos Hoffnungen erfüllten sich jedoch nur teilweise. Im Vorfeld war extra eine Aufführung in der Orangerie geplant worden, die während des Besuchs des Zaren in Warschau stattfinden sollte. Weder bei der

ersten Warschauer Aufführung des *Flis* am 24. September 1858 noch bei den folgenden Vorstellungen erschien der Zar. In seiner ausführlichen Beschreibung der Ereignisse an seine Frau zeigte er sich davon zwar enttäuscht, beruhigte sie und sich jedoch damit, dass der Erfolg beim Publikum letztlich für ihn arbeiten und seine Stellung sichern werde:

> Der Aufenthalt des Zaren hat mir keinerlei Nutzen gebracht, denn sei es wegen Intrigen, sei es wegen etwas anderem, genug, dass er weder *Flis* noch *Halka* gesehen hat! Aber es gibt nichts Schlechtes, was sich nicht auch ins Gute wenden könnte – das Publikum hält ganz ausdrücklich meine Seite – wir haben *Flis* schon viermal bei vollem Saal gespielt und er gefällt immer mehr. Wie mit mir böse Leute umspringen, möge Gott unaussprechlich sein! Dobrski ist ganz klar gegen mich, sondern eher für Quattrini, der unverhüllten Unwillen mir gegenüber zeigt, er war auf keiner einzigen Probe und keiner einzigen Aufführung des *Flis*. Er versammelt um sich einen Teil der Sänger [...]. Deswegen möge Omka [Moniuszkos Frau] es sich nicht zu Herzen nehmen, dass *Flis* diese große Ehre nicht erhielt, aus der materiell sicher nichts gefolgt wäre, denn alle, die auf große Präsente hofften, gehen mit gesenktem Kopf umher, und die, die, wie jeder gesehen hat, Angriffe gegen mich unternommen haben, sind wütend wegen des Erfolgs des *Flis*, der letztlich auch auf den General [General Abramowicz, der Leiter des Warschauer Opertheaters] wirken muss.[43]

Es war also die Gunst des Publikums, die Moniuszko als starkes Gegengewicht gegenüber einzelnen Gegnern ins Feld führte. Beim vorangegangenen Opernwerk, der *Halka*, hatte sich für Moniuszko ja auf eine eindrucksvolle und für ihn sehr angenehme Weise bestätigt, dass eine positive Reaktion des Warschauer Publikums den Sieg über kritische Stimmen aus dem Lager der Intellektuellen davontrug, ja diese letzteren sogar geradezu vor der öffentlichen Meinung kapitulieren mussten.
Auch in den Folgejahren erschien *Flis* auf den Spielplänen der Warschauer Oper, in den Jahren 1859 und 1860 sogar kaum weniger als die *Halka*. Allerdings gab es Rezensionen, die Moniuszko für die Schwierigkeiten des beliebten Tenors Dobrski mit seiner Partie verantwortlich machten

---

43 Listy, Nr. 303 vom 5./ 17.1.1858 aus Warschau an seine Frau, S. 332.

und verlangten, Moniuszko solle dringend die Partituren Rossinis studieren – ein Hinweis darauf, dass seine Kritiker auch im zweiten Jahr seiner Nominierung nicht verstummt waren. Dennoch konnte *Flis* sich einen festen Platz im Opernrepertoire nicht nur Warschaus, sondern auch anderer polnischer Opernbühnen erobern – so fand im März 1859 die Premiere dieser Oper im Lemberger Operntheater statt.

Hrabina (Die Gräfin)

Noch vor der Warschauer Premiere der *Halka* schlug Włodzimierz Wolski, der Librettist der *Halka*, dem Komponisten in einem Brief vom 11. Mai 1857 ein neues Libretto vor. Anscheinend beachtete Moniuszko diesen Vorschlag zunächst jedoch nicht. Allerdings nahmen ihn nun bald andere Aufgaben in Anspruch – die Aufführung der *Halka* in Warschau zeichnete sich ab, nach dem Erfolg der Premiere fuhr Moniuszko ins Ausland, und in Paris komponierte er schließlich an der Musik nicht etwa zu *Hrabina*, sondern zur Oper *Flis*. Erst etwa zwei Jahre später nach Wolskis Vorschlag erwähnte Moniuszko in einem Brief dann, dass er neben anderen Projekten auch an der Oper *Hrabina* arbeitete und sie sogar bereits zur Hälfte fertiggestellt habe. Die Arbeiten an diesem Projekt gingen nun anscheinend zügig voran. Die Premiere der neuen Oper sollte bereits Neujahr 1860 stattfinden, musste dann aber wegen einer Erkrankung des Komponisten auf Anfang Februar verschoben werden – es gibt Gründe für die Vermutung, dass es der zermürbende Kampf mit den Ansprüchen der Schauspieler und Sänger am Theater und offensichtlich immer noch mit den Anhängern seines Vorgängers Quattrini war, der Moniuszko buchstäblich ins Krankenbett trieb.

Wenn die Oper *Flis* ein Projekt gewesen war, mit dem der neue Warschauer Operndirigent auf Nummer sicher gehen wollte, dann war das Folgewerk bereits ein kleines Wagnis. Das verdeutlicht die Inhaltsangabe des Werks.

Zwar getarnt als Satire, aber dennoch unmissverständlich deutlich stellten Wolski und Moniuszko das Verhalten des Adels dem der bäuerlich-ländlichen Welt entgegen. Der Adel in seinem kosmopolitischen, affektierten und gekünstelten Gehabe erscheint hier geradezu als Verräter des Polentums, das in der Oper bei der einfachen Bevölkerung mit ihren natürlichen und unverfälschten Verhaltensweisen lokalisiert wird. Das ge-

> **Hrabina (Die Gräfin)**
>
> Die Gräfin, eine junge Witwe, richtet einen Ball aus, der ein gesellschaftliches Ereignis im Leben Warschaus, des Mittelpunkts des Großherzogtums Warschau, sein soll. Unter anderen ist auch der junge Ulan Kazimierz eingeladen, ein Verehrer der Gräfin. Von Natur aus rein und natürlich, vermag er sich jedoch nicht an die starren Konventionen der aristokratischen Gesellschaft zu gewöhnen. Daher unterlaufen ihm gewisse Ungeschicklichkeiten, die ihn in den Augen der Gräfin kompromittieren. Verunsichert verlässt Kazimierz den Palast. Kazimierz geht zum Militär, wo er mehr und mehr die Gräfin vergisst und sich in Gedanken immer mehr mit seiner alten Bekannten Bronia beschäftigt, einem typisch polnischen Mädchen, deren Person sich für ihn mit der Erinnerung an das väterliche Land verbindet. Nach Warschau zurückgekehrt, weist er die verspäteten Werbungen der Gräfin ab und wendet sich Bronia zu, die alsbald seine Frau wird.

fiel nicht jedem. Józef Sikorski, eigentlich ein Förderer und Unterstützer Moniuszkos, erklärte denn auch, er hätte es lieber gesehen, nicht an die »traurige und erniedrigende Rolle eines Teils der damaligen Gesellschaft« erinnert zu werden, und noch dazu ohne zwingenden Grund – womit er aber immerhin die Fragwürdigkeit des Verhaltens des Adels einräumte. Wie schon in der *Halka*, so hatten sich Wolski und Moniuszko hier weit entfernt von den Vorstellungen der Wilnaer Romantik eines Joachim Lelewel, nach denen der polnische Adel die führende Rolle der polnischen Nation einnehmen solle, ja die Nation selbst darstellte.

Was *Hrabina* aber dennoch zum Erfolg werden ließ, waren zwei Dinge: Zum einen traf der Appell an die Bewahrung der nationalen Werte in der polnischen Gesellschaft der 1850er und 1860er Jahre auf große Zustimmung, und zum anderen nahm gerade die Musik das Publikum sehr für das Werk ein. Kritiker lobten die Art und Weise, wie Moniuszko bereits in der Ouvertüre einer bäuerlichen Mazurka ein militärisches Fanfarensignal aus dem adligen Milieu gegenüberstellte. Eine Nummer aus der Oper, nämlich die Polonaise zu Beginn des dritten Aktes, entwickel-

te sich sogar zu einem Publikumsliebling und wurde immer wieder, auch als selbständiges Instrumentalstück, auf Konzerten wiederholt.
Neben den beiden Hauptwerken Moniuszkos, seiner *Halka* und dem *Straszny dwór*, gilt die *Hrabina* wegen ihrer starken mobilisierenden Wirkung auf das Publikum als drittwichtigste Oper Moniuszkos, auch wenn gerade diese Oper in ihrer weiteren Aufführungsgeschichte sehr stark auf Warschau beschränkt blieb: Eine Oper, die die Verhältnisse in der Hauptstadt des Großherzogtums Warschau zum Inhalt hatte, konnte in den anderen polnischen Zentren bei weitem nicht die starke Integrationskraft entfalten wie dort – zu unterschiedlich war die Geschichte der einzelnen polnischen Zentren verlaufen, je nachdem, ob sie im preußischen, österreichischen oder russischen Teilgebiet gelegen waren. Nicht umsonst widmete Moniuszko den Klavierauszug der *Hrabina* dem Warschauer Publikum »als Dank für die wohlwollende Aufnahme meiner Musik und Ermutigung zur weiteren Arbeit«.

Verbum nobile

Verbum nobile wurde am Neujahrstag 1861 erstmals gegeben. Erneut hatte Moniuszko ein erstaunliches Tempo bei der Komposition dieses Werks gezeigt – das genaue Datum des Beginns seiner Arbeit an der Oper ist zwar nicht bekannt, doch deutet sein Briefwechsel mit seinem nunmehrigen Librettisten Jan Chęciński darauf hin, dass er nicht vor Jahresbeginn 1860 mit dem Projekt begonnen hatte. Bereits die Tatsache einer Premiere einer neuen Oper zu diesem Zeitpunkt bedeutete für das Warschauer Publikum eine starke Aufmunterung, da das Theater nach den Protestdemonstrationen anlässlich des Dreikaiserbesuchs in Warschau für einige Wochen geschlossen wurde. Die Uraufführung eines neuen Werks Moniuszkos wurde daher gemeinhin als Zeichen der Stärke des polnischen Nationalwillens über die Repressionen der zaristischen Macht aufgefasst.
Wie sehr Moniuszko die Auseinandersetzung mit dem polnischen Adel beschäftigte, zeigt auch dieses Bühnenwerk. Die Oper *Verbum nobile* schien zunächst nur die Traditionen der polnischen sog. Sprichwort-Opern wiederaufzunehmen. Bei diesem Genre handelt es sich um kleinmaßstäbliche, zumeist dem komischen Genre zugerechneten Werke, die nach Art einer szenischen Allegorie bekannte Sprichwörter illustrieren.

Verbum nobile

Der junge Adlige Stanisław erblickt in einem kleinen Städtchen ein bezauberndes Mädchen, zu dem er in Liebe entbrennt. Als er der schönen Unbekannten mit der Kutsche nachsetzt, kommt es zu einem Unfall. Um den Verletzten kümmert sich Serwacy Łagoda, dessen Tochter Zuzia eben diese Unbekannte ist, wie sich alsbald herausstellt. Während des Genesungsaufenthalts Stanisławs im Haus des Serwacy verlieben sich beide ineinander. Leider können sie nicht heiraten, da Serwacy vor längerer Zeit seinem Freund Marcin Pakul das adlige Ehrenwort, das »Verbum nobile«, gegeben hatte, seine Tochter Marcins Sohn zur Frau zu geben. Jetzt schwört er ein zweites Mal, dass Zuzia nicht Stanisław heiraten werde. Im entscheidenden Moment erscheint dieser Freund. Es stellt sich heraus, dass er kein anderer ist als der Vater Stanisławs, der seinen Sohn im Haus des Serwacy bislang unter dem Namen Michał erwähnt hatte. Damit ist das eine Hindernis für die Heirat beseitigt. Serwacy hatte allerdings überdies ja ebenfalls sein adliges Ehrenwort gegeben, dass Stanisław niemals sein Schwiegersohn sein solle. Die pfiffige Zuzia jedoch erklärt ihrem Vater, er habe zwar geschworen, seine Tochter niemals Stanisław zur Frau zu geben, sie wolle nun aber Michał und nicht Stanisław heiraten. Somit ist dem adligen Ehrenwort Genüge getan und die Hochzeit kann dennoch zustande kommen.

Diese ursprünglich aus dem französischen Bühnenwesen stammende Gattung hatte nicht nur zur Zeit der polnischen Aufklärung auch in Warschau Fuß gefasst, sondern wurde seitdem immer wieder gepflegt, so etwa von Karol Kurpiński.

Moniuszko jedoch nutzte diese Gattung, um hier auf humorvolle, aber unmissverständliche Weise seine Kritik am Gebaren des polnischen Adels zu verpacken. Sein Librettist war nun nicht mehr Włodzimierz Wolski, sondern Jan Chęciński, der bereits einige Stücke dieser Gattung geschrieben hatte, wie etwa *Ciekawość pierwszy stopień do piekła* (*Die Neugier ist der erste Schritt in die Hölle*) oder *Cicha woda brzegi rwie* (*Stilles Wasser reißt die Ufer*). Chęciński hatte die Gattung ihres lediglich allegoriehaft-abstrakten Charakters entkleidet und sie zu einer Parabel auf gesellschaftliche Verhältnisse gemacht. Damit kam er Moniuszko sehr entgegen, der hier eine weitere Möglichkeit sah, seine Adelskritik auf die Bühne zu bringen. Das Verbum nobile, das Ehrenwort eines Adligen, das hier stellvertretend für den Ehrenkodex dieses Standes steht, erscheint sowohl als Symbol für die hohen moralischen Werte des Adels als auch als Mittel, die Überlebtheit dieses Standes auf satirische Weise anzuprangern.

Die enthusiastische Rezension Sikorskis zeigt, dass er, und mit ihm auch das Warschauer Publikum, sehr geneigt war, diese neuerliche Adelssatire Moniuszkos nicht als Kritik, sondern als Bestätigung des polnischen nationalen Wertekanons zu sehen. Wortreich bewunderte Sikorski die »schöne Darstellung« des Gedankens des adligen Ehrenworts als heilige Sache. Auch wenn die Besprechung des zweiten führenden Rezensenten, Maurycy Karasowski, erheblich schlichter daherkam, zeigte sich doch einmal mehr, dass Moniuszko das Kunststück gelungen war, seine Kritik am Gebaren und an der Ideologie des polnischen Adels alter Schule auf die Bühne zu bringen, ohne dafür Kritik einstecken zu müssen.

Noch etwas war Moniuszko mit dieser Oper gelungen: Von vorneherein hatte er diese Oper ohne Tenorstimme konzipiert. Noch vor dem endgültigen Abschluss des Librettos schlug Moniuszko seinem Librettisten die Besetzung der Oper vor, wobei er den Tenor Dobrski überging. Dobrski war zwar bei einem Teil des Warschauer Publikums sehr beliebt gewesen, seine Anhängerschaft hatte sich aber immer wieder gegen Moniuszko gekehrt, was mitunter Grund zu Verzögerungen oder sogar kritischen Stimmen in den Rezensionen war. Wenn es ein Schachzug Moniuszkos war, den Tenor Dobrski durch die Komposition einer Oper ohne Tenöre auf diese elegante Weise von der Bühne zu verbannen, so ging diese Kalkulation auf: Die Oper konnte planmäßig zum Neujahrstermin 1861 zur Uraufführung gebracht werden.

Für zwei Sänger der Warschauer Operntruppe bedeutete gerade diese Oper geradezu einen Triumph, der sie in den Folgejahren zu festen Begleitern der Opernwerke Moniuszkos machen sollte: zum einen für Bronisława Dowiakowska, die sich mit der Partei der Zuzia nach vorherigen Misserfolgen nun einen Namen machte, und zum anderen für Jan Koehler, der fortan nicht nur die Bassstimmen in Moniuszkos Opern übernahm, sondern auch in Aufführungen der Lieder des Komponisten hervortrat.

5 Leitfigur der musikalischen Nationalbewegung

Oper im Kraftfeld
zwischen Nationalgedanke und Besatzungsmacht

Die Warschauer Opernbühne hatte sich während des Novemberaufstands 1830/31 als eines der Zentren des geistigen Widerstands erwiesen: Solange es möglich war, hielt das Ensemble Aufführungen in polnischer Sprache ab, die mit dem Singen der Nationalhymne durch das Ensemble und das Publikum endeten; und die Aufführung der seinerzeit als »Revolutionsoper« bezeichneten *Muette de Portici* war ein mehr als deutliches Manifest für den nationalen Behauptungswillen sowohl auf der Bühne als auch im Zuschauerraum.

Aufgelöst wurde die Warschauer Oper nach 1831 im Gegensatz zur Warschauer Universität und der *Gesellschaft der Freunde der Wissenschaft* bezeichnenderweise nicht. So gefährlich die Institution Oper den Machthabern für die Aufrechterhaltung ihres Systems offenbar schien, konnte man sie doch nicht ohne weiteres verbieten oder beseitigen, wenigstens dann nicht, wenn die Aufmerksamkeit des Auslandes nicht in unliebsamer Weise geweckt und der Anschein gesellschaftlicher »Normalität« im kulturellen Leben nicht zerstört werden sollte. Insofern stellt die Warschauer Oper ein Beispiel für das in der Zwischenaufstandszeit angewandte Modell der »indirekten Herrschaft« dar, d. h. der Praxis der russischen Ordnungsmacht, polnische Strukturen zunächst unangetastet zu lassen, aber durch Einbeziehung einerseits von adligen Kollaborateuren und andererseits von russischen Verwaltungsleitern an Schlüsselpositionen die Kontrolle zu behalten. Erst nach dem Januaraufstand wurde dieses Modell durch eine direkte, »sichtbare« Herrschaft ersetzt.

Allein schon diese besondere Aufmerksamkeit der politischen Machthaber auf das Theater verschaffte ihm eine Schlüsselrolle in der polnischen Nationalbewegung. Eine Manifestation polnischer Kultur gerade auf diesem Gebiet musste als ein bedeutender Sieg und als eine Machtdemonstration der Nationalbewegung erscheinen und war daher zur eigenen Identitätsbildung in besonderer Weise geeignet. Die Existenz einer eigenen Oper, d.h. sowohl im Sinne eines Musikwerks als auch im Sinne einer festen Institution, wurde als Symbol für die Kraft und Daseinsberechtigung der Nationalbewegung gesehen. Als Ergebnis befand sich die Institution Oper im Kraftfeld zwischen Machthabern einerseits und Nationalbewegung andererseits. Die Diskussion über die Oper jedoch vor diesem Hintergrund ausschließlich als Tauziehen zwischen diesen beiden Kräften sehen zu wollen, hieße die Komplexität dieser Diskussion zu verkennen. Vielmehr trat zu der Front zwischen polnischer Nationalbewegung und fremder Repressionsmacht eine zweite Front innerhalb der polnischen Nationalbewegung zwischen musikalischen Neuerern und musikalischen Konservativen hinzu. Beide Fronten überlagerten und beeinflussten sich gegenseitig und schufen eine sich stets wandelnde Situation, die beide Seiten jeweils zu ihrem Vorteil zu nutzen suchten. »Musikalische« und »politische« Diskussion waren dabei kaum voneinander zu trennen.

Zunächst suchte die zaristische Politik die Lösung des Problems durch den Versuch zu erreichen, mittels Gewährung weitgehender kultureller Freiheiten den revolutionären Neigungen gewissermaßen den Wind aus den Segeln zu nehmen. General Abramowicz, der seit 1843 dem Operntheater vorstand, schien daher der Institution eher zu nützen als zu schaden. Abramowicz kümmerte sich um seine Schauspieler, schickte seine Direktoren für Studien des Repertoires ins Ausland, führte langersehnte Sätze für Autorenhonorare ein und sorgte für die Hebung des künstlerischen Niveaus des Balletts. Er konnte sich dabei der Unterstützung des Generalgouverneurs Paskevič sicher sein, der sein Interesse am Theater bekundet und dafür auch Gelder bereitgestellt hatte.

Zu Beginn von Moniuszkos Wirken am Theater schien es sogar so, als ob im Konflikt zwischen Nationalbewegung und Ordnungsmacht die erstere langsam aber sicher die Oberhand gewinnen würde. Nicht zuletzt war es ja die kulturelle Liberalisierung nach 1855 gewesen, die Moniuszkos bereits abgelehntem Opernwerk doch noch eine Chance auf der Warschauer Bühne eröffnet hatte. Der durchschlagende Erfolg der *Halka* und die Nominierung Moniuszkos als Operndirektor erweiterten die Wirkungsmöglichkeiten der polnischen Nationalbewegung ganz erheblich. Mit dem neuen Posten tat sich für Moniuszko ein Arbeitsfeld auf, das für einen Komponisten mit seinem Anspruch ideale Entfaltungsmöglichkeiten zu bieten schien. So gehörte es ausdrücklich zu seinen

Pflichten, polnische Opern zur Aufführung zu bringen, was in der Praxis bedeutete, dass ab jetzt jeder seiner Neukompositionen eine Vorstellung vor dem Warschauer Publikum sicher war.

Das alles bedeutete einen großen Fortschritt für die polnische Oper, steigerte es doch den Anteil polnischer Werke am Gesamtrepertoire erheblich. Voll freudiger Erwartung skizzierten die Zeitungsrezensenten das geplante Opernprogramm der Zukunft. Auf der anderen Seite war anscheinend aber auch die Obrigkeit zur Auffassung gelangt, einen Sieg errungen und umstürzlerische Ideen besänftigt zu haben. So berief der russische Zar für Ende 1860 ein Treffen der Oberhäupter der drei Teilungsmächte nach Warschau ein, das als Beweis der treuen Bindung des Königreichs Polen an die Zarenherrschaft dienen sollte.

Hierbei handelte es sich allerdings um eine verhängnisvolle Fehleinschätzung, denn die liberale Öffnung des Kulturlebens hatte beileibe kein Absterben revolutionärer Neigungen bewirkt, sondern im Gegenteil den Gedanken und Vorbereitungen zu einem erneuten Aufstand recht eigentlich Raum und Gelegenheit geboten. Für die polnischen Unabhängigkeitskämpfer musste dieses Treffen daher eine Provokation bedeuten, die sie zu einer Reihe von Sabotageakten herausforderte. Es ging darum, der Öffentlichkeit durch spektakuläre Aktionen zu demonstrieren, dass das erwünschte Bild von Ruhe und Ordnung ganz und gar nicht der Wirklichkeit entsprach. Ein Ort, der sich für eine derartige Demonstration geradezu anbot, war das Opernteater, wo für den hohen Besuch eine Galavorstellung vorgesehen war.

> Der Zar sollte sich mit seinen deutschen Gästen ins Theater zu einer Aufführung eines neuen Balletts mit dem Titel *Modniarka* [*Die Modistin*] begeben. Vor der Ankunft der Monarchen allerdings hatten es drei begeisterte Agitatoren [ein Student und zwei Gymnasialschüler] fertiggebracht, den Samt in der Zarenloge mit Schwefelsäure zu verätzen und erfüllten das Theater mit Hilfe von aus dem Paradies ausgegossenem Stinkasant mit einem solch mörderischen Gestank, dass es niemand aushalten konnte […]. Die außergewöhnliche und angestrengte Tätigkeit des Theaterpersonals schaffte es kaum bis acht Uhr abends, wenn der Zar kommen sollte, den übelriechenden Gestank

zu beseitigen. In der Loge musste der verätzte Samt abgenommen und neuer angeklebt werden.[44]

Diese Aktion trug zwar »unverkennbar den Charakter eines Schulstreichs«,[45] war aber nur eine von vielen kleinen Störaktionen, durch die sich die öffentliche Meinung kundtat. Auf einem Anschlag, der die Aufführung des Balletts *Robert und Bertrand oder Die zwei Diebe* speziell für den Zaren und den preußischen König ankündigte (der österreichische Kaiser war bereits abgereist), hatte eine unbekannte Hand den ersten Teil des Balletttitels ausgestrichen, so dass der zweite Teil »Die zwei Diebe« zwangsläufig auf die beiden Monarchen bezogen wurde. Der Zar reiste am nächsten Tag nach der missglückten Theateraufführung (während der Vorstellung war nochmals stinkende Flüssigkeit ausgegossen worden) offensichtlich angewidert ab. Theateraufführungen boten eine willkommene Gelegenheit, die Regierung und ihre Restriktionen ins Lächerliche zu ziehen. Dieses Verhalten zog weite Kreise und war nicht nur auf das *Teatr Wielki* beschränkt.

> In einem der Stücke [eines Amateurtheaters] trat ein junger Graf auf […]. In der Rolle musste er etwas aus der Zeitung vorlesen. Er nutzte das aus, nahm eine ausländische Zeitung und hielt den Zuschauern diejenige Seite hin, die stark von der Zensur mit Streichungen versehen war. Das Publikum nahm diesen Witz mit dröhnendem Beifall auf und freute sich, dass man die Regierung der Lächerlichkeit und der allgemeinen Verachtung aussetzen konnte.[46]

Ereignisse dieser Art häuften sich in der nächsten Zeit zunehmend. Regierung und Theater führten gewissermaßen ein Katz-und-Maus-Spiel, wobei das Theater stets mit kleinen Nadelstichen die Regierung zu provozieren suchte, diese aber wegen der vorerst noch aufrechterhaltenen Linie der Demonstration innenpolitischer »Normalität« nur mit verhaltenem Druck antworten konnte. Nach einem Gedächtnisgottesdienst am Jahrestag des Aufstands von 1830/31, an dem vielleicht auch Moniuszko selbst teilnahm, wurde das Theater bis auf weiteres geschlossen. Etwa

---

44 Eile, Henryk: Teatr warszawski w dobie powstań, Warszawa 1937, S. 144.
45 Ebd.
46 Ebd., S. 144 f.

einen Monat später allerdings wurde die Saison wieder mit der *Halka* aufgenommen; es konnte sogar zu Neujahr 1861 Moniuszkos neues Werk *Verbum nobile* erstmalig gegeben werden – unter diesen Umständen schon eine tatsächliche Kraftprobe der polnischen Seite.
Spätestens nach dem Tod der »fünf Märtyrer« auf einer antizaristischen Demonstration am 27. Februar 1861 jedoch herrschte in der polnischen Öffentlichkeit eine Stimmungslage, in der niemand mehr Lust verspürte, eine Theater- oder Opernvorstellung zu besuchen. Schon zu den Vorstellungen des 28. Februar – gegeben werden sollte das Ballett *Esmeralda* und der erste Akt der Oper *Alexander Stradella* von Flotow – erschien bereits kein einziger Besucher mehr und die Aufführungen wurden nicht abgehalten. Handelte es sich hier noch um eine spontane, unorganisierte Ablehnung des Theaterbesuchs aus der momentanen Situation heraus, so wurde die polnische Bevölkerung nun durch ein Rundschreiben, das wahrscheinlich aus der Feder des Erzbischofs Fijałkowski stammte, für »unbestimmte Zeit« expressis verbis zu »gehöriger Trauer« aufgefordert – eine öffentliche Stimmung wurde somit gezielt für die nationale Sache nutzbar gemacht.
Während der nächsten drei Jahre setzte ein Tauziehen zwischen der zaristischen Administration, insbesondere vertreten durch Graf Aleksander Wielopolski, und dem polnischen Untergrund um die Rolle des Theaters ein. Wielopolski, der gegen die polnische Nationalbewegung und für die Modernisierung Polens in Form einer Anbindung an Russland arbeitete, sah im Theater ein ausgezeichnetes Werkzeug zur Demonstration politischer »Normalität«. In seiner Konzeption geriet die Bühne gleichsam zur obrigkeitlichen Erziehungsanstalt, sie wurde Kampfmittel gegen revolutionäre Neigungen, was sich in Wielopolskis Sprache folgendermaßen anhörte: »Die gereinigte Atmosphäre im Tempel der Theaterkunst vermag Heilmittel zu sein für die heutige hypochondrische Stimmung«.[47]
Ging es Wielopolski also um die Demonstration des Anscheins von »Normalität« bei gleichzeitiger Kontrolle möglicher aufrührerischer Töne von der Bühne, so suchte die polnische Untergrundbewegung diese Ziele möglichst effektiv zu durchkreuzen. Das Theater wurde somit Spielball unterschiedlicher Interessen, was auf seine große gesellschaftliche Rolle

---

47 Eile: Teatr, a.a.O., S. 155.

in dieser Zeit hinweist. Der Boykott der Warschauer Theater war nun bereits nicht mehr eine spontane, ungeplante Aktion, sondern wurde organisiert, kontrolliert und von entsprechenden Repressionen der staatlichen Gegenseite begleitet. Mit dem Anwachsen der Rolle der Untergrundbewegung im Jahr 1862 wurden potentielle Theaterbesucher in der Untergrundpresse offen und mit drohendem Unterton vor dem Theaterbesuch gewarnt:

> Wer also in der gegenwärtigen Lage, in Zeiten einer so schweren nationalen Trauer, angesichts der augenblicklichen Schließung der Kirchen ins Theater zu gehen wagt, wird als Landesverräter und nichtswürdiger Knecht Moskaus beurteilt werden.[48]

Da dieser Aufruf oder eher Befehl weitgehend befolgt wurde, hatte die Ordnungsmacht nun zwei Möglichkeiten: entweder das Theater zu schließen oder mit anderen Mitteln für einen vollen Zuschauerraum zu sorgen. Wollte man den Anschein gesellschaftlicher Normalität nach außen hin weiterhin aufrechterhalten, verbot sich die Schließung der Bühnen, da dies in ungünstiger Weise internationale Aufmerksamkeit erregt hätte. Als Konsequenz wurden alle möglichen Personen aus »Lagern und Pferchen« herbeigeführt. Russische Offiziere wurden ins Theater geführt und zum Besuch der Veranstaltungen genötigt, um so auf administrativ-repressivem Wege ein Publikum zu simulieren.

Die zaristische Besatzungsmacht konnte schließlich nach dem Januaraufstand von 1863/1864 (während des Aufstandes wurde das Theater zeitweilig von Militär besetzt, die Räume als Pferche genutzt)[49] einen entscheidenden Erfolg für sich verbuchen, da es ihr gelang, die Spaltung des polnischen Publikums in Befürworter der Nationalmusik und Anhänger der italienischen Oper auszunutzen. Zunächst wurde den Boykotteuren demonstriert, welche Gefahren mit der strikten Durchführung ihrer Aktion verbunden sein konnten, als nämlich ein Artikel im DZIENNIK POWSZECHNY von Oktober 1864 von der möglichen Absicht der Regierung sprach, in Warschau ein russisches Operntheater anstelle des polnischen zu eröffnen. Die Überlegung, trotz des Boykotts dennoch nicht

---

48 STRAŻNICA Nr. 15 (10.12.1861).
49 CZAS (4.2.1863).

auf ein polnisches Theater und seine demonstrativen Möglichkeiten verzichten zu wollen, bewirkte wohl die Haltung in der Nationalbewegung der nächsten Zeit: Die polnischen Opern, insbesondere Moniuszkos, waren gut besucht, alle anderen Vorstellungen wurden weiterhin boykottiert und wurden nur von russischen Militärs frequentiert.
Die Regierung gab jedoch nicht auf. Der russische Statthalter Graf Berg brachte für die Saison 1864/65 französische und italienische Schauspielertruppen herbei und sorgte für Gastauftritte international berühmter Virtuosen. Offensichtlich hatten diese Anstrengungen wenigstens bei einem Teil der Bevölkerung einen gewissen Erfolg, denn

> Angesichts solcher Verführungen gab die Aristokratie den Widerstand auf; sie begann ins Theater zu gehen. Die Zeitungen erhielten Anweisung, so viel als möglich über das Theater zu schreiben. Die Stadt erhielt langsam ein gewöhnliches, normales Aussehen.[50]

Die solcherart zustande gekommenen Aufführungen wurden gezielt als Mittel zur politischen Propaganda benutzt. Für die Galavorstellungen wurden kostenlose Billets ausgegeben, sie endeten mit dem gewöhnlich dreimal wiederholten Absingen der Zarenhymne.
In der Zeit nach dem Aufstand setzte die Besatzungsmacht ihre bisherige Linie gegenüber dem Theater fort. Durch viele kleine Veränderungen in Struktur und Organisation sollte die polnische Oper geschwächt und durch die unverfänglichere italienische Oper ersetzt werden. Ein »Komitee zur Reorganisation der Warschauer Theater« sorgte für die Entlassung aller Künstler der Oper mit Ausnahme derjenigen, die für die Aufführung italienischer Opern noch gebraucht wurden. Moniuszko beklagte in einem Brief an César Cui seine Situation:

> Die italienische Oper, gestützt auf so schändliche Vertragsbedingungen, ruiniert uns vollkommen. Aus Sparsamkeit im Budget haben unsere hervorragendsten und für meine Opern geeignetsten Sänger ihre Demission erhalten!! … was endlich aus uns wird, ist leicht vorherzusehen. Ich bin nur mit einigen Personen übriggeblieben, die kaum die

---

50 Berg, Mikołaj: Zapiski o polskich spiskach i powstaniach, Warszawa 1911, Buch XI, S. 86 ff.

Schule des Gesangs begonnen haben und überhaupt kein Repertoire haben.[51]

Die Beliebtheit der italienischen Oper war für Moniuszko und seine Truppe also in dieser angespannten Situation zu einer Existenzfrage geworden. Auch die Euphorie in den ersten Monaten nach der Uraufführung der *Halka* hatte ja keineswegs zum Verschwinden der italienischen Oper, sondern nur zu Aufführungen mit ins Polnische übersetzten Texten geführt. Die Beliebtheit der italienischen Oper ging auch in der Folgezeit nicht zurück; freilich wurde sie in den Jahrzehnten nach dem Januaraufstand sehr viel entspannter betrachtet als in der Ausnahmesituation der beginnenden 1860er Jahre.

Es war also nun nicht nur die russische Besatzungsmacht, sondern auch ein Teil des polnischen Opernpublikums, mit dem Moniuszko sich auseinandersetzen musste. Die Trennlinie verlief dort, wo man Opernbesuch als nationale Pflicht oder als reines Vergnügen betrachtete. In der Zeit nach dem Januaraufstand sollte sich die Ansicht des polnischen Publikums zum zweiten Punkt hin verschieben, was die Lage für Moniuszkos Musik zunächst erschweren sollte.

Moniuszko und der Aufstandsgedanke

Ein wichtiger Widerspruch bestand in Moniuszkos Haltung zu einem nationalen Aufstand. Ganz ähnlich wie beim Textdichter der *Halka*, Włodzimierz Wolski, lässt sich ein Gegensatz zwischen der Forderung nach der Tat im Werk einerseits und dem Ausbleiben des tatsächlichen Schritts zum Handeln andererseits beobachten, mit dem Unterschied allerdings, dass Moniuszkos Verhalten nicht mehr allein auf der Grundlage dieses gewandelten romantischen Paradigmas zu erklären ist.

Zunächst gibt es eine ganze Reihe kleinerer Hinweise darauf, dass Moniuszko das Aufstandsthema keineswegs fremd war. Darauf verweist beispielsweise die Existenz des Typus des marschartigen Soldatenliedes wie etwa *Stary kaprał* (Der alte Korporal) bei ihm. Der Titel *Karmaniol* eines frühen Bühnenwerks belegt die Kenntnis und Aufnahme des französischen Revolutionslieds *Carmagnole*, schließlich sei noch auf Moniusz-

---

51 Listy, Nr. 595 vom 4.12.1865 aus Warschau an Cézar Cui, S. 493.

kos großes Interesse an dem französischen patriotischen Dichter Casimir Delavigne hingewiesen, von dem nicht nur der Text der *Warszawianka*, sondern auch der Stoff von Moniuszkos Oper *Paria* stammen – es lassen sich viele weitere derartige Hinweise finden.

In den Jahren vor und nach dem Januaraufstand häufen sich bei Moniuszko Aussagen, die an seiner hohen Identifikation mit der nationalen Sache keine Zweifel lassen. So wollte der Komponist seinem Freund Edward Ilcewicz gegenüber die Funktion seiner Oper *Straszny dwór* als »Trösterin angesichts fortwährender Niederlagen«[52] verstanden wissen. Über aus seiner Sicht ungerechte Gehaltserhöhungen für einige Mitglieder des Opernensembles regte Moniuszko sich zwar auf, erklärte aber in trotzigem nationalem Stolz, »aus schmutzigen Händen schmeckt das Brot nicht«.[53] Anscheinend vertonte Moniuszko sogar Aufstandslieder, und zwar auf Texte seines Librettisten Włodzimierz Wolski – nun allerdings in einem ganz anderen Geist als in der provozierenden Sozialkritik der 1840er Jahre.

»Die Zeiten hatten sich vollkommen geändert, die Bohème hatte ihren ursprünglichen Charakter verloren, das Niveau war abgesunken.«[54] So beschrieb Walerya Marrené-Morzkowska im Rückblick das Los der einst so energiereichen Schriftstellergruppe. Besonders Wolskis Schicksal war beklagenswert: Verarmt und alleingelassen geriet er zunehmend in Vergessenheit, zumal seine späteren Werke nicht an die Qualität der früheren heranreichten. Im Jahr 1863 musste er schließlich das Land verlassen und starb im Jahre 1882 in Brüssel in der Emigration, »aber man kann sagen, dass er schon zu Lebzeiten tot war«.[55] Nur in der angespannten Zeit vor dem Januaraufstand trat Wolski noch einmal in Erscheinung, und zwar interessanterweise als Dichter von Aufstandsliedern. Von der ursprünglich einmal so scharfen und auch künstlerisch bedeutsamen Sozialkritik war hier nichts mehr zu spüren – als letzten Rest davon kann man die Betonung der Rolle des einfachen Volkes in einigen seiner Aufstandslieder sehen, so etwa im *Marsch der Schnitter* (*Marsz kosiarzy*).

52 Listy, Nr. 521 vom 27.11.1863 aus Warschau an Edward Ilcewicz, S. 453.
53 Listy, Nr. 578 vom 22.5.1865 aus Warschau an Edward Ilcewicz, S. 485.
54 Marrené-Morzkowska, Walerya: Cyganeria warszawska, Warszawa 1905, S. 126.
55 Ebd.

Am beliebtesten und bekanntesten wurde der *Marsz żuawów* (Marsch der Żuawen), der zu Ehren einer Aufstandseinheit entstand, die sich nach einer französischen Einheit des Algerienkampfes so genannt hatten. In heroischer Manier wurde hier die Entschlossenheit zum bewaffneten Kampf besungen – einmal mehr fungierte das Nationale als sinnstiftendes Element; der romantische Aufstandsmythos feierte hier Urständ. Die Herkunft der Melodie zu diesem Marsch ist unbekannt. Zwar weisen die Buchstaben »SM« auf Stanisław Moniuszko als Komponisten hin, weitere Informationen darüber fehlen aber. Hingegen lassen sich Ähnlichkeiten mit einem französischen Soldatenlied nachweisen.

Moniuszkos Leben ist jedoch trotz dieser und anderer Sympathiebekundungen für die Aufstandsidee in seinem Werk nicht durch eine herausragende politische Aktivität gekennzeichnet, die seiner musikalisch exponierten Stellung entsprechen würde. Moniuszko realisierte zwar das Konzept der Instrumentalisierung der Musik zu politischen Zwecken, hielt aber stets Distanz zur direkten politischen Verwendung der Musik. Deutlich zu sehen ist das an seinem Verhalten während der Zeitspanne, in der er am intensivsten von seinem Platz als Leiter des Opernorchesters als gesellschaftliche Figur wahrgenommen wurde: in den Jahren vor und nach dem Januaraufstand.

Moniuszko war als Dirigent des Ensembles der Warschauer Oper nicht nur der künstlerische Leiter der Schauspieler und Musiker, sondern sah sich für sie auch verantwortlich. Moniuszko musste in dieser Stellung ein ureigenes Interesse am Wohlergehen und am Erhalt der Institution Oper sowie an der Aufrechterhaltung von Lebens- und Arbeitsbedingungen für sich und seine Angestellten haben. In der angespannten Lage der 1860er Jahre kam es vermehrt zu Situationen, in denen Moniuszko sich aus diesem Verantwortungsgefühl heraus nicht immer so verhielt, wie es die Aufstandsführer forderten, die sich mit den unmittelbaren Folgen ihrer Forderungen zunächst nicht zu beschäftigen brauchten – eines der wesentlichen Probleme polnischer Aufstandsführer. In seiner Funktion als Persönlichkeit des öffentlichen Lebens mit mittlerweile hohem Symbolgehalt wurden daher an Moniuszko bestimmte Erwartungen gestellt, die dieser zum Unverständnis der patriotisch-nationalbewegten Öffentlichkeit nicht oder in ganz anderer Form als erwartet realisierte.

Durch die Theaterboykotte der Jahre 1861 bis 1864 geriet das Opernpersonal in eine außerordentlich schwierige Lage zwischen allen Stühlen. Einerseits sympathisierte man mit den nationalen Bestrebungen: Die Künstler nahmen an der Begräbniszeremonie für die »fünf Märtyrer« teil. Die Messe wurde durch einen Auftritt von Mitgliedern der Warschauer Oper unter Leitung Moniuszkos und Dobrzyńskis gekrönt. Andererseits bedeutete der Boykott, je länger er andauerte, auch immer unerträglichere Belastungen, da die finanzielle Lage angesichts ausbleibender Zuschauer immer schwieriger wurde. Im emotional angespannten Klima der Zeit stieß dieser Konflikt zwischen nationaler Neigung und finanziellen Bedürfnissen des Opernpersonals in der polnischen Öffentlichkeit nicht immer auf Verständnis. Vielmehr mussten die Schauspieler gewärtig sein, bei der Ausübung ihres Berufs als »Vaterlandsverräter« hingestellt zu werden, während sie doch nur den Erwerb der zur Subsistenz notwendigen Geldmittel vor Augen hatten. Umgekehrt mussten sie beim Fernbleiben von der Bühne oder sogar einer Teilnahme an Demonstrationsveranstaltungen mit empfindlichen Strafmaßnahmen der Obrigkeit rechnen.

Gerade Moniuszkos Briefe aus dieser Zeit sind insofern entlarvend, als dass sie jeglichen nationalen Überschwang, Pathos und ähnliches vermissen lassen. Es ging ihm allein um die wirtschaftlichen Schwierigkeiten, die für ihn und seine Truppe mit dem Boykott verbunden waren. Bereits am 25. März 1861 schrieb er: »Wir sind alle gesund, verlieren aber viel durch die Stagnation seit einigen Wochen, die einzig Gott imstande ist aufzuheben.«[56]

Im Juni beklagte er sich, außer seiner »dummen Pension« seit über vier Monaten »nicht einen Groschen Einkünfte« von seiner Arbeit erhalten zu haben und bat seinen Freund Ilcewicz, doch beim Käufer des Hauses der Müllers in Wilna um eine Ratenzahlung zu fragen – anscheinend trat bei Moniuszko bereits Geldnot ein. Zu dieser trostlosen finanziellen Lage gesellte sich eine Perspektivlosigkeit auch in schöpferischer Hinsicht, als er am 17. September schrieb: »[…] an eine neue Komposition ist nicht zu denken. […] Wenn ich mich doch an irgendetwas in der Zukunft freuen könnte!!«[57]

---

56 Listy, Nr. 449 vom 25.3.1861 aus Warschau an Edward Ilcewicz, S. 414.
57 Listy, Nr. 462 vom 17.9.1861 aus Warschau an Edward Ilcewicz, S. 421.

Von einem Aufenthalt aus Paris zurückgekehrt, musste Moniuszko ernüchtert feststellen, dass ihn in Warschau weiterhin »dieselbe Not und Furcht um die Zukunft« empfing.[58] Voller Bitterkeit schrieb er schließlich seine Sorgen von der Seele:

> Seit vierzehn Monaten haben wir *Halka* [bloß] zweimal gespielt. Es war mehr Publikum da als jetzt gewöhnlich, aber das heißt nicht viel, wie man sagt!! Es steht traurig um Melpomene! Ich komme langsam in schlechte Stimmung, je mehr sich mein Mangel, der sich durch nichts füllen lässt, ohne Sicht auf ein Ende hinzieht. Ich gratuliere sehr, falls das irgendjemanden erfreut! Ich würde die Freude teilen, wenn ich nur wissen könnte, warum und wofür man Künstler zum Hungertod verurteilt hat?[59]

Dass Moniuszko in einer Lage, in der vor den Türen des Theaters wahrscheinlich nebeneinander Spitzel der Untergrundbewegung als auch der Ordnungsmacht anzutreffen waren, die für einen Theaterbesuch sorgen bzw. ihn verhindern sollten, einen sehr viel weiteren Horizont hatte, zeigt seine Freude über die gute Aufnahme der Partitur der Oper *Verbum nobile* ausgerechnet in Moskau, wo man, wie er erfreut schrieb, »offensichtlich mehr als in der Direktion des Wilnaer Theaters Vertrauen zu meiner Musik hat«.[60]

Möglicherweise wäre Moniuszko in der angespannten Warschauer Lage für diese Freude von der Warschauer Aufstandsleitung scharf angegriffen worden. Einmal mehr zeigt sich hier, dass es Moniuszko hauptsächlich um seine Musik, und dann erst um andere Dinge wie die nationale Sache ging. Ein weiterer Hinweis hierauf ist die Tatsache, dass Moniuszkos berufliches Hauptinteresse in dieser Zeit nicht etwa irgendwelchen polnisch-nationalen Zielen, sondern vielmehr den Bemühungen galt, *Verbum nobile* in Paris auf die Bühne zu bringen, was er in dieser Zeit als seine »idée fixe« bezeichnete.[61] Neben diesem beruflichen Ziel nahmen Moniuszko dringende Angelegenheiten in Zusammenhang mit den Familiengütern gefangen, wofür er im Jahr 1863 eigens nach Minsk reisen

---

58 Listy, Nr. 479 vom 28.2.1862 aus Warschau an Edward Ilcewicz, S. 433.
59 Listy, Nr. 483 vom 17.5.1862 aus Warschau an Edward Ilcewicz, S. 435.
60 Listy, Nr. 451 vom 25.5.1861 aus Warschau an Edward Ilcewicz, S. 415.
61 Listy, Nr. 489 vom 14.7.1862 aus Minsk an Józef I. Kraszewski, S. 438.

musste – für eine aktive Beteiligung am Aufstand wie im Falle einiger Mitglieder des Warschauer Opernensembles blieb da gar keine Zeit. Dass diese Frage Moniuszko auch gedanklich nicht beschäftigte, zeigt das völlige Fehlen auch nur von Andeutungen darüber in seinen Briefen aus der gesamten Zeitspanne.

Dieses Fehlen entsprechender Äußerungen weist einmal mehr darauf hin, dass es Moniuszko – ganz im Sinne seines Selbstbilds als Berufsmusiker – offensichtlich vielmehr um seine Musik ging als darum, mittels Musikwerken bestimmte politische Botschaften zu übermitteln oder zum Handeln aufzurufen. Wenn nämlich die Vermittlung inhaltlicher Botschaften vorrangiges Ziel Moniuszkos gewesen wäre, hätte ein Wechsel der Kunstform zumindest nahegelegen. Es lässt sich nicht aufrechterhalten, den Komponisten etwa als politischen Aktivisten zu bezeichnen, der sich musikalischer Mittel bediente: Angesichts Moniuszkos großen Interesses für Literatur ergibt sich dann die Frage, warum er bei Musik und musikalischen Gattungen blieb, anstatt die ihm zentralen Gedanken nicht eher in literarischen Werken zu vermitteln. Tatsächlich kann man ja Ansätze zu literarischer Betätigung Moniuszkos erkennen, etwa in Form einer weitgehenden Einflussnahme auf die Libretti seiner Opern und Kantaten. Dennoch blieb für Moniuszko stets die Arbeit als Musiker und Komponist im Vordergrund, woran er selbst zu keinem Zeitpunkt Zweifel aufkommen ließ.

Neben einem stark ausgeprägten Gefühl für Stetigkeit und Verlässlichkeit (das in Nähe zu entsprechenden positivistischen Vorstellungen steht) sorgte vor allem Moniuszkos Selbstdefinition als Berufsmusiker dafür, dass er nicht auf den Gedanken kam, seine Musikerkarriere zugunsten einer direkten politischen Wirksamkeit aufzugeben. Darüber hinaus war Moniuszko aber auch als Person gar nicht für kämpferische Aktionen geeignet, seien sie bewaffnet oder nicht, wie ihm auch seine Zeitgenossen bescheinigten. Moniuszko stellte sich durch dieses Verhalten in einen wesentlichen Gegensatz zu seinem so verehrten Adam Mickiewicz, der die romantische Idee des tatkräftigen Aufstandsführers auch lange nach dem Scheitern des Novemberaufstands nicht aufgegeben hatte und noch 1855 versuchte, getreu dem Stereotyp eines polnischen Aufstandsführers eine bewaffnete Befreiungsaktion durchzuführen. Moniuszkos Wesen sowie seine Ideenwelt standen zu einem solchen Verhalten in fundamentalem Gegensatz.

Widma (Die Ahnengeister)

Der Nationalkomponist vertont den Nationaldichter – diese Konstellation lag vor, als Moniuszko den zweiten Teil von Mickiewiczs *Dziady* (*Die Totenfeier*) als Grundlage für seine Kantate *Widma* nahm. Moniuszkos bisherige Textdichter waren entweder junge zeitgenössische Dichter gewesen wie etwa Wolski oder Chęciński oder bekannte und beliebte Autoren wie Bogusławski oder Fredro. Adam Mickiewcz hingegen wurde von den Zeitgenossen bereits damals auf ein Podest gestellt und ihm ein Ehrenplatz als geistiger Lenker der Nation zuerkannt. Die Erwartungen an eine Vertonung eines Werkes gerade dieses Dichters waren also besonders hoch, und in den Rezensionen und Besprechungen schwang stets die unausgesprochene Frage mit, ob ein solches Ansinnen überhaupt statthaft sei.

Moniuszko, der ja selbst seit seinen frühen Tagen ein Bewunderer des Werks von Mickiewicz war, tat alles, um dieser Erwartungshaltung gerecht zu werden. Es handelte sich bei dieser Komposition nicht wie bei seinen vorherigen beiden Opern um ein relativ zügig komponiertes Werk, mit dem Moniuszko seine Stellung befestigen oder seine Aussagen auf die Bühne bringen wollte. Vielmehr hatte Moniuszko das bereits begonnene Manuskript zum Werk noch aus Wilna nach Warschau mitgebracht, dann aber zunächst liegengelassen. Offensichtlich war das Werk aber bereits weit fortgeschritten, denn er verhandelte mit dem Posener Verleger Żupański über die Publikation der Notenausgabe. Erst im Januar 1865 ergab sich eine Situation, in der das Werk in Warschau zur Aufführung gebracht werden konnte. Dass der Tag der Uraufführung dann auf den 22. Januar fiel, hatte für nationalbewusste Polen eine besondere Bedeutung, handelte es sich doch um den Jahrestag des Januaraufstands, der den Warschauern noch frisch im Gedächtnis haftete.

Möglicherweise war es auch dieses gut gewählte Datum, das bewirkte, dass einmal mehr die Rezensionen gänzlich positiv ausfielen. Moniuszkos Vertonung wurde durchweg als Erfolg bezeichnet, lediglich der Dziennik Warszawski druckte eine ausführlichere Stellungnahme eines russischen Opernbesuchers, der den Wert der *Dziady* als literarisches Werk überhaupt in Frage stellte – aber auch nicht darum herum kam, Moniuszkos Musik dazu anerkennend zu beschreiben. Auch die beiden folgenden Aufführungen der *Widma* im Februar und März 1865 bestätigten diesen Erfolg des Werkes.

Trotz dieses unzweifelhaften Erfolgs jedoch zählt die Kantate *Widma* bis heute nicht zu den Hauptwerken Moniuszkos, und zwar aus zwei Gründen: Zum einen handelte es sich hierbei um keine Oper, sondern um eine Kantate, d.h. ein Musikwerk ohne szenische Darstellung. Die Spannung zwischen Moniuszkos für eine szenische Darstellung eigentlich gut geeigneter Musik und dem Fehlen gerade dieser Darstellung stellte bereits Zygmunt Noskowski, der führende polnische Komponist der zweiten Jahrhunderthälfte, fest. Auch wenn Moniuszkos Biograph Opieński seinen Schützling gegen diesen Vorwurf Noskowskis verteidigte, war hier ein Problem zutage getreten, das Moniuszkos *Widma* bei aller Wertschätzung doch zu einem Werk werden ließ, das im Vergleich zu den ungleich repräsentativeren und in dramatisch-szenischer Hinsicht befriedigenderen Opern des Komponisten ein Schattendasein führte.

Straszny dwór (Das Gespensterschloss)

Moniuszkos Oper *Straszny dwór* wird zumeist als das ausgereifteste Opernprojekt des Komponisten neben der *Halka warszawska* bezeichnet, mitunter wird ihm sogar der Vorrang als Moniuszkos bedeutendste Oper gegeben. Neben der unzweifelhaften musikalischen und künstlerischen Qualität des Werks rührt seine Bedeutung mindestens ebenso sehr von der gesellschaftlichen Situation her, in der sie entstand und aufgeführt wurde.

Straszny dwór ist das zweite Opernprojekt Moniuszkos mit seinem Librettisten Chęciński. Ob der Librettist oder der Komponist den Anstoß gab, ist nicht bekannt. Tatsache ist aber, dass das fertige Werk Moniuszko sehr ansprach, weil sich hier für ihn die Möglichkeit bot, die Thematik des *Pan Tadeusz*, eines Hauptwerks seines geliebten Dichters Adam Mickiewicz, auf der Opernbühne zu behandeln. Die ersten Nachrichten von der Arbeit am Werk stammen vom Jahresende 1860, als Wilnaer und Warschauer Zeitungen von Moniuszkos Arbeit an der Oper berichteten. Anscheinend war das Libretto vor oder während Moniuszkos zweitem Parisaufenthalt fertiggestellt, denn er ließ es sich dorthin nachsenden. Je-

Straszny dwór (Das Gespensterschloss)

Nach beendetem Krieg kehren zwei Soldaten, die Brüder Stefan und Zbigniew, nach Hause zurück, voller Freude, nach den Mühen des Krieges nun endlich sich der friedlichen Landarbeit hingeben zu können. Dennoch schwören sie, sogleich wieder zum Kriegsdienst bereit zu sein, wenn das Vaterland es verlangt. Daher, aber auch, um sich ihre Freiheit zu bewahren, beschließen sie, sich niemals zu verheiraten. In ihrem Heimatdorf angekommen, begrüßen sie bewegt ihren alten väterlichen Landsitz. Nunmehr beschließen sie, nach Kalinów aufzubrechen, wo ihr Vater, der verstorbene Stolnik, für sie bei seinem besten Freund, dem Miecznik, eine Summe Geldes hinterlegt hatte. Die Tante Stefans und Zbigniews, die Frau Cześnikowa, will ihre Neffen um jeden Preis von diesem Vorhaben abbringen, da sie für beide bereits Bräute ausersehen hat und nun fürchtet, dass ihre Neffen sich beim Miecznik in dessen Töchter verlieben und somit ihre Pläne gefährden könnten. Daher stößt sie düstere Warnungen über den »schrecklichen Hof« in Kalinów aus: Es laste auf ihm seit vielen Jahren ein Fluch, böse Geister trieben dort ihr Unwesen. Stefan und Zbigniew lassen sich jedoch nicht abhalten und reisen wie beabsichtigt am Silvesterabend zum Hof des Miecznik. Die Nacht verbringen die beiden im Turmzimmer, in dem es spuke, wie man ihnen sagt. Als die hundert Jahre alte Standuhr Mitternacht schlägt, ereignen sich tatsächlich seltsame Dinge: Die beiden Porträts der Vorfahren an der Wand werden scheinbar lebendig. In Wirklichkeit handelt es sich jedoch lediglich um einen Streich der beiden Töchter des Miecznik, Hanna und Jadwiga, die ihren Gästen Furcht einjagen wollen. Der Vertraute des Miecznik, Damazy, der sich selbst um die Hand Hannas bemüht, befürchtet, in Stefan und Zbigniew Rivalen vor sich zu haben. Um sie loszuwerden, erzählt er ihnen, dass auf dem Hof des Miecznik ein Fluch laste, da er durch Unrecht am Volk entstanden sei. Die Brüder beschließen daraufhin, Kalinów zu verlassen, obwohl sie sich bereits in die beiden Töchter verliebt haben. Bevor sie abreisen, kommt jedoch die Intrige des Damazy ans Licht und er muss seine Verleumdung gestehen. Schließlich verspricht Miecznik Stefan die Hand Hannas und Zbigniew diejenige Jadwigas.

denfalls machte sich der Komponist nach seiner Rückkehr an die Arbeit, die zu Beginn des Jahres 1865 abgeschlossen war.

Straszny dwór war eine im Text und in der Musik kunstvoll ausgearbeitete Parabel auf die geistige Verfassung der polnischen Intelligenz ihrer Zeit. Eingekleidet in das auf der Opernbühne gängige Genre der Verwechslungskomödie präsentierten Chęciński und Moniuszko auf humorvolle Art und Weise eine Vielzahl von mehr oder weniger deutlichen Anspielungen auf nationale Inhalte und Symbole, die umso wirkungsvoller waren, da ihre öffentliche Zurschaustellung in den 1860er Jahren ein nicht ungefährliches Politikum darstellte.

Die Uraufführung fand am 28. September 1865 statt. Die Begeisterung des Publikums war ähnlich groß wie bei der Uraufführung der *Halka warszawska*. Das lag diesmal nicht nur an der Musik, sondern auch daran, dass die Zuschauer und -hörer die zahlreichen Anspielungen im Text und in der Musik sehr wohl verstanden und mit begeistertem Beifall quittierten. Auch bei der zweiten und dritten Vorstellung war das nicht anders, bis die Oper nach ihrer dritten Vorstellung vom 5. Oktober von der russischen Zensur verboten wurde. In Warschau konnte das Werk zu Lebzeiten Moniuszkos fortan nicht mehr gespielt werden, einzig in Lemberg, wo die österreichischen Behörden eine liberalere Theaterpolitik anwandten, konnte es noch erklingen. Fortan umgab die Oper zusätzlich zu ihrem Erfolg der Nimbus des aufgrund seiner großen nationalen Wirkungsmacht verbotenen Werkes – ein Nimbus, der das gesamte 19. Jahrhundert hindurch anhielt.

Moniuszko hatte es mit dem *Straszny dwór* verstanden, die Elemente der nationalen Symbolik so dicht auf der Opernbühne zu bündeln, dass die Oper bereits während der ersten Aufführung als Manifest polnischen Selbstbehauptungswillens aufgefasst wurde. Als Höhepunkt von Moniuszkos künstlerischer Verarbeitung polnischer Nationalsymbole auf der Opernbühne gilt die sog. »Glockenspiel-Arie« der Oper: Die auffallendste Erscheinung in dieser Szene ist die alte Standuhr im Turmzimmer des Miecznik, die, wie der Diener seinen Gästen erklärt, manchmal auf unerklärliche Weise ihr Glockenspiel ertönen lasse. Hierbei handelt es sich um die Aufnahme eines Motivs aus dem Poem *Pan Tadeusz* von Adam Mickiewicz. Ganz zu Anfang wird dort die Rückkehr des jungen Herrn in das Vorwerk beschrieben, in dem dieser seine Jugend ver-

bracht hatte. Er erkannte nicht nur die Bilder an den Wänden wieder, sondern auch »die alte Uhr mit dem Glockenspiel, die auf dem hölzernen Schrank stand«: »Und mit kindlicher Freude zog er an der Schnur / Um die alte Mazurka Dąbrowskis zu hören.«[62]
Als die Uhr im *Straszny dwór* Mitternacht geschlagen hat, spielt sie in der Tat eine Melodie – zwar nicht die Mazurka Dąbrowskis, also das später zur Nationalhymne gewordene »Jeszcze Polska nie zginęła«, aber doch immerhin eine Melodie, die an eine für die polnische Kultur kaum weniger bedeutsame Musik gemahnt, nämlich an die Polonaisen Michał Kleofas Ogińskis. Diese standen damals symbolisch für den Willen zu einer eigenen Nationalmusik und somit zu einer Nation mit eigener Staatlichkeit.
Das Motiv der Standuhr hatte darüber hinaus für Moniuszko selbst neben dem Bezug zu *Pan Tadeusz* eine weitere Bedeutung: Im elterlichen Haus des Komponisten stand ebenfalls eine Standuhr, wie sie seinerzeit zu den typischen Einrichtungsgegenständen des *dwór polski*, also des Herrenhauses eines polnischen Landadligen, gehörte. Damit appellierte Moniuszko an Erinnerungen, die ein Großteil des Publikums – verstädterte Landadlige – ebenfalls hatten: ebenso wie Moniuszko kamen sie aus dem Umfeld des ländlichen Kleinadels, dessen Lebensstil diese Uhr symbolisierte. Der Komponist hob damit also eine private, häusliche Erinnerung aus seiner Kindheit in den Rang eines nationalen Symbols. Da das Opernpublikum diese Erinnerung ebenfalls teilte, hatte gerade diese Szene eine machtvolle emotionale Wirkung auf die Zuhörer. Als dann noch die beiden Brüder von der Trauer über den Verlust ihrer Mutter sangen, war jedem polnischen Besucher im Opernhaus klar, dass der Verlust der *Matka Polka* (*Mutter Polin*) gemeint war.
Diese Verdichtung der Nationalsymbolik kurz nach dem misslungenen Januaraufstand war es, die das Publikum der Uraufführung zu stürmischer Begeisterung hinriss. Damit erwies sich die Oper als eine »Trösterin angesichts fortwährender Niederlagen«, wie es Moniuszko in einem später berühmt gewordenen Ausspruch schon vor der ersten Aufführung des Werks formuliert hatte.

---

62 Mickiewicz, Adam: Pan Tadeusz, Księga 1, Zeile 71/72.

Abb. 5: Auf dieser Zeichnung Czesław Moniuszkos von 1850 sieht man die Mutter des Komponisten in ihrer guten Stube. Eine Standuhr wie die hier zu sehende sollte in der Oper Straszny dwór eine wichtige Rolle spielen.

6 Möglichkeiten und Grenzen Moniuszkos

Komponist oder Pädagoge?
Moniuszko und das *Instytut Muzyczny*

Seit dem erzwungenen Ende der Musikschule Józef Elsners hatte es in Warschau lange Zeit keinen Ort für die professionelle Musikerausbildung mehr gegeben. Elsners Musikschule, aus der unter anderem kein Geringerer als Frédéric Chopin hervorgegangen war, schloss mit Beginn des Novemberaufstands, als sich, zeitgenössischen Berichten zufolge, die Mehrzahl der Schüler freiwillig den Aufstandshandlungen anschloss. Nach dem Aufstand konnte im Jahr 1835 lediglich eine wesentlich kleinere Gesangsschule eröffnet werden, die vor allem die Bedürfnisse der Oper befriedigen sollte. Sie stand zunächst ebenfalls unter der Leitung Elsners, dann Nideckis. Dieses war die Ausbildungsstätte der wichtigsten Warschauer Opernsolisten, die dann auch Moniuszkos Opernwerke aufführten, wie etwa Julian Dobrski, Alojzy Żółkowski, Leopold Matuszyński, Ludwika Rywacka oder Paulina Rivoli. Allerdings musste auch dieses Unternehmen im Jahr 1841 wieder eingestellt werden.

Auch in den folgenden Jahrzehnten konnte in Warschau zunächst keine musikalische Ausbildungsstätte eröffnet werden, geschweige denn ein Konservatorium. Dieses entstand erst im Jahre 1918. Immerhin existierte seit 1860 eine Einrichtung, die die Aufgabe eines Konservatoriums nach Möglichkeit übernehmen sollte, aus politischen Gründen aber nicht unter der Bezeichnung Konservatorium fungieren konnte, sondern lediglich *Instytut Muzyczny* genannt werden durfte.

Dass auch dieses Institut erst verhältnismäßig spät entstand, lag jedoch nicht nur an Schwierigkeiten mit der Besatzungsmacht, sondern hatte Gründe auch in internen Streitigkeiten innerhalb der Warschauer Musikwelt. Nun zeigte sich, dass auch Moniuszkos starke Stellung als führende Persönlichkeit Warschaus auf dem Gebiet des Operntheaters nicht zur Überwindung dieser Streitigkeiten führte. Moniuszko war zwar ein Förderer der polnischen Oper, aber nicht der polnischen Instrumentalmusik. Hinzu kamen seine Probleme mit dem Gründer des *Instytut Muzyczny*, Apolinary Kątski: Moniuzskos starke Stellung führte zwar dazu, dass der Komponist nicht umgangen werden konnte, seine Beziehung zum *Instytut Muzyczny* und insbesondere zu seinem Gründer, Apolinary Kątski, sollte jedoch bis zum Lebensende des Komponisten schwierig bleiben.

Im Jahr 1858 trat eine *Regierungskommission für Innere und Geistige Angelegenheiten in Warschau* zusammen, der neben dem Initiator des Projekts eines Warschauer Konservatoriums, Apolinary Kątski, unter anderen auch Ignacy Dobrzyński, August Freyer, Ignacy Krzyżanowski und Józef Sikorski angehörten, also die wichtigsten Vertreter des damaligen Warschauer Musiklebens. Moniuszko hingegen fehlte – allerdings keineswegs aus Desinteresse, sondern aufgrund eines Verbots seines Vorgesetzten, des Theaterdirektors General Abramowicz: Moniuszko sollte sich auf die Oper konzentrieren – eine zusätzliche Beschäftigung am *Instytut Muzyczny* würde, so fürchtete die russische Administration, möglicherweise dem polnischen Element in der Musik zu viel Raum zu verschaffen.

Weil sich die Kommission jedoch über die Frage der Kompetenzen ihrer Mitglieder und der Leitung des zukünftigen Konservatoriums nicht einigen konnte, ergriff Kątski schließlich die Initiative und ließ sich in Petersburg von Zar Aleksandr II. die Erlaubnis zur Einrichtung einer Musikschule geben. Kątski verfügte über beste Beziehungen zum Zarenhof, da er als Geigenvirtuose nicht nur in Petersburg bekannt war, sondern auch mit dem Bruder des Zaren, dem Großfürsten Konstantin, während seiner Aufenthalte in der Hauptstadt des Zarenreiches gemeinsam in einem Streichquartett spielte. Aus der Sicht der Kommissionsmitglieder war das eine Kompetenzüberschreitung des Geigenvirtuosen, die den Streit in der Kommission nur noch mehr anfachte.

Nach dem Ende der Amtszeit von General Abramowicz kam es schließlich zu einer Zusammenarbeit Moniuszkos mit dem *Instytut Muzyczny*. Im Dezember 1863 beendete Adam Münchheimer seine Tätigkeit als Professor für Chorgesang, und Moniuszko nahm am 27. Dezember 1863 ein Angebot Kątskis zur Mitarbeit an und wurde als Professor für Chorgesang berufen. Beim Entschluss zur Annahme spielten sicher nicht nur patriotische und idealistische Motive eine Rolle, wie noch Moniuszkos frühe Biographen angeben, sondern neben dem Interesse Moniuszkos an musikalisch-pädagogischer Arbeit auch finanzielle Faktoren: Trotz seiner Stellung am Operntheater konnte Moniuszko immer Geld gebrauchen, und Kątski hatte ihm ein Gehalt von 600 Silberrubeln im Jahr in Aussicht gestellt.

Bald schon stellte sich jedoch heraus, dass die Stellung eines Lehrers an einem Institut mit Moniuszkos Pflichten und auch seinen eigenen Absichten schwer vereinbar war. Kurze Zeit nach Annahme des Lehrerpostens begann er, mit seiner *Halka* auch außerhalb Warschaus aufzutreten, nicht nur in anderen polnischen Städten, sondern auch im Ausland wie etwa in Prag. Zwar war Moniuszko bewusst, dass sich diese Aufgaben mit einem Lehrerposten am Ort nicht vertrugen, er war jedoch nicht bereit, seine eigene künstlerische Karriere und die Verbreitung seiner eigenen Werke hintanzustellen. Zwei Jahre nach seiner Einstellung bat Moniuszko deshalb schon wieder um seine Entlassung.

Der bedeutendste Komponist des Landes stellte jedoch für das *Instytut Muzyczny* und für Kątski einen Faktor dar, an dem er nicht vorbeigehen konnte. Kątski hatte vom Zaren eine sechsjährige Frist erhalten, innerhalb derer er Erfolge des Instituts vorweisen sollte, wovon dann das weitere Schicksal des Instituts abhängen würde. Als deshalb im Jahr 1866 August Freyer als Lehrer für Harmonielehre und Kontrapunkt ausfiel, sprach Kątski erneut Moniuszko an. Kątski war gezwungen, über die Tatsache hinwegzusehen, dass Moniuszko sich bei seiner ersten Einstellung nur soweit als unbedingt notwendig an Formalitäten wie Urlaubsbeantragungen gehalten hatte und als Lehrer für die Studenten wegen seiner vielen anderen Verpflichtungen nicht immer leicht zugänglich war. Zwar war Moniuszko kein schlechter Pädagoge, sein Verhalten am *Instytut Muzyczny* zeigt aber deutlich, dass er nicht hier den Schwerpunkt seiner Arbeit sah, sondern in seiner kompositorischen Tätigkeit als Opernkomponist und in der Verbreitung und Propagierung seiner eigenen Werke. Dennoch trug Moniuszko mit seiner erneuten Mitarbeit am *Instytut Muzyczny* dazu bei, den Fortbestand des Instituts zu sichern, so dass Kątski schließlich vom Zaren die Zusicherung einer weiteren Förderung von künftig 7500 Silberrubeln statt wie bisher 2000 Silberrubeln erhielt.

Misserfolg im Westen: Zweite Parisreise
Einige kleinere Ereignisse in den Jahren 1860 und 1861 zeigten Moniuszko, dass sein Aufenthalt in Paris doch nicht ganz ohne Nachwirkung geblieben war. Im Februar 1860 gab der Opersänger Achilles Bonoldi (Tenor) ein Konzert in einem Pariser Salon und sang einige Liedkompositionen Moniuszkos, u.a. *Trzech Budrysów*, *Balada* und *Lirnik wioskowy*. Darüber berichtete nicht nur die Pariser PRESSE THÉATRALE ET MUSICALE, sondern auch der polnische KURIER WARSZAWSKI und die Warschauer GAZETA CODZIENNA. Es musste für Moniuszko so aussehen, als ob seine Musik langsam doch ein Faktor im Musikleben geworden sei, auf den man auch in Paris achtete. Hinweise darauf schienen sich zu häufen. Ein Jahr später berichtete die REVUE ET GAZETTE MUSICALE DE PARIS in ihrer Rubrik »Chronique étrangère«, dass in Petersburg ein Konzert stattfinden werde, auf dem auch eine »neue Ouvertüre Moniuszkos« gespielt werden solle.
Es gab noch weitere Hinweise, die Moniuszko diesen Schluss ziehen ließen. Im November 1860 schrieb der RUCH MUZYCZNY über eine mögliche Aufführung der *Hrabina* in Paris. Seit jeher war die Aufführung einer seiner Opern in dieser Stadt ein Traum Moniuszkos gewesen. Noch ein weiterer Traum schien sich zu erfüllen, nämlich die Aufmerksamkeit eines der großen Pariser Komponisten auf Moniuszko. Wie die GAZETA CODZIENNA mit nationalem Stolz berichtete, schickte Rossini Moniusz-

ko seine Fotografie mit einer Widmung. Das war ein Ergebnis der Bemühungen Józef Wieniawskis.
Zusätzlich schien sich eine Aufführung von Moniuszkos Opern in Belgien anzudeuten. Im November 1861 erhielt Moniuszko einen Brief eines gewissen Herrn Cotaud, der um die Partituren der Opern der *Halka* und des *Flis* zwecks möglicher Aufführungen in Belgien bat – ein Plan, der zwar nicht realisiert wurde, zu dieser Zeit aber bei Moniuszko den Eindruck erweckte, dass auch im Westen die Aufmerksamkeit auf ihn und seine Kompositionen wuchs.
Eine weitere Reise nach Paris schien also sinnvoll zu sein. Dieses Mal spielte jedoch die Gräfin Kalergis keine Rolle bei der Finanzierung. Anscheinend half hingegen der Bankier Toeplitz, mit dem Moniuszko vor seiner Abreise vielfach Briefe wechselte. Am 16. Dezember 1861 traf Moniuszko in Paris ein. Diesmal versetzte die Stadt ihn nicht in eine ähnlich unsichere Stimmung wie beim ersten Mal, möglicherweise weil er nun der schwierigen Lage in Warschau vor dem Januaraufstand entflohen war. Die französische Presse nahm diesmal von Anfang an von der Anwesenheit Moniuszkos in der Stadt Notiz. So vermerkte die REVUE ET GAZETTE MUSICALE DE PARIS am 3. Januar, dass sich »Stanislas Moniuszko, der berühmte polnische Komponist, Schöpfer der Opern *Halka* und *Hrabina*, derzeit in Paris aufhält.«
Auch die Kontaktmöglichkeiten schienen nun besser zu sein als beim ersten Mal. Moniuszko war ständiger Gast bei Marcelina Czartoryska. Sie stellte ihm Konzertkarten zur Verfügung, lud ihn zu sich ein und half bei der Kontaktsuche. So lud sie einige Male Józefa Przeciszewska ein, die Schwester von Antoni Przeciszewski, der bereits beim ersten Aufenthalt geholfen hatte. Moniuszko begegnete so dem Dichter Julian Klaczko, den er noch aus Wilna kannte. Klaczko wiederum war mit Pierre Scudo bekannt, einem Musikkritiker für die REVUE DES DEUX MONDES. Scudo hatte hier einige Artikel über die polnische Musik geschrieben, allerdings ohne Erwähnung Moniuszkos.
Moniuszko begegnete Andrzej Edward Koźmian, Leonard Chodźko und Wojciech Sowiński. Chodźko gab polnische Publikationen im Exil heraus und bat Moniuszko, Drucke und Publikationen nach Polen mitzunehmen, um sie dort zu verbreiten. Sowiński schrieb später, im Jahr 1874, eine kurze Notiz über Moniuszkos Aufenthalt in Paris. Mehr tat

er jedoch nicht. Ganz augenscheinlich hatte er zwar Sympathie für Moniuszko, unternahm aber nichts weiter – dabei hatte Moniuszko doch bereits während seiner ersten Reise so große Hoffnungen gerade in ihn gesetzt.
Moniuszko suchte außerdem die Verbindung zu Graf Leon Ryszczewski, einem Historiker und Publizisten, dessen Frau am Benefizkonzert für Moniuszko in Warschau am 25. März 1858 teilgenommen hatte. Moniuszko wandte sich auch an die Familie Mickiewicz, speziell an den Sohn des Dichters, Władysław Mickiewicz. Das Interesse von Władysław Mickiewicz kann aber nicht allzu groß gewesen sein. In seinen Tagebüchern erwähnt er, dass er in den Jahren von 1856 bis 1858 Zeit für das Theater gehabt habe. Er interessierte sich vor allem für die Werke der italienischen Oper, allen voran Rossini, und für die Melodramen Frédéric Lemaitres. Breiten Raum nehmen Charakterisierungen der italienischen Opernschauspielerinnen und -sängerinnen ein. Über Moniuszko verlor Mickiewicz kein Wort.
Schließlich entstand der gemeinsame Plan Moniuszkos, Ryszczewskis, Marcelina Czartoryskas und Wieniawskis, die Unterstützung der damals berühmten Sängerin Paulina Viardot-García zu erhalten, die in Warschau vor dem Erfolg der *Halka* gastiert hatte. Bei ihr handelte es sich um eine jener Künstlerfiguren des 19. Jahrhunderts, die ihre Funktion als Stars auf den europäischen Bühnen in gesellschaftliche Schlüsselstellungen rücken ließ. Pauline García hatte als 18-Jährige einen spektakulären Erfolg mit Rossinis *Otello* in London und Paris erreicht. Im nächsten Jahr heiratete sie den Schriftsteller Louis Viardot und eröffnete in Paris in der Chaussée d'Antin einen Salon. Sie protegierte Gounod, Massenet, Saint-Saëns und Fauré. Berlioz widmete ihr einige Stücke. Sie hatte Sprachtalent, besuchte auch Russland und sang die Lieder Glinkas und Dargomyžskijs im Original sowie vokale Arrangements einiger der Mazurken von Chopin, mit dem sie zusammenarbeitete. Pauline Viardot und George Sand waren intime Freundinnen. Pauline Viardot war die Schwester von Maria Malibran, die als Gesangswunder in Paris gehandelt wurde und ebenfalls sehr sprachbegabt war.
1857 hielt Viardot-García eine Konzerttournee in Warschau ab, weswegen die Warschauer Uraufführung von Moniuszkos *Halka* nochmals hatte verschoben werden müssen. Er beklagte sich darüber in einem Brief.

Über Kontakte zu ihr berichtete er nichts. Die Auftritte Pauline Viardots zeugten von ihren guten Kontakten zum Adel, denn er fand im Palast des Gouverneurs Gorčakov statt und wurde, da es sich um eine Dame der Pariser Gesellschaft handelte, von den Pariser Zeitungen mit großer Aufmerksamkeit bedacht.

Nach Maria Kalergis also eine weitere in der Pariser Musikwelt namhafte Künstlerin, die in Warschau gewesen war – das schien für Moniuszko Grund genug zu sein, sie über seine Verbindungen um ein Treffen zu bitten. Tatsächlich sollte als Ergebnis seiner Bemühungen ein Treffen am 27. Dezember stattfinden, wurde aber verschoben, denn Viardot musste unverhofft im Theater aushelfen. Ein neues Treffen wurde für den 2. Januar 1862 ausgemacht. Entweder verlief es ergebnislos oder kam ebenfalls nicht zustande – es gibt keine Berichte über dieses Treffen.

Ganz offensichtlich hatte Pauline Viardot-García kein Interesse an einer irgendwie gearteten Unterstützung Moniuszkos, auch wenn sie, ganz ähnlich wie Maria Kalergis, ebenfalls eine sprachbegabte und hochtalentierte Musikerin und Künstlerin war, die ungewöhnliche Wege ging und eine Vorstellung vom Herkunftsland Moniuszkos hatte. Dabei hätte sicher eine Einladung in ihren Salon, der jeden Donnerstag abgehalten wurde, dem polnischen Komponisten wichtige Türen geöffnet.

Ebenfalls wurde, wie auch schon in der ersten Reise, der Versuch unternommen, die Unterstützung von Fürst Józef Poniatowski zu erhalten. Dieser aber verließ Paris bereits Anfang Januar, um in Rom die Proben zu seiner Oper *Pierre de Medicis* zu beaufsichtigen.

Der nächste Plan nach dem Fehlschlag der Bemühungen mit Viardot-García bestand in der Organisation eines Konzerts in der *Salle Hertz* mit dem Orchester der Oper und dem Chor der Orpheonisten. Um ein solches Ereignis durchführen zu können, mussten jedoch im Vorfeld 200 Eintrittskarten zum Preis von 20 Francs verkauft worden sein, um die beträchtlichen Kosten für ein solches Ereignis zu decken. Ende Dezember setzte Moniuszko in dieses Projekt trotz des anscheinend schleppenden Verkaufs noch große Hoffnungen. Als jedoch auch im neuen Jahr die benötigen Verkaufszahlen nicht zustande kamen, musste auch diese Strategie aufgegeben werden. Moniuszko war hier auf ein Problem gestoßen, das die meisten Komponisten und Musiker im damaligen Paris beschäftigte: Das Geschäft gerade im Bereich Oper und Konzert war nicht unbedingt lukrativ. Oft geschah es, dass einem Künstler erst nach seinem Tod die verdiente Gerechtigkeit zukam, vorher überdeckten oft kommerzielle Interessen die künstlerischen Notwendigkeiten. Das war auch einer der großen Konflikte in der französischen Musikkritik des 19. Jahrhunderts – was allerdings für Moniuszko, hätte er das gewusst, auch kein Trost gewesen wäre. Richard Wagner befand sich in Paris in einer ganz ähnlichen Situation.

Ein weiterer Plan schließlich bestand im Versuch Moniuszkos, sich als Kandidat für die Liste der Komponisten für die Kaiserliche Oper zu bewerben. Der Erfolg hier hing vom Minister Valenne am Hof Napoleons III. ab. Die Audienz dort ließ auch dieses Projekt scheitern. Der letzte Plan Moniuszkos war die Idee einer Vorstellung der *Halka* im *Théâtre Lyrique* mit Hilfe von Graf Ryszczewski – ebenfalls ergebnislos.

Am 8. Februar 1862 schrieb der neue Direktor des *Théâtre Impérial de l'Opéra comique*, Emil Perrin, einen Brief an einen der Unterstützer Moniuszkos, Koźmian, und teilte ihm mit, dass er bereit sei, Moniuszko zu empfangen. Das schien aussichtsreich zu sein. Der neuernannte Perrin wurde nicht nur von den Künstlern und dem Publikum gelobt, sondern hatte anscheinend auch etwas für slawische Musik übrig – wenigstens kündigten die Zeitungen eine Aufführung einer Oper des Fürsten Poniatowski in der *Opéra comique* an. Leider verlief sich auch dieses Vorhaben: Am 26. Mai 1862, schon nach Moniuszkos Rückkehr aus Paris, berichtete Michalina Ryszczewska dem Komponisten, dass Perrin bereit sei, *Verbum nobile* aufzuführen. Moniuszko solle an Edward Chojecki, einen in Paris lebenden Polen, schreiben, und ihn um eine Übersetzung des Librettos bitten – dieser lehnte jedoch ab, auch nachdem Józef Ignacy Kraszewski zu vermitteln versucht hatte.

Unermüdlich hatte Moniuszko Plan um Plan ausgeheckt, um sich in Paris besser bekannt zu machen und seine Opernprojekte vorzustellen, und immer wieder scheiterten die Pläne – ganz ähnlich wie beim ersten Parisaufenthalt. Ob es nun äußere Umstände waren, wie etwa der Reisezeitpunkt Moniuszkos zur französischen Urlaubszeit, oder die Tatsache, dass der gutgläubige und mit dem französischen Habitus nur schlecht vertraute Moniuszko freundliche Äußerungen nicht von geringschätzigem Desinteresse zu unterscheiden vermochte, war letztlich nicht entscheidend: Für Moniuszko zählte einzig das negative Ergebnis, und nach der zweiten Parisreise war klar, dass der Traum von der Anerkennung Moniuszkos in Paris unerfüllt bleiben würde. Daran änderte auch die Tatsache nichts, dass es in der Zwischenzeit immerhin zu einem brieflichen Kontakt mit Rossini gekommen war. Moniuszko hatte ihm seine *III Litania ostrobramska* mit einer Widmung auf der ersten Seite geschickt, und Rossini hatte sich brieflich bedankt. So schön dieser Dank für Moniuszko auch gewesen sein mag, er blieb für die Rezeption seines Werks ohne Folgen.

Anerkennung im slawischen Ausland
Während Moniuszko also im westlichen Ausland die breite öffentliche Anerkennung versagt blieb, war das in den Musikszenen der slawischen benachbarten Kulturen anders. Das hat auch mit der Existenz panslawistischer und slawophiler Konzepte zu tun, in die der Komponist Moniuszko und sein Hauptwerk, die *Halka*, eingefügt wurden. Zwar basierte der Nationsbegriff der Oper *Halka*, ebenso wie der des *Straszny dwór*, nicht eigentlich auf einer panslawistischen Idee einer gemeinsamen slawischen Nation, sondern beruhte auf der Idee des alten, polnisch dominierten Großreichs der *Rzeczpospolita Obojga Narodów* (Republik der beiden Nationen – also das polnisch-litauische Reich). *Halka* kann als musikalisches Manifest dieses multiethnischen polnischen Nationsbegriffs gesehen werden. Hingegen lassen sich bei Moniuszko deutlich slawophile Züge nachweisen, die für die Mitte und die zweite Hälfte des Jahrhunderts nicht untypisch sind. Moniuszko reihte sich ganz bewusst in die Gemeinschaft slawischer Musiker ein, wie folgendes Detail zeigt: Herausgefordert durch eine vereinzelt stehende (alle anderen Besprechungen waren sehr positiv), aber dafür in ihrer Schärfe umso heftigere Kritik der Aufführung der *Halka* in St. Petersburg im Jahre 1870, in der der Autor nicht nur Moniuszko, sondern auch russische Komponisten wie Dargomyżskij und Cui angriff, beabsichtigte Moniuszko eine Entgegnung zu schreiben. In der vorformulierten Version dieses Briefes hieß es unter anderem: »Arbeiteten und arbeiten doch alle slawischen Komponisten ähnlich wie ich, jeder bei sich, und niemand hat bis jetzt seinen Standpunkt aufgegeben.«[63]

---

63 Brief von Moniuszko an Andrzej Krajewski, vom 12./ 24.2.1870 aus St. Petersburg, in: Listy, Nr. 707, S. 560.

Neben dem Empfinden slawischer Gemeinsamkeit gab es ein weiteres Moment, das im Umgang nicht nur Moniuszkos, sondern auch der polnischen Musikwelt mit St. Petersburg eine wichtige Rolle spielte. Die Hauptstadt des russischen Reiches verfügte über ein reichhaltiges und internationales Musikleben, das mit Warschauer, ganz zu schweigen mit Wilnaer Verhältnissen nicht zu vergleichen war und auf Moniuszko daher eine große Faszination ausübte. Nachdem die Versuche, in westeuropäischen Städten ein eigenes Bühnenwerk zur Aufführung zu bringen, allesamt gescheitert waren, musste das Gelingen eines solchen Projekts in St. Petersburg für Moniuszko nicht nur als persönlicher Erfolg, sondern auch als Erfolg der polnischen Musik erscheinen. Dass diese Gedanken auch in der polnischen Musikwelt vorherrschend waren, kann man am Stolz ablesen, mit dem in der polnischen Presse über Moniuszko und seine Werke in St. Petersburg berichtet wurde. Der Berichterstatter des KURIER CODZIENNY brachte es in seiner Beschreibung der St. Petersburger Premiere von *Halka* auf den Punkt: »Moniuszkos Triumph war vollkommen [...] – und die Herzen gingen uns vor Freude auf, dass in einer der ersten Hauptstädte Europas das geliebte Werk unseres Komponisten sich seine verdiente Anerkennung und Erfolg verschaffte.«[64]

Es zeigt sich, wie vielschichtig das Bild der Stadt St. Petersburg im polnischen Denken besetzt war und was aufgrund dessen ein Erfolg Moniuszkos in dieser Stadt alles bedeuten konnte. Einerseits handelte es sich um die Hauptstadt des politischen Unterdrückers, in der der Sieg eines polnischen Komponisten als Sieg der polnischen Nation über die russische, gleichsam auf einem Nebenkriegsschauplatz, erscheinen musste. In diesem politischen Kontext handelte es sich um eine Rivalität zwischen zwei Nationen; die slawophile Idee spielte hier keine Rolle. Darüber hinaus erkannte man auch von polnischer Seite an, dass es sich bei St. Petersburg um ein internationales Musikzentrum handelte – der Erfolg der *Halka* schien daher wesentlich mehr zu sein als lediglich ein Sieg in einer polnisch-russischen Konkurrenz, sondern man maß ihm internationale Bedeutung zu. Andererseits gab es auch ein Bild von St. Petersburg als Ort der Emanzipation einer russischen Kultur sowohl von zaristischer Bevormundung als auch von der Vorherrschaft fremder, also zum Bei-

---

64 L. S., in: KURIER CODZIENNY Nr. 37 (17.2.1870).

spiel italienischer Musik und Musikformen. In diesem Sinne waren die russischen Komponisten und Gesprächspartner Moniuszkos den polnischen Komponisten gleichgeordnet. Ausgehend von diesem letzteren Verständnis konnte Moniuszko sich als gleichberechtigter Kämpfer auf der Suche nach einer Musik jenseits von politischer und musikalischer Fremdbestimmung sehen und so eine Art slawophilen Schulterschluss mit den Komponisten der neuen russischen Musik zeigen. Gefühle der Unterlegenheit einerseits und der Gleichwertigkeit andererseits lagen für einen polnischen Musiker hinsichtlich St. Petersburg und der russischen Musik also eng beieinander.

Für Moniuszko war die Gemeinschaft slawischer Musiker in St. Petersburg ganz konkret erlebbar: Sein ehemaliger Schüler César A. Cui, der sich ganz der russischen Musikkultur verschrieben hatte, nahm seinen Lehrer vor ablehnenden Urteilen in der russischen Presse in Schutz und sprach sogar polemisch dem Rezensenten jegliche Ahnung von Musik ab.[65] Moniuszko sah sich aufgenommen in den Kreis führender slawischer Komponisten – ein Eindruck, zu dem die Wertschätzung der *Halka* durch Dargomyžskij schon seit 1849 sicherlich beitrug. Auch der bedeutende St. Petersburger Musikkritiker A. Serov ordnete Moniuszko den russischen Komponisten als weiteren slawischen Komponisten zu und bestimmte den Charakter einer ihnen gemeinsamen »slawischen« Musik als Gegensatz zu den bisher führenden Musiknationen:

> Es sind bereits Komponisten erschienen, die ähnlich wie Chopin slawische Elemente bearbeiten […]. Ich spreche von M. Glinka, St. Moniuszko, A. Dargomyžskij und einigen anderen. Ihre Musik trägt […] den Stempel des »Slaventums«, daher ist sie durchdrungen von Originalität im Vergleich mit den Musikwerken des übrigen Europa. Ihre Musik zeichnet einen eigenen, eigenständigen Charakter aus, weder dem deutschen, noch dem französischen oder italienischen ähnlich.[66]

Das bedeutete allerdings keineswegs, dass Serov keinen Unterschied zwischen Moniuszkos Musik und der seiner Landsleute Glinka und Dargomyžskij machte. Serovs slawophiler Ansatz war hier noch völlig frei von

---

65 So in den S.-Peterburgskija vedomosti Nr. 56 (26.2./10.3.1870).
66 A. Serov, Izbrannye stat'i, Moskau 1951, Bd. 1, S. 278.

der späteren Erscheinung des großrussischen Panslawismus, der sich insbesondere gegen polnische Ambitionen richten sollte. Das beweist sein Urteil über Moniuszkos Lieder, die er einerseits als »Schatz« bezeichnete, andererseits aber so eng mit der polnischen Sprache ihrer Texte verbunden sah, dass seiner Ansicht nach eine Übersetzung der Texte ins Russische ihren Wert ganz unvermeidlich schmälern würde.[67]

Wenn Moniuszkos kulturelle Slawophilie in St. Petersburg durch die Furcht vor politischer russischer Dominanz gebrochen wurde, so ergab sich in Prag für ihn dieses Problem nicht. Beide Musikkulturen begriffen sich als kulturelle und politische Emanzipationsbewegungen: Durch Schaffung einer eigenständigen Nationalmusik wollte man sich auf kulturellem Gebiet von der Herrschaft der ›anerkannten‹ Musiknationen befreien, was zugleich als Demonstration kultureller Potenz auch den Anspruch politischer Befreiung beinhaltete. Moniuszko hatte in Prag also keinerlei Ängste vor einer kulturellen Bevormundung – im Gegenteil, sein Verhalten zeigt, dass er Prag als Bühne für die Promotion der polnischen Kultur benutzte. Moniuszko hatte offensichtlich allen Bekundungen slawischer Gemeinsamkeit zum Trotz vorrangig die Absicht, die eigene polnische, nationale Musik zu exportieren und mit ihrer Hilfe für die polnische Kultur und die polnische Angelegenheit zu werben – eine Absicht, die er anlässlich des Plans, sein Werk *Widma* in Prag vorzustellen, folgendermaßen formulierte: »Es wundert mich, dass die *Dziady* noch nicht ins Tschechische übersetzt sind, gleichzeitig aber freut es mich, dass meine Musik Anlass dazu geben kann, dieses Werk unseres Propheten kennenzulernen.«[68]

Als sich schließlich zwar nicht die Aufführung der *Widma*, sondern der *Halka* in Prag konkreter abzuzeichnen begann, dankte er der am Prager Theater angestellten polnischen Sängerin Helena Zawiszanka für ihre Vermittlung in dieser Sache, indem er sie dazu aufforderte, »sich selbst das Verdienst der Ausweitung der einheimischen [polnischen] Kunst zuzuschreiben«.[69] Anscheinend ging es Moniuszko nicht so sehr um die Ar-

---

67 Z-n, Modest [Pseud. für A. Serov], in: Muzykal'nyj i teatral'nyj vestnik Nr. 14 (1856).
68 Listy, Nr. 604, S. 499, Brief von Moniuszko an Helena Zawiszanka, vom 27.3. 1866 aus Warschau.
69 Listy, Nr. 612, S. 504, Brief von Moniuszko an Helena Zawiszanka, vom 19.8. 1866 aus Warschau.

beit an der slawischen Idee, sondern eher um die Verbreitung seiner eigenen Werke. Der Kontakt mit Helena Zawiszanka bot die Möglichkeit, die Oper in Prag zur Aufführung zu bringen, die Moniuszko voller Freude, zugleich aber auch ganz pragmatisch ergriff. Prag war also bei allem echten Interesse für die tschechische Musik (in einem Brief an Smetana äußerte er den dringenden Wunsch, in Prag eine tschechische Oper hören zu wollen) für Moniuszko primär ein weiteres Wirkungsfeld, das sich für ihn und sein Hauptwerk eröffnete.

Als nun Moniuszkos *Halka* in Prag am 28. Februar 1868 erfolgreich aufgeführt wurde, kam es zu einer Reihe von Bewertungen auf tschechischer Seite, die zeigen, welche Unterschiede zwischen der polnischen und der tschechischen Verbindung von Panslawismus, slawophilen Ideen und nationalem Verständnis herrschten. Zunächst ist der Umstand bezeichnend, dass die tschechischen Kommentatoren den slawischen Charakter der *Halka* intensiv betonten und ganz anders fassten, als das in polnischen und russischen Beurteilungen geschah. Die Warschauer GAZETA POLSKA gab eine Besprechung der *Halka* wieder, die im tschechischen Blatt POLITIKA erschienen war. Der Rezensent František Pivoda bestimmte dort das Verhältnis zwischen »nationaler« und »slawischer« Musik in der *Halka* folgendermaßen:

> […] das Werk hat noch zwei besondere Elemente, die es uns als nationale Musik empfehlen. Wir denken hier an die Polonaise und die Mazurka als Beispiele für ausschließlich polnische Musik – und das Lied als allgemeiner Ausdruck einer slawischen Musik. […] Das slawische Lied […] erscheint […] überall, wo die Situation einen zum Gefühl sprechenden Akzent erfordert.[70]

Der tschechische Kritiker begriff die Oper also an einem wesentlichen Punkt ganz anders als seine polnischen Kollegen. Standen sich für diese ein adliges und ein bäuerliches, dörfliches Element in der Oper gegenüber, so handelte es sich für Pivoda um einen Gegensatz zwischen einem polnisch-nationalen und einem allgemeinslawischen Element. Als ein besonderer Exponent dieses slawischen Elements galt ihm die Figur des

---

70 GAZETA POLSKA Nr. 59 (14.3.1868).

Jontek, der nunmehr nicht mehr nur als polnischer Bauer, sondern als Prototyp des ländlichen Slawen erscheint.

Eine weitere Prager Besprechung der *Halka* wurde, wenigstens in Auszügen, von polnischen Presseorganen veröffentlicht:[71] Ludevit Procházka hob in seiner Besprechung der polnischen Oper in der führenden tschechischen Tageszeitung Národní listy das »echt slawische Sentiment« gerade in der Partie des Jontek hervor, wohingegen sich nach seinem Empfinden Chöre und Tänze durch »nationalen Geist« auszeichneten. Slawische und nationale Idee lagen hier ganz dicht beieinander und wurden offensichtlich nicht als Gegensatz bewertet.

In der auffallenden Betonung der *Halka* als slawisches Musikwerk spiegelte sich die wichtige Rolle wider, die die slawische Idee in der politischen Konzeption der tschechischen Nationalbewegung einnahm. In ihren verschiedenen Ausprägungen (Slawophilie, Allslawentum, Austroslawismus) bildete diese Idee eine der Grundlagen für die Konstituierung der tschechischen Nation. Hier liegt der Grund dafür, dass man von tschechischer Seite auch an den künstlerischen Erzeugnissen anderer slawischer Völker so großes Interesse zeigte. Im Prager tschechischen Nationaltheater sah man es als »Pflicht« an, die »musikalischen Früchte der slawischen Stammesgenossen« auf dem Gebiet der Oper zu präsentieren.[72] Ergebnis war die Aufführung nicht nur tschechischer, sondern auch russischer Opern und eben mit der *Halka* einer polnischen Oper, woran Bedřich Smetana maßgeblichen Anteil hatte. Immer wieder kamen Moniuszkos Opern auf die Prager Bühne, was man in polnischen Blättern mit Interesse registrierte.

An dieser Stelle liegt ein entscheidender Unterschied im Umgang mit slawischem Repertoire in Prag und in Warschau: An der Weichsel beschränkte man sich fast ausschließlich auf polnische Bühnenwerke. Aufführung und Pflege russischer Opern am Warschauer Theater als Zeichen slawischer Verbrüderung waren kaum denkbar, zu tief und festgefügt war der polnisch-russische Gegensatz. Es kam aber auch nicht zu einer Aufführung eines tschechischen Bühnenwerks in Warschau, etwa von Smetanas *Verkaufter Braut* – obwohl Smetana anscheinend die Hoffnung

---

71 Dziennik Warszawski Nr. 45 (24.2.1868) und Kłosy Nr. 243 (26.3.1868).
72 So der Rezensent in seiner Einleitung der Besprechung der Prager Halka-Aufführung in: Národní pokrok Nr. 64 (1868).

äußerte, gerade dieses so beliebte Werk einmal im Gegenzug zur Prager *Halka* auf der Warschauer Bühne zu erleben. Auch Jan Karłowiczs Fürsprache für dieses Projekt anlässlich der Konstatierung der Beliebtheit von *Halka* in Prag änderte daran nichts.

Die in der polnischen Presse vorgetragenen Begründungen für diese Zurückhaltung, die mitunter sogar bis hin zur offenen Ablehnung der Idee tschechischer Opern auf polnischen Bühnen reichten, verweisen auf einen Grundgegensatz zwischen der polnischen und tschechischen Slawophilie: Die Idee des eigenen Staats war in der polnischen Nationalbewegung von Anfang an sehr viel stärker als in der tschechischen, in der man noch bis weit in die Jahrhundertmitte hinein utraquistische Positionen vertrat. Die polnische Idee, durch bewaffnete Aufstände einen eigenen Staat wiederzuerlangen, stand zu den in der tschechischen Intelligenz vorherrschenden allslawischen Ideen im Widerspruch und stieß daher bei einem großen Teil der tschechischen Intelligenz auf Unverständnis.

Die polnische Version der Slawophilie, nämlich in diesem Fall die messianische Vision der polnischen Nation als Vorkämpferin für Freiheit und nationale Selbstbestimmung für alle unterdrückten slawischen Völker, wie sie in der Parole des Novemberaufstands »Za naszą i waszą wolność« (»Für unsere und eure Freiheit«) zum Ausdruck kam, stieß in der tschechischen Intelligenz ebenfalls auf taube Ohren. Allerdings gab es unter den Jungtschechen auch eine polonophile Partei um die Zeitschrift NÁRODNÍ LISTY, der auch Bedřich Smetana angehörte, woraus sich dessen intensive und unverdrossene Arbeit am Projekt der Prager Aufführung der *Halka* erklärt.

Die gegensätzlichen Positionen in der polnischen und tschechischen Nationalbewegung fanden ihren Ausdruck im Unverständnis und in der Ablehnung tschechischer Opern auf polnischen Bühnen, wie einige Beispiel zeigen. So bemängelte der Rezensent des KURIER WARSZAWSKI im Jahre 1895, die Handlung von Smetanas *Prodaná nevěsta* bleibe im dörflichen Milieu, wohingegen Moniuszkos *Straszny dwór* »weitere Horizonte umfasst«, indem diese Oper das Volkslied mit der »ernsteren Kultur«, das heißt der Kultur der höheren, adligen Bevölkerungsschichten, verbinde. Deutlich ist hier der Gegensatz zwischen der eher »bürgerlich« orientierten tschechischen und der »adligen« polnischen Kultur im Hintergrund greifbar. Die starke Dominanz des nationalen Gedankens über den slawophilen auf polnischer Seite verdeutlicht schlaglichtartig die Ablehnung der Idee tschechischer Opern in Warschau durch einen Rezensenten gegen Ende des Jahrhunderts: Besser sei es, Moniuszkos Opern in Wien zu präsentieren. Verstand sich die tschechische Nationalbewegung auch als Sammlungsbewegung aller geistigen Erzeugnisse slawischer Kultur, so ist für das polnische Bewusstsein ein stark ausgeprägtes nationales Sendungsbewusstsein kennzeichnend, das slawophile Ideen *de facto* in den Hintergrund treten ließ. Das zeigt sich auch an der Person Moniuszkos. Es ist auffallend, dass dieser sich weitestgehend auf die Aufführung eigener Opern beschränkte, auch als er in seiner Stellung als Warschauer Operndirektor gute Möglichkeiten gehabt hätte, wenigstens Werke anderer polnischer Komponisten zu fördern. Festzuhalten ist, dass Moniuszko trotz eines engen und freundschaftlichen Briefkontaktes zu Smetana noch nicht einmal Versuche dazu unternahm, ein Werk seines tschechischen Musikerkollegen in Warschau zu propagieren. Obwohl also auf tschechischer wie auf polnischer Seite ein Bewusstsein von gemeinsamen Zielen im Kampf gegen eine kulturelle Bevormundung bestand, bewirkte doch die Unterschiedlichkeit des jeweiligen Verhältnisses von nationaler zu slawophiler Idee, dass dieses Bewusstsein in der Praxis kaum Auswirkungen hatte – von einer Art »gemeinsamem Schulterschluss« zweier slawischer »Brudervölker« ist hier kaum etwas zu erkennen.

Die unverstandene Oper: *Paria*

Moniuszkos letzte Oper *Paria* war weder eine typische Nationaloper noch ein Erfolgswerk. Moniuszko hatte die Arbeit an der Oper genutzt, um sich künstlerisch weiterzuentwickeln – aber es sollte sich herausstellen, dass Moniuszkos Erfolg für den Komponisten auch eine Art Gefängnis darstellte, das ihn auf eine Rolle festlegte und an seiner künstlerischen Weiterentwicklung hinderte. Hinzu kam, dass sein Stand zunehmend schwieriger wurde, denn in den Jahren nach dem Januaraufstand hatte sich die Erwartungshaltung des Publikums fundamental geändert. Modeströmungen eroberten das Publikum und stellten einheimische Komponisten vor das Dilemma, entweder auf diese Modeströmungen einzugehen oder vom Publikum abgelehnt zu werden. In den letzten Lebensjahren bekam Moniuszko dieses Dilemma am eigenen Leib zu spüren. Seit Mitte der 60er Jahre erklangen die Operetten Jacques Offenbachs vermehrt in Warschau. Auch wenn die Kritik sich oft wegen »schockierender« Libretti ablehnend äußerte, erfreute sich die »leichte Muse« doch einer schnell steigenden Beliebtheit. Moniuszko betrachtete diese Erscheinung sehr kritisch. Beispielhaft gab er im Jahre 1865 seiner Hoffnung Ausdruck, dass die Aufführung anderer Werke

> unser in den Orpheus[73] und die Neun Töchter[74] vernarrtes Publikum aufrüttelt! [...] Heute ist bereits die achte Vorstellung dieser letzteren widerlichen Farce und die Kasse ist geschlossen![75]

Solche Beurteilungen sind kein Einzelfall, sie kehren in Moniuszkos Briefen immer wieder. Umso auffälliger ist es, dass Moniuszko sich nicht einfach diesen seinen Ansichten zuwiderlaufenden Entwicklungen versperrte, sondern dem veränderten Publikumsgeschmack gegenüber zu gewissen Konzessionen bereit war. In einer Vielzahl von Ballettmusiken hatte Moniuszko sich dem Warschauer Publikum als Komponist »leichter« Musik präsentiert und damit unter Beweis gestellt, dass der Musikstil von Opern wie *Halka* und *Straszny dwór* nicht seine einzige Domäne war. Die Kritik hatte diese Tatsache anerkennend aufgenommen. Moniuszkos erfolgreichste Ballettmusik *Im Quartier* (der polnische Titel begegnet in zwei Varianten: *Na kwaterunku* bzw. *Na kwaterze*), die im Juni 1868 erstmalig erklang, gelangte in der Folgezeit zu großer Beliebtheit. Władysław Wiślicki lobte in einer längeren Besprechung Moniuszkos Musik und forderte ihn zur Komposition eines weiteren ähnlichen Werkes auf, »dessen Inhalt ein örtliches Sujet bilden würde, das möglicherweise für die Befähigung und das Talent unseres Meisters [Moniuszko] geeigneter ist«.[76] Moniuszkos Versuch, hier mitzuhalten und seine Erfahrungen und Erfolge auf diesem Genre gewissermaßen auf die Gattung Operette zu übertragen, schlug jedoch fehl: Weder seine Operette *Der neue Erbe* (*Nowy dziedzic*) von 1869 noch der Einakter *Beata* von 1872 eroberten sich die Gunst des Publikums.

73 Gemeint ist die Operette *Orpheus in der Unterwelt* von Jacques Offenbach.
74 Gemeint ist die Operette *Zehn Töchter zu vergeben* von Franz v. Suppé, Moniuszko schrieb irrtümlich »neun« statt »zehn«.
75 Listy, Nr. 591 nach dem 7.10.1865 aus Warschau an Edward Ilcewicz, S. 491.
76 Wiślicki, Władysław, in: KŁOSY Nr. 172 (1868).

Paria

Während eines nächtlichen Gebets vertraut sich Idamor, Oberhaupt der Kshatriya-Kaste, seinem Krieger Ratef an und gesteht ihm seine Liebe zu Neala, die Tochter des Oberhaupts der Brahmanen, des Hohepriesters Akebar. Währenddessen verfolgen Idamors Soldaten einen Paria namens Dżares, der den Heiligen Hain betrat und dadurch beschmutzte. Idamor rettet ihm das Leben, weil er selbst ein Paria ist, dies aber geheimhält. Neala ist mit den Priesterinnen im Heiligen Hain. Sie informiert ihren Geliebten über die Entscheidung ihres Vaters, sie von ihren Gelübden entbinden und zur Vermählung freigeben zu wollen. Doch beide wissen nicht, wen Akebar für sie als zukünftigen Ehemann gewählt hat. Im Tempel haben sich die Brahmanen versammelt. Akebar ruft die Götter an und bittet um Schutz, während Neala, die ebenfalls anwesend ist, sich um Idamors Schicksal fürchtet. Akebar bestellt Idamor zu sich und teilt ihm mit, dass die Götter ihn als Ehemann seiner Tochter Neala bestimmten.

Idamor gibt ihrer Geliebten das Geheimnis seiner wahren Herkunft als Paria preis. Ihre Liebe triumphiert über Gefühle des Entsetzens und der Empörung. Neala kommt zur Priesterin und überrascht sie mit ihrem neuen Wissen. Neala verzweifelt in Abgeschiedenheit über das Schicksal Idamors; im Namen der Liebe möchte sie sein Schicksal und Geheimnis teilen. Ratef überbringt Neala die Nachricht von der Ankunft eines halbverstörten alten Mannes, der Idamor sucht. Sie fordert, diesen alten Mann und Idamor zu ihr bringen zu lassen. Es stellt sich heraus, dass der mysteriöse Alte der Paria Dżares ist, den Idamor im Heiligen Hain das Leben rettete, und dass Idamor sein Sohn ist. Dżares erkennt seinen Retter und drängt ihn sehr, wieder zu seiner Familie zurückzukehren. Die Hochzeitszeremonie beginnt am Ganges. Akebar betet für der Erfolg der neu Vermählten, der Hochzeitstanz beginnt. Der verstörte Dżares verdirbt die freudige Stimmung, in dem er die Zeremonie stört und den Tod nach dem Gesetz fordert. Idamor wirft sich selbst zu Füßen des Hohepriesters, fleht um Gnade für seinen Vater und bietet dagegen sein Leben an. Dżares versucht vergebens das Los umzukehren, indem er behauptet, den Krieger nicht zu kennen. Idamor enthüllt, dass er ein Paria ist und stirbt in den Händen des unversöhnlichen Akebar. Neala fällt beim Anblick des Leichnams ihres Verlobten in Ohnmacht. Als sie wieder zu Bewusstsein kommt, beschließt sie, mit dem alten Dżares zu verschwinden, um nach Idamors Verlust sein Schicksal zu teilen, verflucht von all jenen, die Neala nahe standen.

Der gewandelte Publikumsgeschmack war jedoch nur ein Ausdruck eines tieferliegenden Phänomens. Die Konzeption der »organischen Arbeit« hemmte die künstlerische Entwicklung in einer ganz bestimmten Art und Weise, obwohl – oder gerade weil – die Idee der Ausbildung und Schulung im positivistischen Denken eine so zentrale Rolle einnahm. Kennzeichnend für die Auswirkung dieser politischen Denkrichtung auf das Musikschaffen war ein sich immer mehr ausprägender Akademismus, ein Glaube an universelle Gültigkeit von kompositorischen Regeln, deren Einhaltung als wesentliches Merkmal für die Qualität einer Komposition betrachtet wurde. Kunst wurde damit zunehmend ihres metaphysischen Charakters entkleidet. Speziell die Musik, die in der Romantik den Rang eines tranzendierenden Mediums erhalten hatte, wurde nun als festes, starres Regelsystem begriffen, dessen Aufbau genau wie bei einem Organismus bis ins letzte Glied beschreib- und auch korrigierbar war.

Musik diente in diesem Verständnis vorrangig zu repräsentativen oder Unterhaltungszwecken und wurde im Vergleich zu vorher in wesentlich geringerem Maße wichtig genommen. Zum Zeitvertreib oder einfach nur, um dagewesen zu sein und sich in der Gesellschaft zu zeigen, ging man in die Oper, ins Theater oder ins Konzert, ganz wie Bolesław Prus es für das Ende der 19. Jahrhunderts beschrieb. Gegeben wurden vermehrt anerkannte Werke westeuropäischer Komponisten, die Beschäftigung mit der Musik der eigenen Landsleute trat in den Hintergrund. Moniuszkos *Paria* schien nun diesem Bedürfnis nach Internationalität Rechnung zu tragen. Erstmals bei Moniuszko ging es nicht mehr um ein einheimisches, sondern um ein fremdländisches Sujet.

Dieses letzte größere Bühnenwerk Moniuszkos erlebte ein ganz anderes Schicksal als die vorangegangenen Opernwerke des Komponisten. Nach der Premiere am 11. Dezember 1869 folgten lediglich sechs weitere Aufführungen, danach wurde die Oper vom Spielplan abgesetzt – ein Vorgehen, das in krassem Gegensatz zu Moniuszkos Triumphzug in Warschau seit 1858 stand. Am Scheitern von *Paria* wird deutlich, wie sehr Moniuszko seit der *Halka* als Nationalkomponist perzipiert wurde, als dessen Aufgabe man es ansah, in immer neuen Werken die Möglichkeit zur nationalen Selbstverständigung zu bieten. Die auf die *Halka* folgenden Opern hatte man immer wieder an ihr gemessen und mitunter sogar offen ein Werk verlangt, das die Wiederholung der Selbstbestätigungsprozesse von 1858 gestattete. Schon 1860 forderte eine Pressenotiz in der Gazeta Codzienna den Komponisten ungeduldig dazu auf: »Nach dem hübschen *Flis, Hrabina* und *Jawnuta* ist es jetzt Zeit für eine zweite *Halka*, wir verlangen und erwarten sie.«[77]

Ein Erfolg konnte eine neue Oper Moniuszkos vor allem dann sein, wenn sie die vorhandene Erwartungshaltung bestätigte, anstatt die Hörer durch Neuerungen und Experimente vor den Kopf zu stoßen – dies legt das obige Zitat nahe. Die Ablehnung von *Paria* erfolgte nun deshalb, da die Oper sich nicht mit der Erwartungshaltung des Publikums in Einklang bringen ließ. Den Weg, diese Tatsache als Hinweis für Innovationen Moniuszkos zu nehmen und diese gutheißen zu können, versperrte das positivistische Denken jedoch. Das Pochen auf das »Altbewährte« führte zur Verurteilung des Werks.

Die äußeren Umstände trugen dazu bei, dass die Erwartung eines bedeutenden Beispiels nationaler Musik, möglicherweise sogar vom Range einer »zweiten *Halka*«, bei der Uraufführung von *Paria* am 11. Dezember 1869 überdeutlich zu erkennen war. Der Tod des bisherigen Vorstehers der Warschauer Theater, General Hauke, im April 1868 und die Nachfolge des als kulturell interessiert und den Polen wohlgesonnen geltenden, mit 34 Jahren noch recht jungen Sergej Muchanov hatten Hoffnungen auf eine stärkere Rolle der polnischen Oper aufkeimen lassen. Die Presse begleitete die Endphase der Arbeit am Werk und die Probenarbeiten mit gespannter Erwartung auf ein neues Werk des geliebten Moniuszko, das zugleich ein weiterer Höhepunkt der nationalen Musik zu werden versprach: Die Erwartungshaltung war damit eindeutig festgelegt.

---

77 Gazeta Codzienna Nr. 145 (6.6.1860).

Sie wurde aber nicht befriedigt: Die Interpretation der *Paria* als großer nationaler Oper erwies sich beim besten Willen als nicht haltbar. Eine solche große nationale Oper sollte eine spontane, unmittelbare und intensive emotionale Wirkung auf die Zuhörer entfalten. Sie sollte ein in sich stimmiges inhaltliches und künstlerisches Konzept aufweisen, das ohne langes Nachdenken akzeptiert werden konnte. Keinesfalls wollte man mit Problemen gesellschaftlicher oder künstlerischer Natur konfrontiert werden.

Moniuszko verletzte die Erwartungshaltung gleich in mehrfacher Hinsicht: Wie briefliche Äußerungen im Vorfeld beweisen, hatte er auf die geschärfte Aufnahmefähigkeit seines Publikums gesetzt und in *Paria* mehr als in allen anderen vorangegangenen Werken künstlerisch experimentiert. Und auch gesellschaftliche Probleme wurden thematisiert: Dass *Paria* gerade nicht als großes nationales Werk mit dem Ziel einer Identitätsstiftung entstanden war, verdeutlicht die Entstehungsgeschichte und das Sujet: Das zugrundeliegende Drama gleichen Namens aus dem Jahre 1821 des Dichters Jean François Casimir Delavigne (1793–1843) hatte Moniuszko schon seit seiner Jugendzeit gleichsam verfolgt, und zwar deswegen, weil hier sein gesellschaftskritisches Anliegen so deutlich dargestellt war. Das hatte den jungen Moniuszko so sehr fasziniert, dass er den Text Delavignes selbst ins Polnische übersetzte und sich zeit seines Lebens mit dem Gedanken trug, diesen Stoff auf die Opernbühne zu bringen. An diesem Gedanken hielt er auch fest, obwohl sich selbst am Beispiel einer so erfolgreichen Oper wie der *Halka* gezeigt hatte, dass für eine identitätsstiftende Wirkung einer Oper nichts ungeeigneter war als die Formulierung von Sozialkritik, die notwendigerweise bestimmte Gesellschaftsschichten von der nationalen Solidargemeinschaft ausschließen musste, zumindest aber Dissens heraufbeschwor.

Ergebnis waren Reaktionen auf die Oper, die durch eine Mischung aus Verwirrung, Ratlosigkeit und Unverständnis gekennzeichnet waren. Einerseits tat man sich schwer damit, den bislang so geliebten Komponisten durch die öffentliche Bekundung der Ablehnung verletzen zu müssen, musste sich andererseits aber eingestehen, dass die eigene Erwartungshaltung unbefriedigt geblieben war. Ergebnis war ein durchweg freundlich erscheinender Tonfall der Besprechungen bei verklausulierter Kritik. Die Gründe für die Ablehnung sind nur indirekt, »zwischen den Zeilen«

an einzelnen Stellen zu erfahren. Zunächst fällt auf, dass bei aller positiven Zustimmung ein begeisterter Enthusiasmus wie bei der Besprechung anderer Werke Moniuszkos fehlte. Wo es möglich war, suchte man beschwichtigende Formulierungen und bemühte sich, Kritik in Lob einzukleiden:

> Die Musik zu Paria gehört zur Reihe derjenigen Werke, die man beim Hören studieren muss. Die Partitur zeugt am herausragendsten von der Intelligenz ihres Autors und daher ist es schwer, sich für dieses Werk zu begeistern, bewundern hingegen kann man es.[78]

Diese so harmlos klingenden Formulierungen werden dann verräterisch, wenn man sie mit entsprechenden Aussagen über die *Halka* in den ersten Tagen nach der Warschauer Uraufführung vergleicht. Gerade die starke emotionale Wirkung, also die begeisternde Funktion der *Halka*, wurde seinerzeit ja in den Mittelpunkt gestellt. Man hatte ein ganz intensives emotionales Erlebnis bei einer Aufführung einer eigenen polnischen Oper geradezu gefordert und herbeigesehnt. Gerade die Unmöglichkeit, die Stärke der Wirkung nicht richtig erklären zu können, nahm man als Beweis für die Intensität des Eigenen. Bei *Paria* konnte man offensichtlich nicht umhin, das vollkommene Ausbleiben dieser emotionalen Komponente konstatieren zu müssen, lobte aber ersatzweise die »Intelligenz des Autors« – eine armselig klingende Formulierung, die die Eindeutigkeit der emotionalen Ablehnung der Oper *Paria* ahnen lässt.

Neben der Ratlosigkeit im Umgang mit einem Komponisten, der seine Hörer vollkommen unerwartet um die Möglichkeit eines weiteren Identifizierungserlebnisses gebracht hatte, rührte die Zögerlichkeit der Kommentatoren auch von der Unsicherheit her, wie man denn eigentlich die neue Oper aufzufassen habe: wenn schon nicht als weiteres großes nationales Werk, dann vielleicht als Beispiel pittoresker romantischer Exotik? Auch hier gab es Problempunkte.

Auf eine Interpretation als eine Oper mit exotischem, fremdartig-reizvollem Sujet im Sinne des romantischen Exotismus war das Publikum durch konzertante Aufführungen von Teilen der neuen Oper schon einige Zeit vor ihrer Uraufführung vorbereitet. Im Gegensatz zu seinen

---

78 Kurier Warszawski Nr. 274 (13.12.1869).

anderen Opern war *Paria* nicht in einem Zug entstanden, sondern Moniuszko hatte sich über Jahre hinweg immer wieder mit dem Stoff und der Vertonung einzelner Ausschnitte beschäftigt. Ein ganzes Jahrzehnt verging vom Beginn der ersten Arbeiten an der Vertonung bis zur Uraufführung. Auf einem Konzert mit Werken Moniuszkos vom 16. Dezember 1860 erklangen unter anderem auch bereits fertiggestellte Ausschnitte aus *Paria*. Der Rezensent der Gazeta Warszawska zeigte sich gespannt auf die ihm noch unbekannte Oper:

> [Das Programm] zeigte uns, dass Moniuszko stets an neuen Opern arbeitet, [...] dass er um der Abwechslung sogar Inspiration nicht nur in seinen Seiten, sondern auch irgendwo weiter weg, am Ganges (Paria) sucht und verspricht uns Dinge voller Phantasie und mit völlig neuem Kolorit. Die dramatische Szene aus Paria [...] gab einen Maßstab dafür, wie Paria zu uns sprechen kann, wenn wir ihn nicht im Frack erblicken, sondern umgeben von der ganzen Traumwelt der Szene, nicht mit den Noten in der Hand, sondern mit der ganzen Freiheit der dramatischen Handlung.[79]

Die Formulierungen in dieser Passage zeigen schon die Richtung dieser Erwartungshaltung. Man wollte ganz in romantischem Sinn entspannt den pittoresken Reiz einer exotischen Traumwelt genießen. Wenn schon nicht als weiteren Baustein spezifisch »nationaler« Musik, so wäre man also dennoch bereit gewesen, die Oper wenigstens in diesem Sinne wertzuschätzen.

Hier enttäuschte und verunsicherte Moniuszko seine Hörer jedoch abermals. Er verzichtete auf »exotische« musikalische Mittel zur Darstellung des indischen Handlungsortes, benutzte aber stattdessen Motive und Rhythmen aus der polnischen Musik. Deswegen beklagte sich einerseits Sikorski darüber, dass es »in der ganzen Oper kein Lokalkolorit in der Musik gibt«,[80] andererseits stieß das Vorhandensein polnischer Musikmittel auf Unverständnis:

> Das Lied Idamors im zweiten Akt [...] klingt ein wenig wie eine Mazurka, obwohl Herr Filleborn in der Aufführung den prägnanten

---

79 Gazeta Warszawska Nr. 334 (18.12.1860).
80 Sikorski, Józef, in: Gazeta Polska Nr. 274 (13.12.1869).

Rhythmus vergeblich abzumildern versucht. Aber wenn in der ganzen Oper sowohl die Tonleitern als auch die Rhythmen nicht indisch, sondern europäisch sind, warum kann dann der Mazurka-Rhythmus nicht ebenso gut wie jeder andere eingeführt werden?[81]

Indem Moniuszko also gewissermaßen die Hindus Polnisch singen ließ, war für die Kritik die paradoxe Lage entstanden, in einer lang ersehnten Oper eines polnischen Komponisten, von der man eine weitere Stärkung der polnischen Oper erwartete, ausgerechnet die Existenz polnischer Musikelemente kritisch betrachten zu müssen. Dieser Umstand war wenig dazu geeignet, die Zustimmung zur Oper zu fördern; auch von einer identitätsbildenden Funktion konnte, im Gegensatz zu den Vorgängerwerken, nicht die Rede sein.

Präsentiert bekamen die Zuhörer also weder eine richtig »nationale« Oper noch eine romantisch-exotische Märchenoper – beide Interpretationen ließen sich auf die Oper nicht ohne Schwierigkeiten übertragen. Es war also die Unmöglichkeit einer stimmigen Interpretation, die auch bei einer intellektuellen Herangehensweise verwirrend wirken musste.

Moniuszko selbst war der Mechanismus der Wirkung seiner Werke auf das Publikum anscheinend nicht recht bewusst. Viel stärker war seine Selbsteinschätzung, nach einer so langen Zeit der Beschäftigung mit dem Stoff und nach seiner eigenen künstlerischen Reifung mit der fertigen Oper nun schließlich an sein Ziel gekommen zu sein. Nur so ist es zu erklären, dass der Komponist eine so positive Einschätzung von *Paria* als »ohne Abstriche die beste [Oper] von mir«[82] hatte; eine Einschätzung, die er auch noch nach der Absetzung von *Paria* vom Warschauer Spielplan nach nur acht Aufführungen aufrechterhielt: Im Jahr 1870 hoffte er *Paria* auf die Petersburger Bühne zu bringen und pries sein Werk dem Direktor der Kaiserlichen Theater in Petersburg an als »hinsichtlich des künstlerischen Werts unvergleichlich besser als *Halka*«.[83]

Einen noch deutlicheren Hinweis auf dieses Unverständnis des Komponisten liefert seine Erklärung für den Misserfolg, den auch Moniuszko nicht hinwegargumentieren konnte:

81 Kurier Warszawski Nr. 108 (18.5.1870).
82 Listy, Nr. 689 vom 12.12.1869 aus Warschau an Oskar Tarwid, S. 547.
83 Listy, Nr. 717 vom 31.5./ 10.6.1870 aus Warschau an S. A. Gedeonov, S. 569.

Während der Proben […] ließen Orchester und Chor auf Glück hoffen, aber […] wir wurden schmerzhaft enttäuscht. Verzaubert durch den Bann der gleichzeitig aufgeführten *Schönen Helena* von Offenbach und dem Einfall der italienischen Oper […], wollte das Publikum keine ernsthafte Oper hören, die aus einer bereits diskreditierten Tragödie umgearbeitet wurde.[84]

Die italienische Oper als Sündenbock – schon der Vergleich mit den Kritiken der *Paria* zeigt, dass Moniuszko es sich hier viel zu einfach machte. Die italienische Oper spielte in den Besprechungen überhaupt keine Rolle, vielmehr bestand der Grund für die Ablehnung darin, dass Erwartungshaltung und Oper sich beim besten Willen nicht in Einklang zueinander bringen ließen. Vorerst zeigte sich Moniuszko über das Ausblieben des Erfolgs zwar enttäuscht, aber nicht tiefer getroffen.

Ich verliere das Vertrauen nicht, dass ich nach einer gewissen Zeit zu einem besseren Verständnis mit meinem Publikum komme, das mir übrigens immer wohlgesonnen ist.[85]

In dieser Erwartung irrte Moniuszko sich allerdings: Auch das Folgewerk, die einaktige *Beata*, wurde ablehnend beurteilt. Ganz ähnlich wie in *Paria* gab es auch hier eine Reihe freundlicher, aber verhalten-distanzierter Besprechungen, unter die sich nun jedoch auch scharfe, fast beleidigende Töne mischten. Władysław Wiślicki sprach nicht nur dem besprochenen Werk die »Inspiration« ab, sondern warf dem Komponisten auch schöpferisches Erschlaffen und Wiederholungen eigener, abgegriffener musikalischer Gedanken vor. Obwohl auf der Warschauer Bühne immer noch mit gleichbleibendem Erfolg die *Halka* gegeben wurde, war hier nun erstmals ihr Schöpfer in seinen neuen Werken als zum alten Eisen gehörig abqualifiziert worden.[86]

---

84 Listy, Nr. 768 vom 17.4.1872 aus Warschau an Teofil Lenartowicz, S. 587.
85 Ebd.
86 Wiślicki, Władysław: Beata - opera w 1 akcie, słowa J. Chęcińskiego, Muzyka S. Moniuszki, in: Kłosy Nr. 350 (1872).

Dass diese Kritik Moniuszko nun tatsächlich traf, zeigt sein Brief an Walicki, den er wohl als Reaktion auf diese Besprechung schrieb. Mit bitterer Ironie hieß es dort:

> Die junge Kritik hilft mir, wie sie kann. Wegen der *Beata* denkt man über mich, dass ich alt sei, dass ich ohne Not um Inspiration rufe, während diese nur zu den Jungen kommt […] Ich rufe ihnen zu; gut! gut! nur einmal noch… und ich höre auf – aber ihr Herren, werdet ihr anfangen?[87]

Die Biographen Moniuszkos beobachten in dessen letzten Lebensjahren eine zunehmende Verbitterung Moniuszkos angesichts solcher Zurücksetzungen. Rudziński betrachtet den resignativen Ton dieser und anderer ähnlicher Äußerungen Moniuszkos als Vorbote des nahenden Todes des Komponisten. Es muss jedoch betont werden, dass Moniuszko nach *Paria* unabhängig von seiner persönlichen, gesundheitlichen Lage gar nicht mehr die Möglichkeit hatte, mit den Jungen »mitzuhalten«, da sich nun die gesellschaftliche Perzeption seiner Person als Nationalkomponist gegen ihn kehrte: Moniuszko galt zwar als Nationalkomponist, aber in ausschließlichem Sinne, d.h. andere Funktionsmöglichkeiten gestand man ihm und seiner Musik nicht zu.

Denkmal seiner selbst: Letzte Lebensphase und beginnender Aufbau als nationaler Mythos

Moniuszko starb am 4. Juni 1872, abends um 6 Uhr. Sein Tod kam unerwartet: Noch am Morgen hatte er offensichtlich vorgehabt, ins *Instytut Muzyczny* zu gehen, dort seinen Lehrverpflichtungen nachzukommen und später im *Teatr Letni* (Sommertheater) einer Probe beizuwohnen. Dazu kam es aber wohl nicht mehr: Einer Notiz seiner Frau zufolge kam er krank zurück und verstarb noch am Abend desselben Tages.

Der Tod kam unerwartet, allerdings war ihm eine Lebensphase Moniuszkos vorausgegangen, in der der Komponist erschöpft und ausgelaugt wirkte. Sechs Jahre zuvor hatte er in einem Brief geschrieben, dass sein ganzes Leben nun »accelerando al fine« verlaufen würde. Die Versuchung späterer Biographien, dieses Zitat als Form einer Todesahnung zu lesen, war

---

87 Listy, Nr. 770 vom 30.4.1872 aus Warschau an Aleksander Walicki, S. 588.

Abb. 6:
Stanisław Moniuszko,
um 1870

groß, ob sie auch berechtigt war, lässt sich nicht erweisen. Tatsächlich häuften sich in den letzten Lebensjahren des Komponisten Ereignisse, die geeignet waren, eine depressive Stimmung hervorzurufen. So starben in den Jahren 1869 und 1870 einige Mitglieder seiner engsten Familie: Im März 1869 verstarb sein Onkel Ignacy, im Herbst desselben Jahres seine Verwandte Julia Kleszczyńska, und am 1. Oktober 1870 schließlich sein Vater Czesław.
Im Mai 1872 verstarb zudem die Kinderfrau der Moniuszkos, Agata Koziegrodzka, die seit 30 Jahren im Haushalt der Familie lebte und nicht nur alle Kinder mit großgezogen hatte, sondern auch den Mittagsschlaf

des Komponisten Tag für Tag eisern bewachte. In den letzten Wochen und Monaten hatte sich der nie beendete Konflikt Moniuszkos mit Kątski wieder verschärft. Anscheinend gerieten die beiden so hart aneinander, dass Freunde des Komponisten Kątski vorwarfen, er habe den Komponisten durch seine Aggressionen todkrank gemacht – ein sicherlich übertriebener und ungerechter Vorwurf. Der ohnehin körperlich nicht allzu robuste Moniuszko schleppte wohl schon seit Jahren Krankheiten mit sich herum, die er nicht oder nur unvollkommen auskurierte – so klagte er schon im Jahr 1865 über einen hartnäckigen Katarrh, der bereits vier Wochen anhielt.

Auch andere Angelegenheiten aus dieser Zeit waren nicht gerade geeignet, seinen psychischen Allgemeinzustand zu verbessern. So musste nach dem Januaraufstand der letzte Rest des einstmals so großen Landbesitzes der Familie verkauft werden. Die Verhandlungen mit Käufern und Behörden zogen sich jedoch hin und waren auch nach dem Tod des Komponisten noch nicht vollständig abgeschlossen. Seine Briefe zeigten, wie sehr ihn diese familiäre Hypothek auch psychisch belastete. Auch finanzielle Aspekte spielten hier eine Rolle – zwar verdiente Moniuszko als Operndirektor und Musiklehrer am *Instytut Muzyczny* nicht allzu schlecht, der Unterhalt seiner großen Familie ließ jedoch auch ein ansehnliches Gehalt schnell dahinschwinden.

Nach Moniuszkos feierlichem Begräbnis am 7. Juni 1872 in Warschau erschienen in den bedeutendsten Zeitungen ausführliche Nachrufe. Leben und Werk des Komponisten wurden hier von den Autoren zu einem in sich stimmigen Moniuszko-Bild verarbeitet. Auch wenn generell in Nekrologen und Nachrufen aus einleuchtenden Gründen keine offen despektierlichen Äußerungen zu erwarten sind, so beeindruckt hier doch die Ausführlichkeit und Intensität der mythologisierenden Beschreibung gerade in den Einzelheiten. Dadurch konnten diese Beschreibungen ihre wichtigste Aufgabe erfüllen, nämlich in der mythischen Darstellung die emotionale Einheit zu gewähren und alle gesellschaftlichen Gruppen am nationalen Mythos Moniuszko zusammenzuführen. In der pathetischen Darstellungsweise der unmittelbar betroffenen Zeitgenossen las sich diese – mit Sicherheit unbewusste – Absicht folgendermaßen:

Abb. 7: Begräbnis Moniuszkos in Warschau, zeitgenössische Zeichnung

> Der schmerzliche und noch frische Verlust, den wir erlitten haben, erlaubt uns nicht, in ganzer kritischer Ruhe über die reiche und ruhmreiche Wirksamkeit des verstorbenen Meisters nachzudenken; wir leisten also nur unserem Herzen und der nationalen Pflicht Genüge, indem wir [...] einige biographische Einzelheiten angeben [...] und überlassen einer gewandteren und spezialisierteren Feder ein ausschöpfendes Studium.

Im emotional äußerst aufgeladenen Klima nach Moniuszkos Tod war jedoch an »einfache« Beschreibungen und die bloße »Angabe biographischer Einzelheiten« nicht zu denken, war doch bereits das Begräbnis selbst zur nationalen Demonstration geraten, so dass allein die Tatsache des Erscheinens eines Nekrologs zwangsläufig als weitere Manifestation gelten musste. Welch herausgehobene Rolle das Ereignis auch in der Welt der Periodika spielte, zeigt schon die Bebilderung einiger Artikel etwa durch ein ganzseitiges, repräsentatives Moniuszko-Porträt (so in STRZECHA) oder sogar die Darstellung des Leichenzuges auf der Titelseite der KŁOSY.

> Schon jetzt gibt es keinen Winkel im ganzen Land, [...] wohin die Nachricht von dem Verlust nicht gelangt ist, den Gesellschaft und Kunst durch das allzu frühe Ableben eines der bedeutendsten Kleinodien unseres nationalen Ruhmes erlitten.

So beginnt die ausführliche Würdigung Moniuszkos aus der Feder von A. Walicki im WIENIEC. Bezeichnend ist zunächst die Beschreibung des Todes als Verlust für »Gesellschaft und Kunst« – in dieser Reihenfolge, was auf die vorrangige Betrachtung der gesellschaftlich-politischen Funktion Moniuszkos durch seine Zeitgenossen hinweist. Es ist ein Kennzeichen aller Nekrologe, dass im Vordergrund die Bestimmung der gesellschaftlichen Bedeutung Moniuszkos zuungunsten der Bestimmung seiner Rolle für die Musik steht.
Was hier auch schon erkennbar ist, führen die Autoren der anderen Nekrologe deutlicher aus: die Einordnung des Verstorbenen in ein Pantheon nationaler Künstlergrößen. W. Szanser nennt den Tod Moniuszkos »einen großen Schlag für die Nation« und schreibt u.a. weiter:

Die Götter treten ab! […] Wenn man Genies […] miteinander vergleichen kann, so würden wir sagen, dass, wie Chopin der Słowacki unserer Musik war, so war Moniuszko ihr Mickiewicz.

Auch W. Wiślicki führt eine ähnliche Einordnung durch. Er liefert eine theoretische Betrachtung über die gesellschaftliche Funktion der Künste, die den Sinn und Hintergrund der Aufstellung eines solchen Pantheons verständlich macht.

> Der Genius einer jeden Nation, der sich in verschiedenartiger Gestalt zur Geltung bringt, spricht auch zu uns am häufigsten in der Form der schönen Künste, der Dichtung, der Musik und der Malerei. In gewissen Epochen, Augenblicken des nationalen Lebens, steigen gesalbte Seher [*wieszcze*] herab, deren Aufgabe es ist, in wunderbaren Schöpfungen den Geist, den Charakter und das Gefühl der Gesellschaft für das Schöne darzustellen, zu bündeln und sichtbar zu machen, deren [d.h. von der Gesellschaft – R.R.] ausdrucksfähige Vertreter sie sind; sowie ebenso die Epoche, in der sie leben, widerzuspiegeln oder sie sogar teilweise zu überschreiten.

Was hier förmlich ins Auge springt, ist die starke Betonung eines religiösen Elements bei der Charakterisierung eines nationalen Künstlers als »Seher«, hier sogar zusätzlich überhöht als »Gesalbter«. Dieser Gedanke des »Nationalpropheten« (*wieszcz narodowy*) spielt ganz offensichtlich eine zentrale Rolle im polnischen Denken über die Kunst, denn er taucht in der zeitgenössischen Behandlung des Themas immer wieder in herausgehobener Form auf.

Hier sind die Auswirkungen zweier zentraler Ideen des 19. Jahrhunderts greifbar: zum einen die allgemeineuropäische Vorstellung der Zeit vom »gottbegnadeten Genie«, vom das Menschliche transzendierenden »Musenkuss«, und zum anderen – was hier noch wichtiger ist – die Nachwirkung einiger Gedankenkomplexe speziell der polnischen Romantik. Die religiöse, ja fast mystische Überhöhung des Schicksals der eigenen Nation etwa in der Vorstellung von Polen als »Christus der Nationen«, von einer »Pilgerschaft Polens und des polnischen Volkes« vor allem bei Juliusz Słowacki und Adam Mickiewicz prägte wesentlich die Sichtweise der eigenen Kunst. Im zeitgenössischen Schrifttum ist es besonders

Moniuszkos Lebensweg

Mickiewicz, dem oft das Epitheton »*wieszcz*« oder »*wieszcz narodowy*« beigelegt wurde. Die einfache Übersetzung dieses Begriffes mit »Nationalkünstler« scheint sich im ersten Moment anzubieten, schließt aber zwei wesentliche Bedeutungsebenen des polnischen Begriffs aus nämlich die religiös-metaphysische Komponente und die Fixierung auf Dichtung: Die Bezeichnung von Komponisten wie Chopin oder Moniuszko als *wieszcze* schien kaum denkbar zu sein, jedenfalls lässt sie sich im zeitgenössischen Sprachgebrauch nur selten nachweisen.

Dennoch wurde Stanisław Moniuszko im künstlerischen Rang den *wieszcze* gleichgeordnet. Wenn er nämlich eine Vielzahl von Dichtungen Mickiewiczs vertonte, so verlieh das diesen Werken, aber auch seiner Person einen ganz besonderen Nimbus. Ordon sprach daher von Moniuszkos »Verwandtschaft mit den größten unserer Seher« und erblickte in dieser »nationalen Eigenschaft« das größte Verdienst des Komponisten. Indem Moniuszko hier in unmittelbare Nähe eines »Nationalpropheten« gerückt wurde, waren Karasowskis Gedanken vom Komponisten als »Führer« auf einen im polnischen zeitgenössischen Denken nicht mehr weiter steigerbaren Höhe- und Endpunkt gehoben worden.

Was zehn Jahre zuvor noch lediglich in einer gesellschaftlichen Nische thematisiert wurde, errang in den Nachrufen den Charakter eines hauptsächlichen Elements des Mythos vom vorbildhaften, nationalbewegten Komponisten, das stereotyp von allen Autoren wiederholt wurde: Lobend wurden die Verdienste von Moniuszkos Mutter an der Ausbildung ihres Sohnes hervorgehoben – eine Einzelheit, die Moniuszko selbst publik gemacht hatte, als er in zur Veröffentlichung bestimmten biographischen Notizen auf die besondere Rolle seiner Mutter hingewiesen hatte.[88] Nun aber wurde ihre Rolle überhöht, indem Walicki ihre positiven Eigenschaften aufzählte und sie schließlich als »musterhaftes Beispiel unserer Matronen« titulierte.

Damit einher ging die Glorifizierung der gesamten privaten Lebensführung des Komponisten überhaupt: Walicki beispielsweise lobte seinen »Glauben an Gott«, die »Liebe zu den Mitmenschen«, »Achtung vor der Vergangenheit«, eine »idealisierte« Liebe zum anderen Geschlecht, die in keinem Fall die »Grenzen der Freundschaft und Wertschätzung« über-

---

88 Listy, Nr. 218 vom 21.11.1856 aus Wilna an Adam Kirkor, S. 236.

schritten habe. Diese Eigenschaften galten Szanser als »Quelle, aus der so viele schöne Werke entsprangen«. »Sein gesamtes Privatleben […] stand auf wundersame Weise mit dem Charakter aller seiner Kompositionen in Übereinstimmung«, wie Walicki formulierte. Als Grundlage, auf der all diese positiven Eigenschaften überhaupt erst hatten entstehen können, galt Szanser eine »höchst reine und höchst edle Seele, reichhaltig aufgrund der Einfachheit eines Kindes, der Empfindsamkeit eines Künstlers, eines umfassenden Wissens und einer unerhört weiten, unaussprechlichen Liebe für das Vaterland«. Die positiven Eigenschaften wurden also mit der nationalen Idee verbunden und zu einem stimmigen Bild geformt. Es erscheint nur logisch, dass ein Mensch mit diesen Eigenschaften auch unter schwierigen Bedingungen zu erstaunlichen Leistungen fähig war, wie Moniuszko sie nach Ordons Ansicht in seiner Wilnaer Zeit bewies, als er mit der Organisation des dortigen Musiklebens beschäftigt war.

Voller Pathos wurde Moniuszko in den Nekrologen also geradezu als Lichtgestalt der polnischen nationalen Musikkultur aufgebaut. Kritische Ansichten zu seinem Werk wurden zwar erwähnt, aber entweder marginalisiert, ins Positive umgedeutet oder der Komponist wurde ausdrücklich in Schutz genommen. Wie sehr der Mythos *Halka* jedoch schon die Herrschaft über die Beschreibung der Vergangenheit erlangt hatte, zeigte sich bei der Behandlung ihrer Vorgeschichte: Die Gründe für die zehnjährige Verschiebung der Warschauer Uraufführung blieben völlig im Dunkeln. Walicki und Ordon sprachen immerhin noch von »fruchtlosen Bemühungen« Moniuszkos; Kleczyński und Wiślicki erwähnten diesen wunden Punkt nicht einmal. Die an der ersten Fassung der *Halka* geäußerte Kritik lässt sich aus den Nekrologen nicht einmal mehr erahnen. Am Bild des ausschließlich nationalbewegten, in seiner privaten wie öffentlichen Lebensführung vorbildhaften Künstlers gab es wenigstens in diesen Texten keinen Zweifel.

III Nationsverständnis und künstlerische Konzeption

1 Pole, Litauer, Weißrusse, Russe?
Moniuszkos Nationsverständnis

Ethnischer, politischer oder historischer Nationsbegriff?
Stanisław Moniuszko war als Folge der zu seiner Zeit herrschenden politischen Geographie russischer Untertan: Seit der Zweiten Teilung der Adelsrepublik von 1793 war das Gebiet um Minsk, seit der Dritten Teilung von 1795 auch das Gebiet um Wilna Bestandteil des Russischen Reiches. Es wäre jedoch verfehlt, deswegen ein russisches Nationalbewusstsein bei Moniuszko zu erwarten. Dem widerspricht nicht eine realistische Anerkennung der bestehenden politischen Verhältnisse. So sprach Moniuszko kurz von seiner Rückkehr aus der »Hauptstadt«[1] und meinte damit Petersburg, nicht etwa Warschau, welches er z.B. Sikorski gegenüber als »eure Hauptstadt« kennzeichnete.[2] Moniuszko wechselte mitunter in seinen Briefen ins Russische, d.h. in die offizielle Verkehrssprache, wenn die offizielle, organisatorische Ebene gemeint war, so etwa bei der Berechnung seines Ankunftstermins in einem Brief an seine Frau: »Wenn ich aus Minsk sagen wir am Freitag abfahre (am 12. Juni *po vašemu*), [...]«[3] oder wenn es darum ging, sich der Genauigkeit von Postadressen zu versichern.[4]

Bei der Ausbildung des Nationalverständnisses von Moniuszko wie auch der weitaus überwiegenden Mehrzahl der Menschen seiner Umgebung spielten die staatsrechtlichen, augenblicklich herrschenden politischen Verhältnisse so gut wie keine Rolle. Viel bedeutsamer für das Selbstverständnis und das Handeln zumindest der adligen Bewohner war vielmehr eine starke historische Orientierung. Die neuen Untertanen des Russischen Reichs dachten nämlich nicht daran, ihre ideelle Selbstbestim-

---
1 Listy, Nr. 118 vom 24.2.1850 aus Wilna an einen unbekannten Adressaten, S. 150.
2 Listy, Nr. 95 vom 25.12./ 8.1.1848 aus Wilna an Józef Sikorski.
3 Listy, Nr. 512 vom 8.6.1863 aus Minsk an seine Frau, S. 448.
4 Listy, Nr. 107 vom 18.7.1849 aus Minsk an seine Frau, S. 141.

mung als Angehörige der *szlachta*, also des führenden Standes der untergegangenen Adelsrepublik, aufzugeben. Eine charakteristische Eigenschaft dieses Standes bildete das Phänomen eines stark ausgeprägten Eigenverständnisses als Stand ungeachtet größter Gegensätze hinsichtlich materieller Lage oder Religionszugehörigkeit.
Folge dieser historischen Orientierung der *szlachta* war, dass die Angehörigen unabhängig davon, in welchem Teilungsgebiet sie lebten, sich immer noch als Angehörige sowohl dieses Standes als auch des dazugehörigen Staates, der Adelsrepublik fühlten, obwohl beides de facto seit 1795 nicht mehr existierte. Das Selbstbewusstsein wurde noch dadurch angehoben, dass man den eigenen Stand mit Fug und Recht als einzig zur politischen Mitsprache berechtigten Bevölkerungsteil und somit als Staatsvolk beschreiben konnte, wie es beispielsweise der Historiker und Wilnaer Universitätsprofessor Joachim Lelewel tat, indem er formulierte: »Polen war eine Republik, deren Staatsnation [*naród*] der Adel war.«
Die Begriffe »Pole« und »Litauer« tauchen innerhalb dieses Denkmodells zunächst ausschließlich als politische, nicht als ethnische Begriffe auf. Seit der Lubliner Union von 1569 handelte es sich bei der Adelsrepublik um eine Union aus zwei politischen Gebilden, nämlich dem Königreich Polen und dem Großfürstentum Litauen, die die offiziell so bezeichnete *Rzeczpospolita Obojga Narodów* bildeten, d.h. eine Republik zweier Staatsvölker. Unter »Pole« bzw. »Litauer« war zunächst lediglich die Zugehörigkeit zum Staatsvolk des jeweiligen politischen Gebildes gemeint, ohne Rücksicht auf ethnische, sprachliche, kulturelle, religiöse oder sonstige Unterschiede. Dies war insbesondere beim Großfürstentum Litauen von Bedeutung, wo das ethnisch litauische Gebiet, nämlich die Regionen Aukštaitija und Žemaitija, nur einen geringen Teil des gesamten Territoriums einnahm. Das Staatsvolk der Litauer bestand am Vorabend der Lubliner Union aus Katholiken, Orthodoxen, Calvinisten, Lutheranern, die Litauisch, Polnisch, Weißrussisch oder Ukrainisch sprachen, sich aber alle in diesem politischen Verständnis als »Litauer« bezeichnen konnten.
Seit der Personalunion des Königreichs Polen mit dem Großfürstentum Litauen von 1385 hatte die Annahme des katholischen Christentums einen starken polnischen Einfluss beim Aufbau einer Kirchenorganisation mit sich gebracht. Die folgenden Jahrhunderte waren gekennzeichnet

durch eine freiwillige und ungeplante, aber stetig voranschreitende Polonisierung, die exemplarisch an der Sprache abzulesen ist: Das Polnische verdrängte das Litauische als Umgangssprache der Eliten, bis zum 18. Jahrhundert ersetzte es auch die bisherige altweißrussische Kanzleisprache des Großfürstentums. Dieser Polonisierungsprozess führte jedoch nicht zur Aufgabe der Idee einer staatlichen Selbständigkeit des Großfürstentums, auch nicht nach der Realunion von 1569. Noch im 17. Jahrhundert kam es deshalb zu erbitterten Streitigkeiten der Eliten der Krone Polen und des Großfürstentums, die zwar in der gemeinsamen polnischen Sprache ausgetragen wurden, aber dadurch nicht etwa weniger heftig waren.

Das Ergebnis von Polonisierung im Großfürstentum einerseits und Bewahrung der Idee der Selbständigkeit andererseits bestand in einer doppelten Bedeutung des Begriffs »Pole«, immer noch verstanden als politischer Begriff: »Pole« konnte nun zum einen wie bisher schon die Zugehörigkeit zur Krone Polen bedeuten, zum anderen aber auch die Tatsache bezeichnen, dass ein Bewohner des Großfürstentums zugleich auch Bewohner der *Rzeczpospolita* war. So trat etwa seit dem 18. Jahrhundert neben den politischen Begriff »Litauer« zur Bezeichnung der Zugehörigkeit zum Großfürstentum der Begriff »Pole« zur Bezeichnung der Zugehörigkeit zur *Rzeczpospolita*. Die beiden Begriffe schlossen sich, so verstanden, also nicht gegenseitig aus, sondern ergänzten sich vielmehr. Den vorläufigen Höhepunkt dieses Polenbegriffs stellte die Maiverfassung von 1791 dar, die zum ersten Mal als Staatsvolk des gesamten Staatswesens einen einheitlichen *naród polski* (polnische Nation) bestimmte und damit diese erweiterte Bedeutung des politischen Begriffs »Pole« kodifizierte. Auch wenn diese Verfassung keine politische Umsetzung mehr erfahren konnte, ist die Kodifizierung dieser Idee an diesem Ort dennoch sehr bedeutsam, da die Verfassung einen gedanklichen Ausgangspunkt für das polnische politische Denken des 19. Jahrhunderts bildete.

Selbstäußerungen Moniuszkos als »Pole« und »Litauer«

Zwar äußerte Moniuszko sich nirgends dezidiert zu seinem Verhältnis zu seiner Herkunftsregion, nahm aber des Öfteren in Bemerkungen und Anspielungen darauf Bezug – oft nur in ein paar Worten und eher scherzhaft am Rande vorgebracht. So unterzeichnete er beispielsweise

einen Brief an Aleksander Walicki mit »Der gewogenste und dankbarste litauische Hahn S. Moniuszko«.[5] Ein andermal nahm er offensichtlich ein Stereotyp auf und bat Sikorski um eine Antwort »auf Polnisch, nicht auf Litauisch«, womit er zu einer besonders schnellen Reaktion auffordern wollte.[6] Ein litauisches Zugehörigkeitsgefühl Moniuszkos äußerte sich in der Erwähnung einer Abendeinladung in eine Warschauer Wohnung, die Korzeniowski »für uns, die Litauer, gibt«.[7] Als »Litauer« (»*Litwini*«) bezeichnete Moniuszko hier seine ebenfalls in Warschau anwesenden Bekannten aus dem Wilnaer Kulturleben wie die Literaten Edward Odyniec, Władysław Syrokomla [pseud. für Ludwik Kondratowicz] und seinen Nachbarn Julian Titius. Auch in seiner Warschauer Zeit behielt er diese Bezeichnung bei und kommentierte die Übersiedlung von Odyniec, des Grafen Tyszkiewicz und anderen nach Warschau mit den Worten: »Litauer kommen hier immer mehr her.«[8]
Moniuszko fühlte sich als Bewohner der Gegend zur dortigen Intelligenz gehörig und drückte daher mit diesem Litauenbegriff ein Regionalbewusstsein im Sinne des politischen Verständnisses dieses Begriffs aus. Dass es sich hier tatsächlich um einen politischen, nicht ethnischen Litauenbegriff handelte, belegt die Tatsache, dass er bei Moniuszko nicht eine gleichzeitige Identifikation mit dem Polnischen ausschließt. Ein gutes Zeugnis für eine intensive propolnische Orientierung des Komponisten ist die Beschreibung seines ersten Aufenthalts in Krakau, »unserer alten Hauptstadt«, die er als überwältigendes nationales Denkmal erlebte:

> Den Eindruck, den ich [vom Wawel] erhielt, vermag ich nicht zu beschreiben. Mein Herz schlug nicht, sondern fing an zu rasen. Der Anblick der Denkmäler und Gräber unserer [!] ganzen Geschichte erfüllte mich mit tiefem Schauer. […] Ich musste mich geradezu von dort losreißen.[9]

Polnische Orientierung einerseits und die intensive Beschäftigung mit der Kultur seiner Herkunftsregion andererseits standen für Moniuszko

---

5   Listy, Nr. 144 vom 20.12.1851 aus Wilna an Aleksander Walicki, S. 172.
6   Listy, Nr. 184 vom 14./ 26.April 1855 aus Wilna an Józef Sikorski, S. 202.
7   Listy, Nr. 240 vom 10./ 22.7.1857 aus Warschau an seine Frau, S. 264.
8   Listy, Nr. 596 vom 10.1.1866 aus Warschau an Edward Ilcewicz, S. 496.
9   Listy, Nr. 281 vom 8.5.1858 aus Krakau an seine Frau, S. 304.

also nicht in einem Gegensatz zueinander. So konnte er in ein und demselben Brief in einer sprichwörtlichen Redewendung sein litauisches Regionalbewusstsein betonen und zugleich über die großen Vorteile einer Erziehung seiner Söhne in Warschau, also in polnischem Geist und in polnischer Sprache, nachdenken.[10]
Unter bestimmten Umständen kollidierten die beiden Selbstzuschreibungen Moniuszkos als polnisch und litauisch jedoch miteinander. An diesem Punkt kann man eine charakteristische Ambivalenz beobachten: Einerseits spricht aus einigen Äußerungen und Verhaltensweisen deutlich ein gewisser Stolz des Komponisten, der auf seine Herkunftsgegend nichts Schlechtes kommen lassen mochte. In einem konkreten Fall führte das sogar zu einer Zurückweisung eines Kompositionsauftrags: Die Warschauer Dichterin Narcyza Żmichowska entschuldigte sich bei ihrer Freundin Bibianna Moraczewska für das Ausbleiben einer Textvertonung damit, Moniuszko habe sich »so über das erregt, was ich in den *Freien Augenblicken* [*Wolne Chwile*, vgl. unten – R.R.] über Litauer geschrieben habe, dass es nicht möglich war, ihn wieder zu versöhnen«.[11]
In ihrem Buch *Wolne chwile Gabryelli* (*Die freien Augenblicke Gabriellis*), das im Jahr 1845 in Posen erschien, hatte Żmichowska eine Reihe kleinerer eigener Werke veröffentlicht. In *Capriccio* hieß es unter anderem:

> […] in Litauen blieb das Wesen noch irgendwie wild, irgendwie hinterwäldlerisch […]. Der Litauer versetzt tatsächlich nach längerer Bekanntschaft in Erstaunen, enttäuscht unerwartet, aber nicht aus Schlauheit und nicht wegen des beständig im tiefsten Innern geheimgehaltenen Gedankens an List, sondern nur deswegen, weil er mit sich selbst nicht im Einverständnis ist, weil er selbst nicht vorhersehen kann, wann Leidenschaft oder Zufall ihn von einem Extrem ins andere wirft.[12]

---

10 Listy, Nr. 186 vom 3.6.1855 aus Wilna an Józef Sikorski, S. 203 und 204, dort heißt es: »mit litauischem Herz nach Euch zu schießen bedeutet in den Wind reden« (»litewskim sercem strzelać ku Wam to istny groch na ścianie«).
11 Brief aus Warschau von N. Żmichowska an B. Moraczewska vom 18.12.1846, in: Narcyza Żmichowska. Listy, hrsg. v. Stanisław Pigoń, Bd. II, Wrocław 1960, S. 59.
12 Żmichowska, Narcyza: Capriccio, in: Dies.: Wolne chwile Gabryelli, Poznań 1845, S. 215–216.

Andererseits hielt Moniuszko es Sikorski gegenüber offenbar für nötig zu demonstrieren, gerade nicht als Litauer gelten zu müssen. In einem nicht näher bekannten Zusammenhang schrieb der Komponist, anscheinend um die Gewichtigkeit seiner Worte zu unterstreichen:

> Glaube mir, lieber Józef, nicht dem Litauer (weil ich keiner bin – unser Nest ist in Podlasie, und aus dem Zweig, der sich von dort nach Litauen verlor, bin ich nur das zweite Glied), also glaube, so wiederhole ich, an unsere reinsten und wohlwollendsten Gefühle für Dich und die Deinen.[13]

Moniuszkos Musik und die Musik seiner Herkunftsregion

Bis zu seiner Übersiedlung nach Warschau im Jahre 1858 hielt sich Moniuszko überwiegend in Minsk und dann in Wilna auf. Dies war die Zeit, in der die meisten seiner über 300 Klavierlieder entstanden. Dass Moniuszko bewusst Volksmusikelemente aufnahm und in seinen Werken verarbeitete, erklärte er selbst immer wieder. Die Musik der einfachen, dörflichen Landbevölkerung sah er sogar als die eigentliche Quelle seiner Kunst an, wie seine Aussage zeigt, »nichts Neues« zu schaffen, sondern lediglich Volksmusik zu arrangieren.[14] Einen ähnlich starken Einfluss der Musik der Landbevölkerung kann man auch auf viele von Moniuszkos Bühnenwerken vermuten. Noch die Musik zur *Halka Wileńska* war ja vor dem Umzug nach Warschau entstanden.

Moniuszko unternahm des Öfteren Ausflüge aufs Land und nutzte jede Gelegenheit, Lieder und Volkskultur der Bevölkerung kennenzulernen. Hierzu gibt es eine Reihe von Berichten, die jedoch in den seltensten Fällen Aufschluss über den genauen Ort geben. Sein Schüler August Iwański erinnerte sich an eine gemeinsame Fahrt mit Moniuszko von Wilna nach Minsk im Jahr 1855:

> Während des Aufenthalts im Städtchen Smorgon wurde ich, als ich in der Kalesche saß, von meinem Gefährten [Moniuszko] energisch ins

---

13 Listy, Nr. 192 vom 22.10.1855 aus Wilna an Józef Sikorski, S.209.
14 Ebd.

Wirtshaus gerufen, um – zum ersten Mal in meinem Leben – einen weißrussischen Tanz, *miecielica* genannt, zu sehen [...].[15]

Ein ethnisch polnischer Landadel mit ausgeprägtem politischem Regionalbewusstsein einerseits und eine, je nach Gegend, mehr litauische oder weißrussische Landbevölkerung andererseits – die Gegensätze waren groß. Als einem in der Gegend ansässigen Adligen war Moniuszko die Kultur der bäuerlichen Landbevölkerung jedoch keineswegs vollkommen fremd, im Gegenteil: Schon in seiner Kindheit waren Begegnungen verschiedenster Art mit der weißrussischen Landbevölkerung eine Selbstverständlichkeit gewesen. Daher war Moniuszkos Verhältnis zur Kultur der bäuerlichen Bevölkerung geprägt durch eine Mischung aus Vertrautheit einerseits und Freude am pittoresken Reiz des Neuen andererseits. Er schnappte daher nicht nur alle Erzeugnisse der Volkskultur auf, die er zufällig greifen konnte, sondern unternahm auch eigene Forschungsarbeit. Für seine Kantate *Milda* wollte der Komponist ausdrücklich Volkslieder aus dem Bereich des ethnischen Litauen benutzen. Wie Moniuszko Kraszewski gegenüber im Rückblick hervorhob, hatte *Milda* ausdrücklich einen »litauischen«, »nicht historischen« Inhalt haben sollen.[16] Podbereski schrieb in seiner Besprechung des Werks von 1849:

> Einzig zu diesem Zweck unternahm er [Moniuszko] eine Reise durch Litauen, insbesondere durch Žemaitija, wo er eine Vielzahl nationaler Motive sammelte.[17]

Auch Jan Karłowicz erwähnte in seinen biographischen Beschreibungen eine Reise Moniuszkos nach Žemaitija, die er zusammen mit Seweryn Römer (derselbe, der das Sujet der *Halka* so kritisch beurteilte) unternahm. Moniuszko sammelte mit gleicher Intensität und Aufmerksamkeit sowohl litauische als auch weißrussische Volksmusikmaterialien. Dabei war ihm die ethnische Herkunft des Materials keineswegs gleichgültig, unternahm er doch gezielte Anstrengungen, um bestimmtes Material für

---

15 August Iwański. Pamiętniki 1832–1876, hrsg. v. Adam Czartkowski, Warszawa 1928, S. 66.
16 Listy, Nr. 181 vom 27.7.1854 aus Wilna an Józef I. Kraszewski, S. 198.
17 Podbereski, Romuald: Milda. Kantata mitologiczna, in: Rocznik Literacki, Wilno 1849, S. 101.

einen bestimmten Zweck zu erhalten. Schon zu Moniuszkos Zeiten stellte sich das Problem, das gesammelte Musikmaterial ethnisch eindeutig und sicher zuzuordnen. Speziell für das Werk Moniuszkos gestaltet sich die detaillierte Beschreibung ihres Volksmusiksubstrates aus dem Grund besonders schwierig, da der Komponist das wörtliche Volksliedzitat vermied. Nur in seltenen Fällen lassen sich notengetreue Entlehrungen nachweisen, in den meisten Fällen adaptierte Moniuszko seine Fundstücke an die Konventionen der Kunstmusik. Dieses Verfahren hat zur Folge, dass vorhandene Volksmusik-Einflüsse dadurch wesentlich schwerer kenntlich werden.

»Vormodernes« Nationsverständnis Moniuszkos

Die Sprachkenntnisse Moniuszkos und die musikalischen Einflüsse, die auf ihn wirkten, lassen seine Prägung durch das Weißrussische besonders deutlich hervortreten. Hinsichtlich der behandelten Sujets von Moniuszkos Musikwerken steht hingegen eher das litauische Sujet im Vordergrund. Schon rein quantitativ nämlich nimmt das litauische Sujet in Moniuszkos Oeuvre einen unverhältnismäßig größeren Platz ein als das weißrussische. Das einzige Werk größeren Ausmaßes mit weißrussischer Thematik ist die Kantate *Widma* nach Motiven aus Mickiewiczs *Dziady*, in denen der weißrussische Volksbrauch der Totenfeiern dargestellt wurde.

Das litauische Sujet hingegen taucht im Gesamtoeuvre Moniuszkos in gleich zwei Erscheinungsformen auf. Zum einen in mythologischer Gestalt, d.h. etwa in Form der Kantaten *Milda* und *Nijola,* zum anderen aber auch – ansonsten eine Seltenheit bei Moniuszko – in Gestalt von Werken mit historischer Thematik. Im Jahre 1855 erschien seine Musik zu Władysław Syrokomlas Verserzählung *Córa Piastów* (*Die Piastentochter*) und im Jahr 1862 plante Moniuszko eine Oper *Aleksota*, die allerdings nicht realisiert wurde. In beiden Erscheinungsformen zeigt sich die Wirksamkeit der Idee vom alten und daher altehrwürdigen Kulturvolk der Litauer.

Der litauische Einfluss auf Moniuszko war offensichtlich von ganz anderer Art als der weißrussische. Vereinfacht gesprochen lernte Moniuszko einerseits weißrussische Sprache, Volksbräuche und Musik der ihn umgebenden Landbevölkerung kennen, konnte aber die entsprechenden litauischen Erzeugnisse nicht in gleicher Intensität aufnehmen, da es bei vereinzelten Reisen in Gebiete mit ethnisch litauischer Landbevölkerung blieb. Andererseits wirkte die litauische Mythologie, d. h. die vorchristliche Götter- und Sagenwelt, sowie der Mythos des mittelalterlichen mächtigen Staates der Litauer auf Moniuszkos Bewusstsein nicht minder prägend ein.

Der Versuch jedoch, hiervon ausgehend etwa einen spezifisch »ethnisch litauischen« Patriotismus Moniuszkos konstruieren zu wollen, wäre verfehlt. Kennzeichnend für Moniuszko ist nämlich gerade nicht ein Denken oder Agieren als Vorläufer oder Vorkämpfer einer Nationalbewegung, sondern im Gegenteil ein beharrliches Vertreten althergebrachter, traditioneller Vorstellungen. Der Komponist erweist sich bei genauer Betrachtung als Konservativer, der auf dem Boden der Vorstellung der politischen Ideologie und der Staatsraison des alten Großfürstentums Litauen bzw. der alten polnischen Adelsrepublik agierte. So kam es bei ihm gerade nicht zu einer besonderen Hinwendung zu einer der beiden sich in seiner Herkunftsregion entwickelnden nationalen Bewegungen.

Dieser Befund kann sich zwar nicht auf Selbstaussagen des Komponisten stützen, ergibt sich aber aus einer genaueren Betrachtung der vertonten historischen litauischen Sujets. In beiden Werken nämlich ging es um das Thema der polnisch-litauischen Union. In *Córa Piastów* nahm Syrokomla den historischen Hintergrund der im 12. und 13. Jahrhundert immer wieder aufflackernden Streitigkeiten zwischen den Fürsten von Masowien und litauischen Herrschern als Grundlage. In der Erzählung endet der Raubzug der Litauer unter Traidenis und die Belagerung der Burg Konrads von Masowien schließlich in einer feierlichen Einigung, die in der Hochzeit Traidenis' mit Konrads Tochter Hanna besiegelt wurde. Auf diese Art und Weise konnte Syrokomla die litauische und polnische Vergangenheit gleichermaßen glorifizieren.

Das gleiche Thema sollte in *Aleksota* in ganz ähnlicher Weise behandelt werden. Auch hier ging es um eine Vereinigung Polens mit Litauen, was mit einer Hochzeit symbolisiert wurde. Die Beschreibung der Entstehung dieses Opernlibrettos durch die Schriftstellerin Seweryna z Żochowskich Pruszakowa zeigt, wie sehr Moniuszko auf Themenwahl und Entstehung des Librettos Einfluss genommen hatte, so dass das Ergebnis mit Sicherheit seine eigenen Überzeugungen widerspiegelte. Bei der

Nationsverständnis und künstlerische Konzeption

Idee, die Vereinigung beider Staatsgebilde allegorisch durch eine Liebesbeziehung darzustellen, erscheint deutlich eine Parallele zu Adam Mickiewicz, der in seinen »Büchern der polnischen Pilgerschaft« Polen und Litauer als »Brüder« bezeichnete und sie zu Versöhnung (allerdings unter dem Dach der hegemonialen polnischen Kultur) aufforderte. Dort hieß es unter anderem:[18]

> Der Litauer und der Masure sind Brüder – aber streiten sich denn Brüder deswegen, weil der eine Władysław und der andere Vytautas heißt? Beider Nachname ist einer, ein polnischer Nachname. [...] Das große Volk, Litauen, verband sich mit Polen wie der Mann mit der Frau, zwei Seelen in einem Körper.[19]

Eine eigenständige politische Existenz einer irgendwie gearteter Entität »Litauen« zu seiner eigenen Zeit oder sogar in der Zukunft war für Mickiewicz allerdings ganz offensichtlich nicht vorstellbar. In den Vorlesungen am *Collège de France* etwa bezeichnete er »Litauen« als »Volk, das in der Erwartung verbleibt«.[20]

Die Behandlung des Themas Polen-Litauen in *Córa Piastów* und in *Aleksota* zeigt, dass Moniuszkos Ansicht ganz ähnlich war. Die Idee, das litauische Thema nicht eigenständig, sondern in Verbindung mit dem Unionsgedanken mit Polen zu behandeln, weist darauf hin, dass auch mit Moniuszkos Weltbild die Vorstellung einer eigenen politischer Entität »Litauen« in Gegenwart, geschweige denn in Zukunft, nicht vereinbar war. Insofern stellt die Art des Umgangs mit dem litauischen Thema in diesen beiden Werken eine gewichtige politische Aussage Moniuszkos dar.

Ausgehend von dieser Interpretation wird nicht nur verständlich, warum Moniuszko sich überhaupt Syrokomlas Erzählung annahm, sondern auch, warum er eine musikalische Ausgestaltung wählte, die der polnischen Staatsraison nicht unbedingt entsprach. So war es beispielsweise

---

18 Hier zitiert nach Mykolaitis-Putinas, Vincas: Adomas Mickevičius ir lietuvių literatūra, Vilnius 1955, S. 25.
19 Hier zitiert nach Mykolaitis-Putinas: Mickevičius, a.a.O., S. 25.
20 »Ce peuple donc est un de ceux qui restent dans l'attente«. Mickiewicz, Adam Cours de littérature slave, IV, Paris 1860, S. 295, hier zitiert nach Mykolaitis-Putinas: Mickevičius, a.a.O., S. 25.

bei einem Teilstück aus *Córa Piastów,* nämlich dem *Lied des Heereszugs der Litauer* (*Pieśń pochodu Litwinów*). Der Text besingt die Tapferkeit und den Stolz der berittenen Litauer, denen weder Polen noch Deutsche in den »Mauern von Danzig« widerstehen können, nimmt also das Stereotyp des wilden, gefährlichen Litauers hoch zu Pferde auf. Die Musik Moniuszkos mit ihrem marschartigen und frischen Charakter und der hervorstechenden Eigenschaft des durchweg punktierten Rhythmus unterstützt diesen heldisch-wilden Eindruck noch. Es handelt sich hier – so kann man nun schlussfolgern – nicht einfach um eine undifferenzierte »Litauenbegeisterung« Moniuszkos, sondern gleichsam um das in Musik gesetzte Selbstverständnis des Großfürstentums Litauen und zwar insbesondere seiner litauischen Elite. Dass es in *Córa Piastów* trotz des hier thematisierten Gegensatzes zu Polen gerade nicht um die Idee der eigenständigen litauischen Nationalbewegung ging, zeigt die Tatsache, dass es am Ende zum Ausgleich mit Polen durch Heirat, also durch eine »Union«, kommt. Moniuszkos Litauenbegriff war also ganz offensichtlich nur historisch-politisch und nicht in irgendeiner Form schon im Sinne der späteren Nationalbewegung gedacht.

Ähnlich wie Moniuszko dachten auch andere Künstler, Literaten und Intellektuelle, mit denen er in Minsk und Wilna Umgang hatte. In diese Szene wuchs der werdende Komponist auf ganz natürliche Weise hinein, und zwar durch seinen Vater Czesław Moniuszko, dessen Salon neben dem des Schriftstellers Onufry A. Mokrzecki in den 1830er Jahren der wichtigste Treffpunkt der städtischen Intelligenz bildete. Später nahmen die Buchhandlungen von Moniuszkos Schüler Aleksander Walicki und die jüdische von Hirš Bejlin eine ähnliche Funktion ein. Außerdem gab es noch die Salons in den Stadthäusern des Landadels, die nicht nur für Schriftsteller, sondern auch für andere Angehörige der Intelligenz offen waren: unter anderem auch für einen Musiker wie Konstanty Krzyżanowski, der an der Musik zu einigen von Moniuszkos Minsker Bühnenwerken mindestens beteiligt gewesen war.

Eine Reihe von Minsker Dichtern schrieb nicht nur auf Polnisch, sondern auch auf Weißrussisch, wie z. B. Aleksander Walicki, Ignacy Piotr Legatowicz und andere, allen voran aber Dunin-Marcinkiewicz, der seit 1855 vermehrt bei Hirš Bejlin weißrussische Volkserzählungen verlegte.

Moniuszko und Kątski wurden den Erinnerungen Pługs zufolge bei Dunin-Marcinkiewicz mit Versen in weißrussischer Sprache geehrt.
Ähnlich intensiv waren Moniuszkos Kontakte in Wilna. In der Buchhandlung Zawadzki und in der *sala Müllerów* lernte Moniuszko die wichtigsten Dichter persönlich kennen: Władysław Syrokomla, Jan Czeczot, Ignacy Chodźko, den Librettisten der *Loteria* Oskar Korwin-Milewski, Edward Żeligowski und andere. Die Beschäftigung dieser Wilnaer Literaten war gekennzeichnet durch ihre Aufmerksamkeit auf die Kultur der Landbevölkerung einerseits und auf die mittelalterliche Frühgeschichte des Großfürstentums andererseits. Sie verfügten zwar über ein Regionalbewusstsein im Sinne des historischen Litauenbegriffs, aber nicht über ein Bewusstsein als ethnische Litauer, sondern als Angehörige der polnischen Nation.

In beiden Städten war Moniuszko in das Kulturleben gleichermaßen integriert und hatte insofern gute Kontakte sowohl zu litauisch als auch zu weißrussisch orientierten *Litwini*. Wie bereits demonstriert, lässt sich in seinem Werk jedoch keine Präferenz für eine bestimmte Orientierung beobachten, sondern er beschäftigte sich sowohl mit weißrussischer als auch mit litauischer Kultur. Insofern ist er der Gruppe der indifferenten *Litwini* zuzurechnen, zu der etwa auch Syrokomla, ein bevorzugter Textdichter Moniuszkos, gehörte: Dieser war gleichermaßen für ein litauisches wie für ein weißrussisches Opernprojekt zu begeistern.

In dieser Anfangszeit modernen nationalen Denkens bestanden noch enge Verbindungen zwischen den Angehörigen der verschiedenen Orientierungen. Syrokomla war nicht nur ein Bekannter Moniuszkos, sondern auch ein guter Freund von Dunin-Marcinkiewicz. Wo jedoch, wie bei letzterem, eine Orientierung auf eine einzige Kultur hin vorherrschte, kam es bald zur Ausbildung eines regionalen Eigenbewusstseins als Vorform nationalen Denkens. Im Gegensatz zum indifferenten Syrokomla oder Moniuszko schlug Dunin-Marcinkiewicz die weißrussische Orientierung ein. Das lässt sich an der weiteren Entwicklung bei ihm erkennen. Im Jahre 1861 rechtfertigte er seine Beschäftigung mit der weißrussischen Kultur und seine Arbeiten in weißrussischer Sprache vor Kraszewski mit dem Unverständnis polnischer Stellen. Hier deutete sich ein weißrussisches Eigenbewusstsein an.

Moniuszkos Leben und Werk hingegen ist gerade nicht aus der Verschreibung an eine einzelne, bestimmte regionale oder schon nationale Richtung verstehbar. So ist auch ein förmlicher Entschluss zugunsten einer bestimmten Nation bei Moniuszko nicht greifbar. Die Betrachtung von Moniuszkos Leben weist vielmehr eindeutig auf das intensive Bestreben hin, sich die vielfältigen Erscheinungen der lokalen Kultur von Kindesbeinen an zu eigen zu machen. Dabei spielte für ihn die Frage der Herkunft dieser kulturellen Einflüsse von bestimmten Völkern eine Nebenrolle. Ergebnis war eine Erscheinung, die als wichtiges Charakteristikum für Moniuszkos Kunst gelten kann: die Synthese von Elementen unterschiedlicher kultureller Provenienz in einer neuen Einheit.

Die Betrachtung der Minsker und Wilnaer Kulturszene erweist aber auch, dass den Zeitgenossen ein *mental mapping* im Sinne des modernen Nationalismus fremd war. Wilna wurde nicht als spezifisch litauisches und Minsk nicht als spezifisch weißrussisches Zentrum aufgefasst. Das zeigt sich schon daran, dass Wilna auch für die weißrussische Orientierung und die spätere Nationalbewegung eine wichtige Rolle spielte. Dunin-Marcinkiewicz veröffentlichte auch in Wilna, Syrokomla und viele andere reisten zwischen beiden Städten hin und her. Das verdeutlicht, dass zu Moniuszkos Zeiten die Idee des politischen Litauen noch über der Idee einer litauischen und einer weißrussischen nationalen Gesellschaft stand.

Moniuszko hatte also gewissermaßen Zugehörigkeitsgefühle in mehreren Abstufungen: Ganz am oberen Ende der Skala stand das historische Bewusstsein der Zugehörigkeit zur alten *Rzeczpospolita*, eine Stufe darunter lag die Zuordnung als »politischer Litauer« und ganz am unteren Ende kann man zumindest eine besonders intensive Beschäftigung mit der weißrussischen Kultur beobachten, ohne dass dieser Beschäftigung jedoch ein nationales Bewusstsein entsprach. Ganz charakteristisch im Fall Moniuszko ist der integrative, sich gegenseitig ergänzende und nicht ausschließende Charakter dieser Zuschreibungen, die sich wenigstens für ihn problemlos miteinander in Einklang bringen ließen. Moniuszkos Leben in einer Gegend, in der die verschiedenen Orientierungen so eng miteinander verzahnt waren wie dargestellt, ließ die Verabsolutierung einer einzelnen Orientierung zuungunsten der anderen gar nicht zu – das sollte sich erst in Warschau ändern.

2 Moniuszkos künstlerische Konzeption

Musik und Nationalgedanke

In einer längeren programmatischen Abhandlung kündigte Moniuszko in der Petersburger polnischen Zeitschrift TYGODNIK PETERBURSKI im Jahr 1842 seine erste Liedersammlung, den *Śpiewnik domowy* (etwa: *Liederbuch für den Hausgebrauch*) an. Moniuszko charakterisierte hier nicht nur seine Liedersammlung in der Absicht, dem Leser das Vorgestellte schmackhaft zu machen, sondern äußerte Ansichten und Erwägungen von so grundsätzlicher Natur, dass man sie sicher als eine Art künstlerisches Credo des Komponisten betrachten kann.[21]
Moniuszko hob das für ihn Wichtigste gleich eingangs hervor, nämlich das Eindringen des Nationalgedankens in die Musik und die neue Beziehung der Musik zur jeweiligen Region:

> Seit der Zeit, als man im zivilisierten Europa damit anfing, Musik von einem höheren Standpunkt aus zu betrachten und sie nicht nur als Sprache aufzufassen, die einen gewissen Gedanken, eine Empfindung, eine Leidenschaft wiedergibt und also mannigfaltige Phänomene in der physischen Welt malt, sondern darüber hinaus als Ausdruck einer bestimmten Gegend [*miejscowość*], des nationalen Charakters der Völker [*lud*], ihrer Vergnügungen, Bräuche, Sitten u. drgl., begannen die bedeutendsten Künstler, dieses unerschöpfliche Bergwerk an Harmonie zu eröffnen und auszubeuten.

Ein Bezug zu einer konkreten Gegend war also ein Grundbaustein für Moniuszkos Nationalverständnis, insofern sollten seine Lieder auch stets diesen Bezug aufweisen. Er war der festen Überzeugung, dass

> das, was national [*narodowy*], einheimisch [*krajowy*], bodenständig [*miejscowy*] ist, was Echo unserer kindlichen Erinnerungen ist, niemals aufhören [wird], den Bewohnern der Erde, auf der sie geboren und aufgewachsen sind, zu gefallen. Unter dem Einfluss einer solchen

---

21 Moniuszko, Stanisław: Śpiewnik domowy, in: TYGODNIK PETERBURSKI Nr. 72 (22.9./ 4.10.1842), S. 495. Hier zitiert nach: Listy, Nr. 796, S. 601–603.

Inspiration haben meine Lieder [...] stets einheimische [*krajowy*] Tendenz und Charakter.

Moniuszko selbst hatte in seiner Vorstellung des Ersten Liederbuchs sowohl bescheiden davon gesprochen, mit seinen eigenen Liedern den Vorrat an einheimischen Liedern (»*repertorium śpiewów krajowych*«) zu vergrößern, als auch darüber hinaus seiner Hoffnung Ausdruck gegeben, dass alle derartigen

> Versuche [...] mit der Zeit eine Sammlung von Beispielen oder ein Material bilden, aus dem sich langsam eine Schule herausbildet [...].[22]

Unter »Schule« ist hier zunächst einmal die quantitative Vergrößerung des einheimischen Repertoires zu verstehen. Ein die eigene und die Individualität seiner Nachfolger beschneidender Akademismus ist hier ebenso wenig gemeint wie die Fortsetzung einer Komponistenschule (im Falle Moniuszko vielleicht der Berliner Liederschule) unter charakteristischer Anreicherung »nationaler« Kompositionselemente – zwei Bedeutungen, die im deutschen wissenschaftlichen Gebrauch des Terminus »Nationale Schule« traditionell mitschwingen.

Es ging Moniuszko jedoch nicht nur um diese quantitative Vergrößerung des einheimischen Repertoires, sondern ganz wesentlich auch um die Organisation eines eigenen Musiklebens und außerdem um die Suche nach einer eigenen Musiksprache, d.h. sowohl um die Schaffung einer nationalen Musikkultur als auch einer Nationalmusik. Auch hierfür verwendeten die Zeitgenossen den Begriff der »Schule«. So stellte beispielsweise Maurycy Karasowski im Jahr 1859 fest, dass »wir bis jetzt noch keinen eigenen Stil, also keine Schule, haben«.[23] Mitunter aber benutzte man diesen Begriff jedoch mit offensichtlichem Unbehagen oder nur »aufgrund des Fehlens eines anderen«.[24]

---

22 Moniuszko, Stanisław: Śpiewnik domowy, in: Tygodnik Peterburski Nr. 72 (22.9./4.10.1842), S. 495, hier zitiert nach Listy, Dokument Nr. 796, S. 602.
23 Karasowski, Maurycy: Rys historyczny opery polskiej, Warszawa 1859, S. 348.
24 Kenig, Józef: Halka, in: Gazeta Warszawska Nr. 2 (2.1.1858), S. 1.

Nationale Kennzeichnung durch Tanzsätze

Seit alters her bot der Gebrauch von Tanzsätzen eine bevorzugte Möglichkeit zur nationalen Kennzeichnung von Musik. Auch Moniuszko wendete dieses Verfahren an; es spielte bei der Gestaltung seiner Oper sogar eine zentrale Rolle. Von Vorteil war insbesondere der Umstand, dass in der polnischen Musik der Gedanke der Texterung eines Tanzes nichts Ungewöhnliches war.

Moniuszko gestaltete den Eingangssatz der Oper *Halka* als textierte Polonaise und demonstrierte damit, wie sehr er sich in polnische Musiktraditionen stellte – und zwar gleich in mehrfacher Hinsicht. Mit der Polonaise, die erstmals als feierlicher Aufzug des Adels anlässlich der Krönung Heinrichs III. von Anjou zum polnischen König 1574 in Krakau aufgeführt worden sein soll, verband man einen feierlichen, gravitätischen Charakter. Sie fungierte als Eröffnungstanz, der fast ausschließlich dem Adel und hochgestellten Persönlichkeiten vorbehalten war. Allein die Stellung dieses Tanzsatzes in der Oper war also bereits ein Bekenntnis Moniuszkos zur nationalen Tradition und war daher dafür geeignet, nationale Emotionen zu wecken.

Dem polnischen Zuhörer sprang zudem die große Ähnlichkeit dieses Eingangssatzes mit Polonaisen ins Auge, die man im polnischen Liedgut auffinden konnte und die gut bekannt waren. Deutlich ist die Parallele zwischen dem Beginn des Eingangschores der *Halka* und einem Beispiel der Gattung aus den Liedersammlungen Oskar Kolbergs:

Notenbsp. 1: »Altpolnische Polonaise« nach Oskar Kolberg

Notenbsp. 2: *Halka*, Akt I, Szene 1

Die Mazurka war spätestens seit dem *Mazurek Dąbrowskiego* (der späteren Nationalhymne Polens) als Nationaltanz *par excellence* anerkannt. Der charakteristische Rhythmus dieses Tanzes bot somit die Möglichkeit zur eindeutigen nationalen Kennzeichnung der Musik. Moniuszkos Mazurken in *Halka* und *Straszny dwór* bilden zugleich Höhe- und Ausgangspunkt einer Verwendung der Mazurka für nationale Zwecke. Die Mazurka im Vierten Akt des *Straszny dwór* bezeichnete Moniuszko selbst als »leiblichen kleinen Bruder«[25] der Mazurka [im Polnischen ist die Bezeichnung *mazur* für den Tanz ein Maskulinum] der *Halka* und zeigte damit seine Absicht, bewusst an den Erfolg und an die nationalen Implikationen des entsprechenden Satzes der *Halka* anzuknüpfen. Tatsächlich gilt dieser Tanzsatz bis heute als einer der Höhepunkte der ganzen Oper.

Die nationale Kennzeichnung durch entsprechende Tanzsätze funktioniert auch in ausschließender Absicht: Die Figur des *Damazy* wird in *Straszny dwór* verhöhnt und lächerlich dargestellt, um an ihr die Folgen der Abwendung von den »guten« polnischen Sitten und der Hingabe an die französische Mode auf komisch-satirische Weise, zugleich aber mit erhobenem Zeigefinger zu illustrieren. Daher erfolgt auch die musikalische Zeichnung des *Damazy* im *Tempo di Menuetto*, also nach der Manier eines französischen Tanzes, der hier die krankhafte Überfeinerung und unnatürliche, gekünstelte Haltung als Ergebnis der Abkehr von altpolnischen Idealen symbolisieren soll.

---

25 *Listy*, Nr. 591 nach dem 7.10.1865 aus Warschau an Edward Ilcewicz, S. 491.

Nationsverständnis und künstlerische Konzeption

»Angewandte« Musik: Musik als Textausdeutung

Moniuszko komponierte fast ausschließlich Vokalmusik. Bis auf die Konzertouverture *Bajka* [*Wintermärchen*], zwei Streichquartette und einige kleinere Klavier- bzw. Orgelwerke existieren keine weiteren Instrumentalstücke von ihm. Sein Hauptaugenmerk galt den Gattungen Lied, Oper, Operette und Kantate – überall hier erscheint Musik in Verbindung mit einem Text. Das lag daran, dass in Moniuszkos Denken Musik ganz eng auf Literatur, speziell Dichtung, bezogen war. In seinem ersten Brief an Kraszewski erklärte er:

> Mir wenigstens scheint es, dass jeder gute Vers eine fertige Melodie mitbringt, und einzig der, der sie abhören und aufs Papier übertragen kann, sollte dann als glücklicher Komponist bezeichnet werden und als nichts anderes, als nur ein Übersetzer des Textes in die musikalische Sprache.[26]

Im Verständnis Moniuszkos sollte die Musik seiner Lieder also gewissermaßen den Textinhalt mit musikalischen Mitteln abbilden. Gerade in seinen Liedern, aber auch in seinen Bühnenwerken demonstrierte Moniuszko, was er darunter verstand, einem Text die Melodie gleichsam abzuhören und dadurch den Text in die musikalische Sprache zu verwandeln, wie er es Kraszewski gegenüber formuliert hatte. Eine Betrachtung unter diesem Aspekt zeigt, dass der großen Vielfalt der durch den zu vertonenden Text gezeichneten Stimmungen und angesprochenen Gefühle eine ebenso große Vielfalt in der musikalischen Ausgestaltung entsprach. Moniuszko schuf also zu jedem Text eine stets an den Gefühlsgehalt angepasste und ihn mit ihren Mitteln darstellende Musik – eine Fähigkeit, die seine Zeitgenossen an ihm schätzten und stets als Wesensmerkmal seines Schaffens hervorhoben.

Sowohl vom Umfang als auch vom Anspruch her gesehen sind Moniuszkos Lieder sehr unterschiedlich: Neben kurzen Zweizeilern über einfache Strophenlieder reicht das Spektrum bis hin zu den längeren Balladen. Bereits in den kürzesten und einfachsten Liedern jedoch ist die musikalische Zeichnung der Stimmung stets deutlich erkennbar. Die Kürze und Knappheit der Form bewirkt, dass man hier mitunter sozusagen wie in

---

26 Listy, Nr. 33 vom 26.5.1842 aus Wilna an Józef I. Kraszewski, S. 61.

einem Vergrößerungsglas sehen kann, wie der Komponist mit einigen wenigen, gezielt eingesetzten Mitteln musikalisch Stimmungen erzeugt. Im Lied *Die Klage des Mädchens* (*Żal dziewczyny*, KT Nr. 301, Noten im Anhang) auf einen Text von Ludwik Sztyrmer, einem Klagegesang eines Mädchens über den Tod seines Geliebten, ist Moniuszkos Kompositionstechnik gut erkennbar. Die Betrachtung der ersten vier Strophen zeigt, dass es hauptsächlich ein einfacher Wechsel der Tonart ist, der zu einer fundamentalen Änderung des musikalischen Ausdrucks führt, wie er vom Text her gefordert wird. Die erste Strophe bietet zusammen mit der zweiten eine Art inhaltlicher Exposition: Der Geliebte liegt im kalten Grab, während über ihm unschuldig die Sonne scheint. Die musikalische Ausgestaltung beider Strophen (die zweite ist eine wörtliche Wiederholung der ersten) erfolgt durch eine Melodie in der Grundtonart e-Moll, die durch die Hervorhebung der kleinen Terz e-g in der Melodieführung den Charakter als Trauergesang unterstreicht. Der Kontrast der beiden folgenden Strophen, die das frühlingshafte, so arglos scheinende Spiel der Natur zum Inhalt haben, wird musikalisch erreicht durch eine Melodie auf der Subdominantparallele C-Dur. Diese Melodie erhält einen fröhlich-beschwingten, ja fast tänzerischen Charakter dadurch, dass sie aus den Einzeltönen des C-Dur-Dreiklangs entwickelt ist und den charakteristischen Rhythmus der ersten beiden Strophen konsequent anwendet, der hier, ins Dur gewendet, seinen Gefühlsgehalt diametral geändert hat. Die Wirkung dieses Rhythmus wird von der Klavierbegleitung wesentlich unterstützt. Die fünfte und sechste Strophe endlich, in der das Mädchen geradezu beschwörend versucht, den Geliebten aus dem Grabe zu erwecken, wird in der gleichnamigen Durtonart E-Dur realisiert. Die beschwörende Kraft der Worte wird hervorgehoben durch größere Notenwerte, die die einzelnen Worte deutlicher hervortreten lassen, durch den Wechsel vom 3/8 Takt zum 6/8 Takt und durch eine neue Form der Klavierbegleitung: gebrochene Akkorde in stetiger Achtelbewegung statt rhythmischer Unterstützung.

Moniuszkos Bemühen, zu jeder Textpassage eine adäquate musikalische Ausgestaltung zu finden, hatte also dazu geführt, dass er die harmonische, rhythmische und melodische Anlage weitmöglichst dem zu vertonenden Text anpasste. Hierin war Moniuszkos Bemühen noch keineswegs erschöpft, vielmehr lassen sich schon in den soeben angeführten Strophen-

Nationsverständnis und künstlerische Konzeption

melodien Beispiele dafür finden, dass Moniuszko auch versuchte, einzelne Textstellen musikalisch auszudeuten. Bemerkenswert ist hier die harmonische Wendung von der intermezzohaft erscheinenden Naturbeschreibung der dritten und vierten Strophe in der so beschwingt gehaltenen Melodie auf der Subdominantparallele C-Dur der Grundtonart e-Moll genau zu dem Zeitpunkt, an dem der Text den Geliebten wieder einführt (»beim Geliebten vor dem Altar« – »przy kochanku przed ołtarzem«). Noch deutlicher ist die melodische Aufwärtsbewegung in der fünften Strophe, gedacht gleichsam als Aufwärtsbewegung des Toten zu seiner Geliebten auf die Worte »Wstań, mój luby« (»Steh auf, mein Geliebter«) und »do kochanki« (»zur Geliebten«).

Dort, wo keine strophische Textbindung die musikalische Gestaltungsfreiheit einschränkte, konnte Moniuszko die Musik am intensivsten an den Text anpassen. Hierfür gibt es einige Beispiele in den geradezu »rezitativischen« Passagen, die sich gegen Ende des Liedes häufen. Nach der beschwörenden Aufforderung an den Geliebten wird das Mädchen sich der Zwecklosigkeit seiner Bemühungen bewusst. Der Ausruf »Alles vergebens! Er hört mein Gejammer nicht, er sieht meine Tränen nicht!« (»Wszystko próżno! On nie słyszy moich jęków, on nie widzi moich łez!«) ist auch musikalisch scharf vom Vorhergehenden getrennt: Es erscheint wieder das düstere e-Moll, das Klavier leitet mit einer monotonen Unisono-Tonwiederholung über. Eine direkte Ausdeutung des Textinhalts erfolgt bei den Worten »mein Gejammer« (»moich jęków«) in Gestalt des (in der Klavierbegleitung zweimal auftretenden) verminderten Septakkords. Unvermittelt nimmt der Klavierpart den Charakter einer Begleitung des Gemeindegesangs auf der Kirchenorgel an, als man im unmittelbar folgenden Anruf des Mädchens an die Heilige Muttergottes plötzlich einem Gottesdienst beizuwohnen scheint – ein Eindruck, der durch das Verharren der Singstimme auf einigen wenigen Tönen nach Art liturgischer Gesänge hervorgerufen wird.

Gerade angesichts der großen Unterschiede in der musikalischen Ausgestaltung einzelner Textstellen ist die Beobachtung doch bemerkenswert, dass Moniuszko in vielen Fällen nicht zu irgendwelchen musikalischen Mitteln griff, sondern ganz offensichtlich bestrebt war, das bereits verwendete Material auf mögliche Potentiale zum Ausdruck von Gefühlsgehalten hin zu untersuchen und gegebenenfalls entsprechend zu verwenden – also eine Art »thematischer Arbeit« betrieb (freilich anderer Art als in der durch diesen *terminus technicus* gemeinhin bezeichnet). Dass damit mehr gemeint ist, als nur den Stimmungen des Textes entsprechend Tonart und Tongeschlecht einer Liedmelodie abzuwandeln, sollen die folgenden Beispiele aufzeigen.

Der zweiten und vierten Strophe folgt ein refrainartiger kürzerer Teil, in dem das Mädchen über die dunkle, kühle, enge Gruft klagt, in der ihr toter Geliebter nun liegt. Musikalisch wirkt diese Klage außerordentlich dumpf, da die Sopranstimme zwischen dem tiefen c und h oszilliert, um erst nach vier schwerfällig und langatmig erscheinenden Takten im e-Moll-Schluss wenigstens ein düsteres Phrasenende zu erreichen. Interessant ist die harmonische Ausgestaltung dieser Phrase durch den Klavierpart: Erhält man nämlich zunächst durch das Festhalten und Bestätigen der Subdominantparallele C-Dur den Verdacht eines Intermezzos, so lenkt der vierte Takt statt in die Dominante der Subdominantparallele (G-Dur, wie in den drei Takten bisher) jetzt in die Dominante der Grundtonart und dann in diese selbst (d.h. e-Moll) zurück, so dass der Charakter des Intermezzos verflogen ist.

Von Bedeutung ist hierbei, dass dem Hörer diese Rückführung von der Subdominantparallele zu Grundtonart bereits bekannt ist, und zwar aus den Schlüssen der ersten beiden Strophen. Die Klavierbegleitung zeigte schon dort keimhaft jenen Wechsel c-h, der im Refrain die Singstimme dominiert. Allein dadurch, dass der Hörer, geleitet durch den düsteren Text, die Auflösung der Kadenz nach e-Moll erwartet, lässt die Verzögerung durch die Bestätigung der Subdominantparallele so langwierig erscheinen und die beiden Durakkorde C-Dur und G-Dur so eigentümlich fahl wirken.

Moniuszko erreichte eine optimale Anpassung der Musik an den Text also durch eine gezielte Kombination von einfachen musikalischen Mitteln. Es handelte sich somit gerade nicht um besonders komplizierte, selten angewandte oder nur schwer in ihrer Bedeutung zu »verstehende« Mittel, sondern umgekehrt geradezu um »musikalisches Allgemeingut«, um bekannte, ohne weiteres einer Bedeutung zuzuordnende oder traditionell eindeutig mit einer Bedeutung belegte musikalische Mittel, wie z.B. Dur und Moll zur Kennzeichnung der Grundstimmung oder Aufwärtsbewegungen in der Melodie passend zu entsprechenden Hinweisen im Text.

Leichte Verständlichkeit der Musik war das Ergebnis dieses Verfahrens – es stellte sich beim Hörer der Eindruck ein, den »Sinn« einer musikalischen Passage stets, und wenn auch nur unter Zuhilfenahme des Textes, begreifen zu können. Moniuszko zeigt sich hier einem Musikdenken verpflichtet, das sich am Ende des 18. Jahrhunderts herausgebildet hatte und das man im Gegensatz zur »absoluten« als »angewandte« Musik bezeichnen könnte – eine Konzeption, die sich schon bei Wacław Sierakowski in seinem Werk »Sztuka muzyki dla młodzieży krajowej« (»Die Kunst der Musik für die einheimische Jugend«) von 1795/96 greifen lässt. Die »nachahmende« Musik bestimmt er dort folgendermaßen:

> [Die »nachahmende« Musik] stellt durch ihre lebendige, ausdrucksvolle, sozusagen sprechende Elastizität alle Stimmungen, Leidenschaften dar, malt Bilder, gibt alle Gegenstände wieder, erobert die ganze Natur mit ihrer klugen Nachahmung und trägt die Hörer des Sentiments bis zum Herzen [...].[27]

Die Bevorzugung vokaler Musikgattungen bot für Moniuszko die beste Möglichkeit, seine Idee einer inhaltsgebundenen, »verständlichen« Musik umzusetzen – eine Konzeption, die sich an diesem Punkt als zutiefst aus dem polnischen Musikdenken erwachsen erweist. Das zeigt auch die Akzeptanz gerade dieses Aspekts seiner Werke. So findet man in den Nachrufen auf den Komponisten nicht nur die Einschätzung, Moniuszko habe »weniger [...] Geneigtheit und Drang zum Schaffen rein instrumentaler Werke«[28] verspürt, sondern gerade diese Eigenschaft Moniuszkos wurde als besonderes Qualitätsmerkmal erwähnt und folgendermaßen beschrieben:

> Das Umherirren und die ständige Beschäftigung auf nebligen unbestimmten Abwegen entsprach ganz und gar nicht seiner Geneigtheit. Obwohl er das Talent Schumanns hochschätzte, sympathisierte er aus diesem Grund dennoch nicht mit ihm. Der Inhalt einer Komposition musste sich ihm immer in klaren und deutlichen Konturen darstellen und daher benötigte er beim Schaffen immer Worte, die ihm als

---

27 Sierakowski, Wacław: Sztuka muzyki dla młodzieży krajowej, Kraków 1795/ 1796, Bd. 2, S. 171.
28 Wiślicki, Władysław: Stanisław Moniuszko, in: Kłosy Nr. 363 (1872) , S. 415.

Wegweiser die Richtung der Komposition anzeigen sollten. Aus diesem Grund schrieb er sehr wenig rein instrumentale Werke.[29]

Die Idee einer »absoluten«, also nicht auf einen konkreten, mit Worten darstellbaren Inhalt gerichteten Musik lag nicht nur Moniuszko, sondern dem polnischen Musikdenken überhaupt fern – eine Folge der Instrumentalisierung der Musik für die Zwecke der Nationalbewegung schon seit den Zeiten der Warschauer *Gesellschaft der Freunde der Wissenschaft*.

Musik als Sprache

Die konsequente Fortsetzung der von Moniuszko geäußerten Absicht, durch möglichst wenig Ausdrücke den Gedanken der Musik so genau wie möglich zu entfalten, stellt in der Gattung der Oper eine »Leitmotiv«-Technik dar. Nicht unähnlich der Praxis ihm bekannter Opernkomponisten wie beispielsweise Weber identifizierte Moniuszko wichtige Personen, aber auch zentrale Ereigniskomplexe mit bestimmten melodischen Formeln, die im Laufe der Opernhandlung die Rolle gleichsam von »musikalischen Vokabeln«[30] einnehmen und die im Verlauf des Werks sozusagen erklärt werden.

Das bedeutet jedoch keineswegs, dass die erstmalige Einführung eines »Leitmotivs« auch schon mit der entsprechenden Erklärung verbunden sein muss. In der Oper *Straszny dwór* erscheint zum Text »Die Mutter lehrte uns das Gebet« (»Matka pacierza uczyła nas«) unvermittelt in der Orchesterbegleitung eine von den Flöten gespielte, deutlich wahrnehmbare Melodie, deren Sinn zunächst unklar bleibt. Klarheit tritt erst um einiges später in der »Glockenspiel-Arie« ein, als nämlich genau dieses Motiv sich als das Lied der Spieluhr erweist. Das solcherart verortete Motiv ist somit auch in der vorhergehenden Stelle erklärt, geht es doch in beiden Abschnitten um die Thematisierung der Muttersymbolik und der Vergangenheit:

---

29 Fuza [=Walicki, Aleksander]: Stanisław Moniuszko, in: Wieniec Nr. 53 (20.6./2.7. 1872), S. 487.

30 Harweg, Roland/ Suerbaum, Ulrich / Becher, Heinz: Sprache und Musik, in: Poetica I (1967), S. 396 ff., hier S. 410.

Notenbsp. 3: *Straszny dwór, Akt I, Nr. 3 (Terzetto), Takt 49–58: Glockenspiel-Motiv »versteckt« im Orchester*

Notenbsp. 4: *Straszny dwór, Akt III, Nr. 13 (Arie des Stefan), Takt 44–47: Glockenspiel-Motiv in tragender Rolle*

Das Spektrum der Anwendung von »Leitmotiven« reicht von einfachen »Erkennungsmelodien« bis hin zu deutenden und die Aussage wesentlich gestaltenden Musikpassagen. Bei Moniuszkos »Leitmotiv«-Verwendung steht die Idee der Verständlichkeit im Vordergrund. Daher spielen bei ihm Erkennungsmelodien eine große Rolle, es gibt bei ihm aber auch wichtige Ansätze zur Verwendung von »Leitmotiven« als Mittel spezifisch musikalischer Kommentierung, was sich dem Zuhörer unter Umständen erst beim zweiten Mal erschließt.

Bei der Zeichnung der Figur der Halka bediente Moniuszko sich zweier Motive, die er den beiden Eigenschaften der Halka zuordnete, die ihn an ihr besonders interessierten: das Bäuerliche, Einfache einerseits und das Bemitleidenswerte andererseits. Die Oper beginnt mit der Vollform des Halka-Motivs, vorgetragen von Flöten und Klarinetten: ein charakteristischer Lauf von der Quinte abwärts, dem ein Aufstieg auf den Tönen eines gebrochenen Dreiklangs folgt:

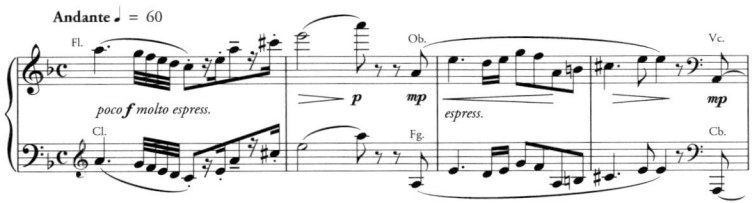

Notenbsp. 5: Halka, Beginn der Ouverture mit dem ersten Motiv der Halka

Dass dieses Motiv für das beklagenswerte Schicksal der Halka steht, wird erst klar, als sie sich zu den Klängen dieses Motivs verzweifelt in den Fluss stürzt:

Notenbsp. 6: Halka, Akt IV, letzte Szene, Takt 9–17

Schon vorher jedoch tauchte das Motiv auf, etwa wenn Halka ihr Los Jontek gegenüber beklagt:

Notenbsp. 7: Halka, Akt II, Nr. 2 (Recitativo i aria), Takt 1–4

oder als Jontek den Bergbewohnern berichtet, Janusz habe sie herausgeworfen »wie Hunde« (»jak psów«):

Notenbsp. 8: Halka, Akt III, Szene 2, Takt 114–116

Diese Beispiele zeigen, dass es sich bei diesem »Leitmotiv« nicht um eine bloße Erkennungsmelodie handelt, sondern um die musikalische Intensivierung und Unterstreichung einer bestimmten Teileigenschaft der Halka, nämlich ihres bemitleidenswerten Schicksals.

Beim anderen Motiv bereitet die Zuordnung zur Halka hingegen schon deshalb keine Schwierigkeiten, da sie es selbst einführt, und zwar in Gestalt des einfachen Volksliedes, das sie im Garten von Janusz' Hof singt:

Notenbsp. 9: Halka, Akt I, Szene 2 (Terzetto), Takt 69–73: Lied der Halka

Nationsverständnis und künstlerische Konzeption

Dieses Motiv, das Moniuszko in vielfältiger Weise zur Gestaltung der Oper benutzt, erscheint gegen Ende der Oper in fast hymnischer Anlage nochmals, nun aber textiert als Bitte an Gott, sich der armen Halka anzunehmen:

Notenbsp. 10: Halka, Akt IV, Szene 3, Takt 155–159

Die »Leitmotiv«-Technik wird in der Oper jedoch auch zur Lösung subtilerer Aufgaben herangezogen. Das erste Halka-Motiv erscheint nämlich beispielsweise auch als Orchesterunterlegung zur Aussage Janusz', die »Klage der Halka tue ihm im Herzen weh« (»jej żal tak w sercu mnie boli«). Hier dient das Motiv dazu, das Schwanken des Janusz möglichst eindringlich darzustellen, indem sozusagen schlaglichtartig an das Opfer seines Handelns erinnert wird:

Notenbsp. 11: Halka, Akt I, Szene 3, Takt 5–8

An anderer Stelle ist es die bewusste Wiederaufnahme der Musikbegleitung des Janusz, die auf seine schließliche Falschheit hinweist. Als dieser nämlich Halka unwillig fragt, warum sie wieder erscheint (»Po co tu znowu?«),

Notenbsp. 12: Halka, Akt II, Szene 4 (Duettino), Takt 1–8

ist es allein die Musik, die zeigt, was Janusz Halka versprochen hatte, ohne dass sie dabei ein Wort sagen muss: zur gleichen Musikbegleitung hatte Janusz Halka nämlich vorgelogen, sie nie zu vergessen, jedoch nur, um sie in Sicherheit zu wiegen und dann loszuwerden:

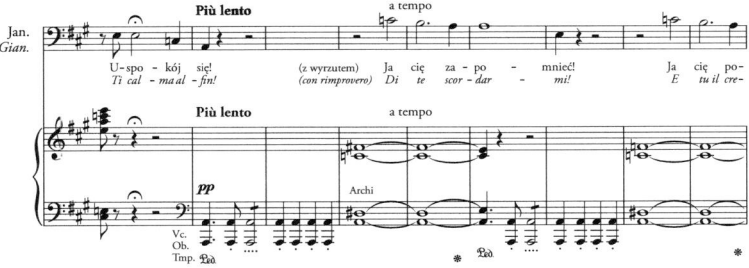

Notenbsp. 13: Halka, Akt I, Szene 4 (Duett), Takt 84–92

Die selbständige Kommentierung der Aussage durch die Musik wird hier nicht durch eine bestimmte musikalische Figur (Melodielinie, Rhythmus etc.) erreicht, sondern allein durch die Platzierung und Wiederholung der Musikbegleitung im Gesamtzusammenhang. Musik offenbart hier also den wahren Sachverhalt, d.h. »weiß« etwas, was der Text nicht sagt – ein Höhepunkt von Moniuszkos »Leitmotiv«-Technik.

»Schöne« Musik, sozialkritische und nationale Aussage

Eine Verbindung von »schöner Dichtung« mit »schöner Musik« hatte Moniuszko in seinen Werken angekündigt, um sich »Eingang in das Gehör und das Herz« der Menschen zu verschaffen. Was das bedeutete, zeigt sich am Beispiel der Polonaise aus *Hrabina* sehr deutlich. Gerühmt wurde der »wundervolle«, eben »schöne« Charakter der Musik – von der nationalen Funktion war eher am Rande die Rede, etwa wenn Sikorski die Polonaise als »unser Idyll« bezeichnete. An diesem Punkt zeigt sich ein Grundcharakteristikum von Moniuszkos Musik: Auch wenn die nationale Funktion – das hatte Moniuszkos Ankündigung gezeigt – stets mitgemeint war, erschien die nationale Komponente doch in den seltensten Fällen in so dominanter und ausschließlicher Form wie beispielsweise in der »Glockenspiel-Arie« des Dritten Aktes von *Straszny dwór*. In den allermeisten Fällen kam das nationale Element gleichsam wie unbeabsichtigt als unauffällige Dreingabe daher, ohne dadurch etwas von seiner Wirksamkeit einzubüßen. Dieser Wirkungsmechanismus war von entscheidender Bedeutung, denn er verhinderte, dass das Publikum und die Musizierenden im Salon oder im privaten Bereich bei der Beschäftigung mit Liedern oder Opern Moniuszkos das Gefühl bekommen mussten, hier einer ermüdenden Lektion in nationalen Dingen ausgesetzt zu sein. Die nationale Aussage bahnte sich gewissermaßen im Schutze der Musik ihren Weg und fiel bei den Zuhörern auf fruchtbaren Boden – möglicherweise sogar ohne dass diese es zunächst bemerkten.

Für seine Zeitgenossen stellte die »Schönheit« von Moniuszkos Musik offensichtlich eine herausragende Eigenschaft am Werk des Komponisten dar. Das zeigen nicht nur unzählige Hervorhebungen gerade dieser Eigenschaft in Werkbesprechungen, sondern auch Gesamtbeurteilungen seines Schaffens wie etwa die von Aleksander Walicki, der folgendes über Moniuszkos Musik schrieb:

> Unter allen Opernkomponisten kennen wir nicht einen, der so sorgfältig und eifrig die Rechte des Schönen bewachte wie Moniuszko. Keine Versuchung, auch nicht, wenn sie größte Erfolge versprach, ver-

mochte ihn dazu zu bringen, irgendeinen Effekt anzuwenden, der sich diesen Rechten entgegenstellen würde.[31]

Die »schöne Melodie« stellte aber für Moniuszko offensichtlich nicht nur ein Ideal für die gesungene Musik dar, vielmehr lässt dieser Gedanke sich auch in seiner Instrumentalbehandlung wiederfinden. Hier erweist sich der Primat der Vokalmusik in Moniuszkos künstlerischer Auffassung: Instrumentalmusik fasste er anscheinend gleichsam als »Vokalmusik ohne Text« auf. Es gibt viele Beispiele, in denen Moniuszko solistischen Instrumenten Kantilenen zuweist, die zwar den erweiterten Möglichkeiten instrumentaler Musik etwa hinsichtlich des Tonumfangs der Instrumente Rechnung tragen, aber erkennbar vom Gesang her gedacht sind – es handelt sich gleichsam um instrumental ausgeführte Koloraturen. In der Oper *Straszny dwór* treten besonders Oboe, Klarinette und Flöte mit entsprechenden Passagen hervor:

Notenbsp. 14: Straszny dwór, Akt I, Szene 3: Oboe und Klarinette

31 Fuza [=Walicki, Aleksander]: Stanisław Moniuszko, in: Wieniec Nr. 52 (1872), S. 488.

Nationsverständnis und künstlerische Konzeption

Notenbsp. 15: Straszny dwór, Akt II, Nr. 11 (Finale): Klarinette

In der Arie der Hanna aus dem Vierten Akt ist diese Verbindung von Instrumentalmusik zum Gesang besonders deutlich zu erkennen, etwa wenn die Solovioline die Koloraturen der Singstimme in ähnlicher Weise fortführt:

Notenbsp. 16: Straszny dwór, Akt IV, Nr. 17 (Arie der Hanna)

Auch die Einleitungen des Begleitinstruments bei vielen von Moniuszkos Liedern zeigen ihre Herkunft aus einem an melodisch-gesanglichen, ausgewogenen Linien orientierten Musikverständnis. Als typische Beispiele mögen hier die Einleitungen des Pianisten zu den Liedern *Żal dziewczyny* (Noten im Anhang) und zu *Zosia* dienen:

Notenbsp. 17: Zosia (KT Nr. 299), Beginn

Ergebnis war eine Musik von durch und durch angenehmem Erscheinungsbild, die es in ihrer »Schönheit« gewissermaßen jedem recht zu machen suchte: harmonisch, aber nicht spannungsarm; leicht eingängig (oft zum »Mitpfeifen«), aber nicht nur gefällig; immer auf größtmögliche Verständlichkeit angelegt; stets die Balance zwischen künstlerischem Anspruch und technischer Bewältigbarkeit wahrend; glatt, ausgeglichen, ja sogar »arglos« wirkend, aber den Tiefgang stets sogleich erahnen lassend. Dieses Erscheinungsbild teilte sich dem Hörer sogleich bei der ersten Begegnung unmittelbar mit. Hier liegt der eigentliche Grund für die große und spontane Wirksamkeit von Moniuszkos Musik, wie sie in der *Halka warszawska* am deutlichsten zu beobachten ist. In der Situation nach 1858 erwies sich dieser arglose, gefällige, schöne Charakter von Moniuszkos Musik als Geheimnis ihrer Wirkung. Die Schönheit gestattete die Versöhnung und Konsensfindung im Nationalen, viele Lieder wurden zu Volksliedern.

Moniuszko blieb seiner Konzeption von »schöner« Musik treu und verließ sie auch bei der Notwendigkeit zu extremer Ausdruckssteigerung nicht. So ist die verzweifelte Anklage der Halka im vierten Akt der Oper in einem zwar ausdrucksvollen, aber immer »schönen« Gesangsstil nach Art des italienischen, an Donizetti oder Bellini gemahnenden Belcanto gehalten – eine »Schönheit«, die dem dramatischen Inhalt der Stelle eklatant zu widersprechen scheint:

Notenbsp. 18: Halka, Akt IV, Szene 6 (Halkas Kantilene)

Ähnlich, nur nicht ganz so ausgeprägt, ist der Gegensatz zwischen »schöner« Melodie und Textinhalt in *Straszny dwór*, als Stefan und Zbigniew in wohlgeformten, harmonischen und opernhaften Kantilenen von »schändlichen Diensten« und Vaterlandsverrat singen (siehe folgendes Notenbeispiel). Ganz im Sinne des obigen Urteils Walickis verließ Moniuszkos Musik nie ein gewisses Gleichmaß: Sie provozierte nicht.

Notenbsp. 19: Straszny dwór Akt III, Nr. 16 (Finale): Part des Stefan

Hatte Moniuszko sich im Ideal der »Schönen Musik« ein machtvolles Instrument für den Transport des nationalen Gedankens geschaffen, so stieß ebendieses Instrument an Grenzen, wenn es um die sozialkritische Aussageabsicht ging. Für den Gedanken, zur Intensivierung des Ausdrucks und zur drastischen Zeichnung eines beklagenswerten Zustands Regelverletzungen zu begehen oder etwa aufrüttelnde Missklänge zu benutzen, gab es in diesem Ideal der »Schönen Musik« keinen Raum. Insofern erweist sich dieses Ideal als eine Beschränkung der musikalischen Ausdrucksmöglichkeiten. Die Zeitgenossen brachten Moniuszkos Festhalten an diesem Ideal mit seinem Charakter in Verbindung. Walicki schrieb im Nachruf:

> Tatsächlich verfügte er in den dramatischsten Situationen nicht über diejenige Raserei, wie wir sie bei Beethoven, Berlioz, Wagner und sogar bei Chopin finden. Aber das entsprach seinem süßen, ruhigen und alle hässlichen Zusammenstöße meidenden Charakter.[32]

Moniuszko überschritt auch andere musikalische Grenzen nicht. Am deutlichsten sichtbar ist das bei seinem Bewusstsein zur Bewahrung der musikalischen Form. Selbst wenn Moniuszko in einem variierten Strophenlied bemüht war, die Musik so gut als möglich dem Text anzupassen, so verließ er doch dabei nicht die Erfordernisse der Form. Auch da, wo die Musikbegleitung fast schon den Charakter eines freien Rezitativs zu erhalten scheint, zeigt die genauere Betrachtung, dass der Komponist stets die Perioden- und Formgesetze gewissenhaft einhielt. Wie wichtig diese strenge Einhaltung für Moniuszko offensichtlich war, ergibt sich aus der Tatsache, dass er bei allem Bemühen, die Musik am Text auszurichten, doch über das variierte Strophenlied nicht hinausging und die durchkomponierte Liedform nur in Ansätzen realisierte. In diesen Zusammenhang passt die Beobachtung, dass Moniuszko als Opernkomponist zwar einen handwerklich gut gearbeiteten und grundsoliden, aber eher konventionellen und keineswegs avantgardistischen Opernstil pflegte.

Vor allem das sich dem Hörer spontan aufdrängende Erscheinungsbild der Musik war es also, das die nationale Interpretationsmöglichkeit entscheidend begünstigte. Anklänge an Bekanntes in Verbindung mit einem im besten Sinne »gefälligen« Charakter der Musik bewirkten, dass das durch die Musik bereitgestellte Angebot einer emotionalen Solidarisierung im Nationalen gerne wahrgenommen wurde.

In dieser so starken emotionalen Wirkung von Moniuszkos Musik auf seine Zeitgenossen lag ihr identitätsstiftendes Potential. Viele der Lieder aus den Liedersammlungen erlangten bei den Zeitgenossen so große Popularität, dass sie gleichsam zu Volksliedern wurden (so z. B. das Lied *Prząśniczka*), d.h. das Wissen um ihren Charakter als willkürlich von einem Komponisten geschaffenes Kunstlied geriet in Vergessenheit.

---

32 Ebd., S. 487.

Dadurch gingen diese Lieder in den Schatz an Liedern, Märchen, Sagen und anderen Erzeugnissen ein, die man seinen Kindern weiterzugeben pflegte, und waren somit an jenem gesellschaftlichen Ort angelangt, wo Grundlage für jedes, auch nationales, Denken gelegt wurde: bei der Erziehung der Kinder.

Ausgehend von dieser Beliebtheit kam es zu sekundären Folgeerscheinungen. Moniuszkos Melodien fungierten in einer Zeit ohne Radio und Fernsehen als Textträgermedien. So waren beispielsweise diejenigen Werke Mickiewiczs, zu denen eine Vertonung von Moniuszko existierte, mitunter wesentlich bekannter als die, wo das nicht der Fall war. Viele Lieder Moniuszkos gelten heutzutage als Volkslieder, ohne dass Moniuszkos Autorenschaft bekannt ist.

IV *Halka*:
Synthese des Bisherigen und Ausgangspunkt für Zukünftiges

1 *Halka* und europäische gattungsgeschichtliche Traditionen

Moniuszkos *Halka* und ihr Erfolg in Warschau zu Beginn des Jahres 1858 stellten nicht nur den entscheidenden Umbruch in Moniuszkos Biographie dar. Bei diesem Werk handelte es sich auch um einen Knotenpunkt der polnischen Musikkultur des 19. Jahrhunderts, wie erst aus dem Rückblick deutlich wird. In der *Halka* bündelten sich Ideen, Konzepte und Erwartungen, die seit Ausgang des 19. Jahrhunderts von polnischen Musikern, Intellektuellen und Publizisten an die Gattung Oper gestellt wurden. Sie fasste wesentliche gesellschaftliche Fragen ihrer Zeit zusammen und präsentierte eine Behandlung dieser Fragen anhand tagespolitischer Ereignisse. Zugleich wies *Halka* aber auch in die Zukunft sowohl der polnischen Musik als auch der weiteren gesellschaftlichen Diskussion: Moniuszkos Weg, aus Volksmusikelementen unterschiedlicher Herkunft einen polnischen Nationalstil zu schaffen, erwies sich als Vorgabe, mit der sich künftige Komponisten notgedrungen auseinandersetzen mussten. Sowohl musikalisch als auch ideengeschichtlich stand Moniuszkos *Halka* zwischen der polnischen Romantik und dem Warschauer Positivismus der zweiten Jahrhunderthälfte.

Diese Vielfalt der angesprochenen künstlerischen und gesellschaftlichen Themen verschaffte gerade diesem Werk Moniuszkos eine Sonderstellung innerhalb der polnischen Musik- und Kulturgeschichte. Besonders deutlich zeigt sich das an der Stellung der *Halka* in der Diskussion des 19. Jahrhunderts um die Schaffung einer polnischen Nationaloper, an der Diskussion um die Natur des polnischen Nationsbegriffs und an der Diskussion um die Art und Weise ihrer gesellschaftlichen Aussage. Gerade Moniuszkos *Halka* konnte somit eine Vision des Polnischen präsentieren, die stark genug war, um die zentrifugalen Strömungen in den Zentren der unterschiedlichen polnischen Teilgebiete zu vereinen, aber auch offen genug war, um trotz dieser Unterschiede überall anerkannt zu werden.

Halka: Synthese des Bisherigen und Ausgangspunkt für Zukünftiges

Die Interpretation der Halka als Nationalsymbol hatte das Verständnis dieses Werks als politisches Manifest schließlich fast vollständig marginalisiert. Dahinter standen starke Bedürfnisse der polnischen Gesellschaft, die in der als bedrohlich empfundenen Situation nationaler Fremdbestimmung kulturelle Symbole der Selbstbehauptung suchte und diese unter anderem in Moniuszkos *Halka* fand.
Die in der polnischen Publizistik geführte Diskussion versuchte daher das Phänomen *Halka* vorrangig aus Zusammenhängen der eigenen, polnischen Kultur zu erklären. Die Oper sollte sozusagen als Krönung polnischer Schaffenskraft erscheinen. Nur ganz wenige Stimmen erhoben sich, die die Entstehung des Librettos oder der Musik dieser Oper vor einem weiter gefassten kulturellen Hintergrund zu begreifen suchten: Sowohl Wolski als auch Moniuszko waren nämlich bei ihrer Arbeit am Libretto bzw. an der Musik zur *Halka* in nicht geringem Maße durch gattungsgeschichtliche, polnische wie europäische Traditionen bestimmt.
So ist die erste, Wilnaer Version der *Halka* gut mit ihrer Anlage als *opera semiseria* erklärbar. Hier diente die teilweise drastische Zeichnung sozialer Missstände mitunter weniger einer Kritik an gesellschaftlichen Verhältnissen, sondern eher der Absicht, intensive Gefühlsregungen beim Publikum hervorrufen zu wollen. Mit einer solchen Absicht Moniuszkos zur *Halka wileńska* passt seine Aussage über die beabsichtigte Wirkung des Werks, es solle »keineswegs angenehm«, sondern »irgendwie furchtbar« sein, sehr viel besser zusammen als mit der Idee, hier einen revolutionären Handlungsaufruf vor sich zu haben.
Bei den Libretti zu Moniuszkos Opern handelt es sich zumeist um Übertragungen bereits existenter literarischer Werke auf die Opernbühne: Die Vorlage der *Halka*, Wolskis Poem, kursierte in den entsprechenden Kreisen der Warschauer Intelligenz; die Vorlage des *Straszny dwór*, das Drama *Szlachectwo duszy* (Adel der Seele) des Librettisten Jan Chęciński, war schon einige Jahre vorher fertiggestellt. Die enge Verbindung von Literatur und Musik, eine polnische Tradition spätestens seit der Romantik, zeigte hier ihre Auswirkungen. In dieser Tradition stehend, wandte Moniuszko sich bei seiner Suche nach Librettisten stets an Schriftsteller, die dann eigene, frühere Werke entsprechend bearbeiteten. Das Libretto der *Halka* entstand also nicht gleichsam aus dem Nichts, sondern lässt sich in diese Traditionslinie einordnen.

Gerade diese polnischen Vorlagen nahmen jedoch oft thematische Topoi auf, die auch in anderen Ländern für Opernlibretti nutzbar gemacht werden. Wenigstens in der ersten Jahrhunderthälfte des 19. Jahrhunderts führte die intensive polnische Auseinandersetzung mit zentralen Themen und Topoi europäischer Operngeschichte aber auch zur Übernahme und produktiven Adaption in eigenen Werken. Das beste Beispiel hierfür ist Moniuszkos *Halka*, die im Thema des von einem Adligen verführten und dann sitzengelassenen Bauernmädchens ein Handlungsmuster aufgreift, das zuvor aus dem bürgerlichen Trauerspiel in die italienische Oper der Romantik gelangt war.

Einen erstaunlich geringen Stellenwert in der polnischen Forschung zu Moniuszko und insbesondere zu seiner *Halka* nimmt die Tatsache ein, dass das Libretto zu dieser Oper teilweise weitreichende Parallelen zu Aubers *Muette de Portici* aufweist. In dieser Oper hatte der Sohn des spanischen Vizekönigs von Neapel, Alfonso, ein neapolitanisches Bauernmädchen namens Fenella verführt, sie aber zugunsten einer standesgemäßen Heirat mit der spanischen Prinzessin Elvira verlassen. Die Parallele zu Janusz, Halka und Zofia drängt sich auf. Legt man die Libretti beider Opern nebeneinander, so fallen Parallelen ins Auge, die so weitreichend sind, dass man nicht nur von typologischen Entsprechungen bei strukturell ähnlich gebauten Sujets sprechen muss, sondern die zweifelsfrei nahelegen, dass die *Muette* eine wichtige Vorlage für das Libretto der *Halka* gewesen ist. Weiß man, welchen Erfolg die *Muette* europaweit und gerade in Polen hatte, dann wird besser erklärlich, warum Moniuszko auf den Gedanken kommen konnte, eine Oper, die soziale Missstände offen ansprach, als Erstlingswerk zu präsentieren.

Bereits in seiner Wilnaer Zeit hatte Moniuszko Gelegenheit, sich mit der *Muette* vertraut zu machen. Das Werk gehörte wenigstens auszugsweise zum Programm der Truppe von Wilhelm Schmidkoff, die in den Jahren 1835–1844 immer wieder in Wilna und Minsk gastierte. Aubers *Muette* eilte ein Nimbus voraus, der sich nach ihrer Aufführung in Brüssel am 25. August 1829 herausgebildet hatte. Während der Aufführung kam es zu Tumulten und heftigen Szenen im Publikum. Wenige Tage später führte ein Aufstand in Brüssel zum Abfall der sog. »spanischen Niederlande« und zur Unabhängigkeitserklärung Belgiens. Und schnell bildete sich die Fama, die Aufführung der *Muette* sei der Auslöser dafür gewesen – eine

Behauptung, die man auch heute noch in vielen Opernführern so nachlesen kann.
Die moderne musikwissenschaftliche Forschung hat klar herausgestellt, dass von einer solch direkten Verbindung zwischen Opernaufführung und Aufstandsausbruch nicht die Rede sein kann. Für die Wirkungsgeschichte der Oper ganz entscheidend ist aber die Tatsache, dass ebendieser Nimbus und ebendiese Fama ins Leben gerufen wurden. Beides bestimmte fortan sowohl die Zuordnung der Oper zu einer Gattung namens »Revolutionsoper« als auch wesentliche Facetten der weiteren Aufführungsgeschichte. Ein Land, im dem der revolutionäre Aspekt dieses Werks auf ganz besonders fruchtbaren Boden fiel, war Polen.
Schon anderthalb Jahre nach der Pariser Premiere, nämlich am 12. August 1829, beschloss der damalige Direktor der Warschauer Oper Karol Kurpiński, dieses Werk in Warschau zur Aufführung zu bringen. Es gelang Kurpiński, sowohl die Partitur aus Paris zu erhalten als auch die Erlaubnis zur Aufführung vom russischen Zaren zu erwirken. Probleme mit der Übersetzung des Texts und mit den Schauspielern verzögerten jedoch die weitere Arbeit. Nachdem aber der Novemberaufstand in Warschau ausgebrochen war, hatten die Schauspieler nichts Wichtigeres zu tun, als die gerade erst abgebrochenen Probearbeiten wieder aufzunehmen. Der Vertreter des Theaterpräsidenten, Wojciech Grzymała, wies die Schauspieler darauf hin, worum es jetzt ging. Seiner Ansicht nach erwartete das Publikum »weniger die Genauigkeit des Spiels, sondern forderte Unterhaltung in Künsten, die dem revolutionären Geist gewidmet sind«.[1]
Wären die Verzögerungen gegen Ende des Jahres 1830 nicht gewesen, dann hätte sich in Warschau also eine Situation eingestellt, die den Nimbus der Oper in Brüssel wiederholte – eine Warschauer Aufführung, die den Novemberaufstand entfesselt hätte. So aber wurde die Oper nach bereits erfolgtem Aufstand als Symbol des Kampfeswillens gespielt. Diese Interpretation der Oper lag ganz auf der Linie Kurpińskis, der in seinem Wirken auf der Opernbühne eine Möglichkeit zur Mobilisierung der polnischen Patrioten mit musikalischen Mitteln sah.

---

1 Vgl. Brumer, Wiktor: Pierwsze predstawienie »Niemej z Portici« Aubera w Warszawie, in: KWARTALNIK MUZYCZNY 1931 Nr. 12–13, S. 435-444, hier S. 440.

Es darf als sicher angenommen werden, dass Moniuszko von dieser Warschauer Aufführung der *Muette* wusste. Auch stand die *Muette* sozusagen Modell für die Anfertigung des Librettos und der Oper – Librettist und Komponist wandelten dieses Modell aber auf ganz bestimmte Weise ab. Das zeigt ein Vergleich beider Werke: Im Libretto der *Muette de Portici* sind Ort und Zeit angegeben. Die Oper nimmt Bezug auf eine Revolte der Neapolitaner unter Tommaso Masaniello gegen die spanischen Besatzer im 17. Jahrhundert. Im Libretto der *Halka* fehlt ein konkreter geographischer und zeitlicher Bezug. Zwar stellen die Figuren klar, dass es sich um einen polnischen Kontext handelt, auch wird erwähnt, dass Halka und Jontek aus der Góralenregion kommen, eine konkrete Anbindung an ein historisches Ereignis ist damit aber nicht gegeben.

Der Stoff beider Opern ist der gleiche: Es soll die Hochzeit eines Adligen (Alphonse bzw. Janusz) mit seiner Braut (Elvire bzw. Zofia) gefeiert werden, aber die Feierlichkeiten werden dadurch gestört, dass in beiden Fällen eine Geliebte des Adligen erscheint (Fenella bzw. Halka). Der Adlige muss ein Doppelspiel spielen und offenbart dadurch seine Falschheit. Einerseits muss er seine Geliebte vor seinen Standesgenossen verleugnen, andererseits versucht er sie loszuwerden, indem er ihr weiterhin Liebe schwört. In beiden Opern wird die Geliebte schließlich verjagt. Die Geliebte (Fenella/Halka) kehrt zusammen mit ihrem Freund (Masaniello/Jontek) in ihr Heimatdorf (Portici bzw. ein Góralendorf) zurück, wo sie ihren Mitbewohnern von ihren Erlebnissen erzählt, was diese in äußerste Erregung versetzt. Ein wichtiger Unterschied zwischen den beiden Libretti liegt darin, dass diese Erregung in der *Muette* zu einem Aufstand führt, während es in der *Halka* bei Unmutsäußerungen der Dorfbewohner bleibt.

Dieser Unterschied bedingt eine jeweils andere Fortsetzung der Geschichte in beiden Opern: In der *Halka* kann die Hochzeit durchgeführt werden, auch wenn Jubelrufe des Volkes ausblieben und der Selbstmord der verzweifelten Halka, die sich aus Liebeskummer in den Fluss stürzt, einen scharfen Gegensatz zur Fortführung der Hochzeitsfeierlichkeiten darstellt. In der *Muette* hingegen kommt es zum bewaffneten Aufruhr, aus dem jedoch schließlich der Adlige Alphonse als Sieger hervorgeht, der Freund Fenellas und Anführer der Aufständischen, Masaniello, getötet wird und Fenella ebenfalls Selbstmord begeht.

Halka: Synthese des Bisherigen und Ausgangspunkt für Zukünftiges

In beiden Opern wird die gesellschaftliche Ordnung der Verhältnisse aufs schärfste infrage gestellt, zugleich aber am Schluss eine Wiederherstellung dieser Ordnung angedeutet. In der *Halka* erfolgt das dadurch, dass die Hochzeit des adligen Paares stattfinden kann. In Aubers Oper ist es Fenella, die symbolisch den Bund Elvires und Alphonses schließt, indem sie beider Hände ineinanderlegt, bevor sie Selbstmord begeht. Wie sehr sich die Elemente in Aufruhr befinden, zeigt hier jedoch nicht nur der brennende Palast des Vizekönigs, sondern der zugleich ausbrechende Vesuv, der hier allegorisch auf die Störung der gottgewollten Ordnung und den Zorn der Elemente verweist.

Wichtig ist die Beobachtung, dass in der *Halka wileńska* die revolutionäre Tendenz im Vergleich zur *Muette de Portici* wesentlich abgeschwächt ist. Während nämlich in Aubers Oper Fenellas Bruder Masaniello und sein Freund Pietro die Fischer zu den Waffen rufen, um das Land zu befreien, äußern die Bergbewohner in der *Halka* zwar ebenfalls ihre Empörung, der Ruf zum bewaffneten Kampf bleibt aber aus. Allerdings wird auch in der *Halka* eine beißend scharfe Kritik an den bestehenden Verhältnissen gezeichnet, indem ein provozierender Gegensatz zwischen den gleichzeitig ablaufenden Hochzeitsfeierlichkeiten und dem Selbstmord der Halka hergestellt wird.

Die Anlage des gesamten ersten Teils und Kernteile des weiteren Verlaufs des Stoffs sind also bei beiden Opern identisch. Einzelne Szenen finden sich mit entsprechend geänderten Protagonisten identisch wieder: so etwa die Eingangsszene im Garten des Vizekönigs bzw. des Stolnik oder der Chor der Góralen, für den erkennbar der Chor der Fischer in Aubers Oper Vorbild gestanden haben muss.

Auch die Charaktere sind in beiden Opern in auffälliger Weise ähnlich. Janusz entspricht Alphonse, seine Braut Zofia entspricht Elvire, Jonteks Pendant ist Masaniello und Halkas Pendant ist Fenella. Die Analogie der Charaktere bezieht sich nicht nur auf die gleich gebauten Konstellationen, sondern auch auf die Zeichnung der psychischen Struktur. Bei Halka trifft man auf dieselbe Bereitschaft zum Verzeihen wie schon bei Fenella. Wollte Fenella sich anfangs für die ihr zugefügte Schmach ebenso wie Halka rächen, so verzeihen beide vor ihrem Selbstmord ihren vormaligen Liebhabern. Umgekehrt wird in beiden Libretti die Doppelzüngigkeit und Falschheit des adligen Herrn in Form einer unverhohlenen Anklage zur Schau gestellt. Das Handeln Jonteks bzw. Masaniellos hingegen erscheint durch genau diese Zurschaustellung der Fragwürdigkeit des adligen Verhaltens gerechtfertigt, auch wenn die tatsächliche Durchführung des Aufstands durch Masaniello mit dem Tode bestraft wird.

Halka war allerdings etwas ganz anderes als eine polnische Version der *Muette*, und zwar in zweierlei Hinsicht:
Erstens: *Halka* steht in einer europäischen gattungsgeschichtlichen Tradition, als polnische Variante der »Revolutionsoper«. Das ist kein Widerspruch zur »Originalität« Moniuszkos. Trotz der Parallelen zur *Muette* wurde Moniuszkos *Halka*, auch nach den Umarbeitungen in die vieraktige Warschauer Fassung, als eigenständiges polnisches Werk angesehen, und zwar sowohl von polnischen als auch von ausländischen Kommentatoren. Falls es Moniuszkos Absicht gewesen war, mit der *Halka* deswegen internationale Aufmerksamkeit zu erlangen, weil sie an die bekannte Oper *Muette de Portici* erinnerte, so war diese Absicht fehlgeschlagen. Die Parallele *Muette-Halka* blieb jahrzehntelang wenn nicht unentdeckt, so doch unkommentiert. Hans von Bülow, der die zeitgenössische Musikliteratur genau kannte, hätte in seiner so wichtigen ausführlichen Kritik der *Halka*[2] sicherlich auf die Parallele hingewiesen, wäre sie ihm bewusst gewesen. Somit war der Erste, der auf die Parallele zwischen der *Halka* und der *Muette* im polnischen Diskurs hinwies, Feliks Nowowiejski, ziemlich genau 100 Jahre nach der Uraufführung der Oper.[3]

Zweitens: Wenn also das Sujet der *Halka* bei weitem nicht so ausschließlich polnisch ist, wie es vielen der damaligen Zeitgenossen im In- und Ausland erschien, so steht *Halka* aber dennoch für eine genuin polnische Operntradition, nämlich der der Literaturoper. Viele polnische Opern des 19. Jahrhunderts, nicht nur aus Moniuszkos Komposition, basieren auf Libretti, die zuvor in einer literarischen Version als eigenständige literarische Werke im Umlauf gewesen waren und sodann für Vertonungszwecke zum Libretto umgearbeitet wurden. Bei Wolski lässt sich beobachten, dass das Libretto der *Halka* in einer Linie seines Schaffens steht, die sich nach dem Libretto der *Halka* noch fortsetzt: Vor dem Libretto

2 Bülow, Hans v.: Stanislas Moniuszko »Halka«, Oper in vier Aufzügen, in: Neue Zeitschrift für Musik, Nr. 20 (12.11.1858), S. 209–212 und Nr. 21 (19.11.1858), S. 221–223.
3 Nowowiejski, Feliks Maria: Fenella i Halka, in: Życie Literackie 8/ 36 (346) (7.9.1958), S. 8–10.

der *Halka* lagen die Poeme *Ojciec Hilary* und *Halszka*, danach das Poem *Połośka*. Dieses Phänomen korreliert mit dem Umstand, dass viele Libretti zu den *grands opéras* auf Romanen oder Romanstoffen basieren oder wenigstens nach Art eines Romans, der führenden literarischen Gattung der damaligen Zeit, gebaut sind. Das Libretto zur *Halka* ist also nicht nur vor dem polnischen, sondern auch vor dem europäischen Hintergrund keine Ausnahme, sondern eher die Regel.

Wolski hatte mit seinem Text und Moniuszko mit seiner Musik aus dem nationalen Gegensatz in der *Muette*, in der es um den Kampf italienischer Fischer gegen den spanischen Vizekönig ging, einen sozialen Gegensatz zwischen góralischen Bauern und polnischen Adligen gemacht. Moniuszkos musikalische Leistung bei der Erweiterung der zweiaktigen Halka zur vieraktigen Version bestand darin, mit Neukompositionen diesen Gegensatz noch deutlicher herausgeholt zu haben. Das beste Beispiel dafür sind die Góralentänze, die in der vieraktigen *Halka* als Gegenstück zum Mazur fungieren. Vergleicht man die Handlung der *Muette* mit der vieraktigen *Halka*, dann fällt auf, dass Librettist und Komponist zwar viel Energie auf die musikalische Zeichnung der Milieus verwendet haben, dass aber der zugrundeliegende Handlungsstrang im Vergleich zur zweiaktigen Oper im Wesentlichen unverändert bleibt. In Aubers Oper hingegen bewirkt nicht zuletzt die Tatsache, dass der Aufstand der Fischer eine ganz neue dramaturgische Situation schafft, eine wesentliche Verkomplizierung des Handlungsstrangs gegen Ende der Oper.

Dass Moniuszko, obwohl er die Oper ja bestens kannte und schätzte, auch bei der Umarbeitung seiner *Halka* zu vier Akten dieses Vorbild nicht einfach schematisch übernahm, zeigt, dass er mit der Übernahme und Adaption des Stoffes eine eigenständige Konzeption verfolgte und keineswegs beabsichtigte, eine Kopie dieser berühmten Oper anzufertigen, um sich in Warschau einen Erfolg zu verschaffen. Wohl aber sind die Parallelen zwischen *Halka* und *Muette* ein weiterer Hinweis darauf, wie sehr Moniuszko und seine Oper *Halka* nicht nur vor dem Hintergrund der polnischen, sondern ebenso vor dem Hintergrund der europäischen Kultur und Musik begriffen werden müssen. So betrachtet erscheint *Halka* als ein Glied in einem wichtigen Strang europäischer Operngeschichte. Für Albert Gier beispielsweise ist Halka die polnische Variante der

europaweit praktizierten Adaptionen des Grundmusters des *grand opéra* an polnische Verhältnisse.[4]
Moniuszkos *Halka* steht also nicht nur in einer polnischen Libretto- und Operntradition, sondern auch in einer europäischen. Die Überbetonung der nationalpolnischen Interpretation dieser Oper musste mit Notwendigkeit dazu führen, dass die Teilhabe Moniuszkos und Wolskis an der europäischen Gedankenwelt kaum noch angesprochen wurde.

2 Vom ungeliebten sozialkritischen Werk zum Nationaldenkmal

Die Rezensionen der *Halka* seit 1848 bis zum Ende des Jahrhunderts sind ein beeindruckendes Zeugnis für den Siegeszug der Interpretation der *Halka* als Nationalsymbol – zuungunsten der Kritik am ungeliebten gesellschaftspolitischen Stoff, die mit jeder neuen Besprechung ein Stück mehr in den Hintergrund gedrängt wurde. Mit der Kenntnis der Diskussion über die Ausgestaltung des *naród* in der polnischen Kultur kann man diesen Siegeszug jedoch auch als Ausdruck des Siegeszugs des modernen Nationsverständnisses über die ältere Idee der Adelsnation verstehen. Hatte der Angriff auf die Figur der *Halka* und ihre Verunglimpfung als Bauernheldin noch den Zweck gehabt, allein den Adel als Träger nationale Werte gelten zu lassen, so bedeutete die Titulierung der Oper als großes Werk der polnischen Nationalmusik zugleich auch die Anerkennung einer nationalen Funktion auch der bäuerlichen Landbevölkerung, wie es das moderne Nationsverständnis erforderte. Die Stationen der Kritik am sozialkritischen Inhalt der *Halka* sind so gesehen gleichsam ein Messinstrument für die Entwicklung des Diskurses über den polnischen Nationsbegriff auf dem Weg vom Konzept der Adelsnation hin zum Konzept des modernen Nationsbegriffs.
Die eigentliche Entschärfung des brisanten sozialkritischen Inhalts erfolgte schon bei der Erweiterung der zweiaktigen auf die vieraktige Fassung der *Halka*, und zwar durch eine grundsätzliche Umdeutung der

---

4 Gier, Albert: Das Libretto. Theorie und Geschichte einer musikoliterarischen Gattung, Darmstadt 1998, S. 186.

Handlung, wie sie zu Beginn von Sikorskis Rezension in seiner kurzen Inhaltsangabe erkennbar ist. Dort heißt es über Janusz' Verhalten:

> Er verließ sie wegen einer anderen, nach einer in der Welt ganz allgemeinen Gewohnheit [...]. Das dumme Herz der Góralin verstand nicht, dass wenn die jungen Adligen sich mit ihr Ähnlichen verheiraten würden, wohl auch Góralen die Töchter der Herren und Schwester der jungen Adligen heiraten würden. Gesellschaftlicher Unsinn! Aber wozu davon zu Halka reden! Sie ist völlig irre aus Trauer einer Liebhaberin und vielleicht auch aus Verzweiflung einer Mutter und jagt ihrem Falken Jaśko hinterher; er achtet darauf nicht, und obwohl ihn manchmal das Gewissen plagt, [...] heiratet er Zofia, die Tochter des Stolnik [...]. Halka ertränkt sich aus Verzweiflung [...].

Janusz war nun gewissermaßen entschuldigt. Sein Verhalten erschien als völlig normal und außerdem durch die gesellschaftlichen Normen gerechtfertigt. Von der Halka hingegen war in dieser Beschreibung nur ein fehlgeleitetes, verwirrtes Bauernmädchen übriggeblieben, das man wegen seines begrenzten Verständnisses dieser natürlichen und gesellschaftlich sanktionierten Abläufe nicht recht für voll nehmen zu können meinte.

Auf den ersten Blick scheint es sich hier nur um eine kleine Nuancenverschiebung zu handeln, die aber in Wirklichkeit weitreichende Folgen hatte: Eine Anklage des menschenverachtenden Verhaltens des polnischen Landadels verlor nach dieser Interpretation der Halka plötzlich jegliche Grundlage. Übrig blieb lediglich eine vielleicht bemitleidenswerte, aber sonst nicht weiter berührende Gestalt aus dem polnischen Dorfleben. Das einzig Störende mochte vielleicht ein etwas schaler Nachgeschmack sein: Auch Sikorski kam nicht umhin, die Gewissensbisse des Janusz zu konstatieren und musste auf den gewaltsamen Tod Halkas hinweisen, der angesichts ihres verwirrten Geisteszustands allerdings längst schon nicht mehr dieselbe Brisanz wie vorher verbreitete.

Der Umdeutung des Inhalts, wie sie Sikorski in seiner Rezension vollführte, wurde durch kleine, wirkungsvolle Textänderungen Vorschub geleistet. Das zeigt der Vergleich einzelner Nummern aus beiden Fassungen. Als Beispiel soll ein Chor der Bergbewohner dienen, der das Schicksal der glücklos heimkehrenden Halka kommentiert. In der Wilnaer Fassung der Oper handelt es sich um die zweite Szene des zweiten Aktes, der Text lautet folgendermaßen:

> So ist das, so ist das mit den Herren, das ist ihre Liebe / O so ist das mit ihnen, o armes, armes Ding, o wie arm ist sie doch! / so ist das mit den Herren, so ist das mit ihren Liebesabenteuern.[5]

In der Warschauer Fassung bildet derselbe Chorsatz in unveränderter musikalischer Ausgestaltung das Finale des dritten Aktes (Nr. 14). Dort lautet der Text jedoch:

> So ist das, so ist das mit den Mädchen, das ist ihr Schicksal / o so ist das mit ihnen, o armes, armes Ding, o wie arm ist sie doch! / ist das mit den Mädchen, das ist ihr Schicksal.[6]

Wie gerade diese Textumänderung beweist, handelte es sich hier um eine qualitative Veränderung: Indem die gegen den Adel, d.h. auch gegen die bestehende Gesellschaftsordnung gerichteten Spitzen abgemildert worden waren, konnte man die mitfühlende Zeichnung des Schicksals des bedauernswerten Góralenmädchens verharmlosend als emotional aufrührendes Sittengemälde des dörflichen Lebens betrachten, ohne sich angegriffen fühlen zu müssen.

Die Beseitigung dieser Spitzen einerseits und die Hinzufügung anderer, konsensfähiger Nummern, die das soziale Problem nicht thematisierten, ermöglichten fortan die »nationale« Interpretation des Werks. Nach wie vor war zwar die sozialkritische Interpretationsmöglichkeit ebenfalls gegeben, sie schob sich aber nicht mehr so »störend« in den Vordergrund wie in der zweiaktigen Fassung. Zwar ertränkte sich auch in der vieraktigen Version die schwangere Halka im Fluss, die Hochzeit des Janusz mit Zofia erhielt dadurch mindestens einen sehr schalen Beigeschmack.

---

5 Akt II Szene 2, Chor »Tak to z panami«, Agitato: »Tak to, tak to z panami, to taka miłość ich / Oj tak to z nimi, oj biedna nieboga, oj biednaż ona! / tak to z panami, tak to z zalotami ich.« So bei: Stanisław Moniuszko. Halka. Opera w dwóch aktach. Libretto Włodzimierza Wolskiego. Wyciąg fortepianowy, hrsg. v. Erwin Nowaczyk, Kraków 1976, S. 139 ff.

6 Akt III, Finale Nr. 14 Chor, Presto: »Tak to, tak z dziewczętami, to taka dola ich! / Oj tak to z nimi, oj biedna nieboga, oj biednaż ona / Tak to z dziewkami, taka to dola ich.« So bei: Stanisław Moniuszko. Halka. Opera w 4 aktach do słów Włodzimierza Wolskiego. Wyciąg fortepianowy, hrsg. v. Władysław Raczkowski, Kraków 1966, S. 188 ff.

Nunmehr ermöglichte das Libretto aber einen Argumentationsstrang, diese sozialkritische Interpretation zugunsten einer nationalen beiseitezuschieben. Der allererste Schritt zur späteren Mythisierung des Werks war vollzogen: Ein Weg war gefunden, die ungeliebte, spaltende sozialkritische Interpretation zugunsten einer konsensstiftenden, einigenden nationalen Interpretation in den Hintergrund treten zu lassen. Noch wurde in diesem allerersten Schritt der sozialkritische Inhalt wenigstens thematisiert. Die Anstrengungen, dieser Thematisierung zu entgehen, sollten aber schnell Erfolge zeitigen.

Dieses Bewusstsein war seit Januar 1858 für die Beurteilung der *Halka* entscheidend und drängte die unliebsame Diskussion über den Inhalt der Oper in den Hintergrund. Exemplarisch dafür soll der Umgang der *Halka* in einem fiktiven Briefwechsel in der GAZETA CODZIENNA stehen. Er trägt zwar satirischen Charakter, die Kernaussagen sind jedoch dennoch mit bezeichnender Deutlichkeit formuliert:

> Einmal hörte ich einen adligen Mitgenossen so über die *Halka* reden: »Die Musik ist aus dem Herz, sie fließt zur Seele. Aber was für ein Inhalt? Da ist die *szlachta* besudelt, mit Kot beworfen, mit einem Verbrechen gebrandmarkt. Wenn das ins Ausland kommt, was werden sie über uns sagen?« [...] – »Aber fürchte dich nicht, [...] weder um Halka, noch um Deine eigene Haut. Bauern gehen nicht in die Oper und niemand wird Dir die Scheunen verbrennen, und der Schmerz Halkas wegen eines adligen Gelbschnabels erregt zutiefst Mitleid und bereitet ihren Schwestern keinen Schaden.« Und auch unsere adligen Mitgenossen sollten sich doch diese Dummheit abgewöhnen, als ob sie gleichsam nur für die Zurschaustellung für das Ausland leben würden: »und was werden dazu über uns die Deutschen, und was die Franzosen sagen?« Seien wir ein einziges Mal auf dieser Welt bei uns selbst zu Hause! Leben und arbeiten wir in uns selbst und vor allem für uns selbst. Sind doch unsere Sünden noch Engelssünden im Vergleich mit der Hässlichkeit der allgemeinen Schändlichkeit Westeuropas, wo die Gesellschaft am Ende ist.[7]

---

7 Listy Cześnikiewicza do Marszałka, in: GAZETA CODZIENNA Nr. 17 (1858), hier zitiert nach SM 1, S. 409.

Halka: Synthese des Bisherigen und Ausgangspunkt für Zukünftiges

Hier stehen wir gleichsam am Punkt des Sieges der nationalen Betrachtungsweise der *Halka*. Es wird förmlich dazu aufgerufen, die Beschäftigung mit dem sozialkritischen Inhalt der Oper zugunsten der eigenen Identitätsfindung beiseitezuschieben. Tatsächlich wurde in der Zeit nach 1858 die Handlung der Oper so gut wie gar nicht mehr als Anklage untragbarer sozialer Verhältnisse beurteilt wie noch zehn Jahre vorher, sondern ausschließlich in ihrer Funktion als Musikwerk von nationaler Bedeutung rezipiert.

Dies ist aber auch der Beginn der mythologisierenden Beschreibung ihrer Wirkung durch die Zeitgenossen. Mit dem bewussten Verzicht auf jegliche Beschäftigung mit unangenehmen, Disharmonie stiftenden Reizthemen verschaffte man sich die Möglichkeit, in aller Ruhe die »schöne« Musik der *Halka* genießen zu können, ohne störenden Fragen ausgesetzt zu sein. Das ging allerdings nur dann, wenn man auf die Aufdeckung und Rationalisierung eben dieses Zusammenhangs verzichtete: nicht selbstkritisch zu fragen, welche in der Oper angesprochenen Probleme man lieber verdrängte und warum man das tat, sich also gerade nicht über die Grundlagen des eigenen Handelns und Denkens klarzuwerden.

In der Zeit nach 1858 kann man beobachten, wie gewissermaßen eine Beschreibung der Entstehung und Wirkung der *Halka* »erfunden« wurde, die mit immer besserer Perfektion die Funktion gerade dieser Oper als Manifest der polnischen Nation beschrieb, sich aber an einigen Punkten doch erheblich von den tatsächlichen Ereignissen unterschied. So kommt in einer Rezension zur 47. Aufführung der *Halka* eine Note ins Spiel, die bisher noch nicht zu hören war. Die einleitende triumphierende Beschreibung der bisherigen Aufführungsgeschichte fügt sich noch in das Bekannte ein:

> Siebenundvierzig Vorstellungen, immer voll, innerhalb von zwanzig Monaten, manchmal zu ungünstigsten Bedingungen, ob Frost quält, die Sonne brennt, Gäste aus der Provinz die Hotels belegen, ob so wie heute die Stadt wie verödet ist – das ist in der Geschichte unseres Theaters ein beispielloser Fakt [...].

Erstmals wird nun aber die vermeintlich so besondere Rolle Warschaus für die *Halka* herausgestellt:

Halka: Synthese des Bisherigen und Ausgangspunkt für Zukünftiges

Hatte Moniuszko auf diese Triumphe doch zehn Jahre vorher gewartet, und für ihn zahlten sich diese Jahre aus, besonders mit Ruhm. *Halka* und ihr Autor sind der lebende Beweis dafür, dass niemand Prophet im eigenen Land ist – vielleicht eher in seinem Pfarrbezirk; denn obwohl die Wilnaer Brüder vor Jahren nicht die Stirn vor *Halka* beugen wollten, haben das für sie die Warschauer Brüder gemacht.[8]

Geleitet wurde der Autor hier offensichtlich von dem Bedürfnis, eine schlüssige und »glatte« Erklärung für die Entstehung und Wirkung des Nationalsymbols *Halka* zu geben. Die bisherige Aufführungsgeschichte zeigte klar, dass die Oper viel zu wichtig war, als dass man über den eigenen »Schandfleck«, nämlich die zehnjährige Verzögerung der Annahme der Oper an der Warschauer Bühne, mit verschämtem Stillschweigen hinweggehen konnte. Also packte man gewissermaßen den Stier bei den Hörnern und präsentierte eine geschönte Version der Entstehungsgeschichte der *Halka*, mit der man sich in Warschau sozusagen »reinwaschen« konnte.

Zweierlei blieb dabei auf der Strecke: Zum einen bedeutete dieses Vorgehen den endgültigen Verzicht auf eine inhaltliche Erörterung über das Libretto, also etwa über sozialkritische Implikationen des Stoffes oder andere Punkte, die Kritik hervorgerufen hatten oder auch nur im Verdacht standen, dazu geeignet zu sein. Zum anderen erfolgte die eigene Reinwaschung gerade nicht durch Bewusstmachen der ja unbequemen historischen Wahrheit im Sinne einer Katharsis, sondern im Gegenteil durch die Umdeutung am entscheidenden Punkt, wodurch der Mythos erzeugt wurde: Auch wenn die Aufführungen von 1848 und 1854 in Wilna tatsächlich nicht zu einem bleibenden Erfolg geführt hatten, sondern dieser erst in Warschau eintrat, verfälscht die solcherart verkürzte Darstellung die Wahrheit auf Kosten des Wilnaer Publikums, das hier den Schwarzen Peter zugeschoben erhielt. War doch, wie dargestellt, die *Halka* in ihrer kürzeren Form in beiden Wilnaer Aufführungen freundlich aufgenommen worden und die Verzögerung mit Sicherheit durch Warschauer, nicht aber durch Wilnaer Verhältnisse entstanden.

---

8 GAZETA WARSZAWSKA Nr. 219 (21.8.1859).

Halka: Synthese des Bisherigen und Ausgangspunkt für Zukünftiges

Ihren Endpunkt erhielt diese Legende in den 1880er Jahren. Nunmehr stellte der KURIER WARSZAWSKI es so dar, dass den Komponisten kurz vor dem Uraufführungstermin der Mut verlassen habe und er sogar seine Oper habe zurückziehen wollen und es des Zuspruchs von Moniuszkos Freund Lesznowski und Beratungen in der Redaktion der GAZETA WARSZAWSKA bedurft habe, um Moniuszko von dieser Absicht abzubringen.⁹ Um sich vom Stigma des Verhinderers einer so wichtigen Oper zu befreien, wandte man in Warschau dieses Prinzip auch auf umgekehrte Weise an: nicht nur den anderen den Schwarzen Peter zuzuschieben, sondern die eigenen Verdienste herauszustreichen und Legenden zu schaffen, die die eigene Integrität außer Zweifel stellen. Mit der Besprechung der fünfzigsten Aufführung, die auf den Neujahrstag 1860, also den zweiten Jahrestag der Uraufführung der *Halka* fiel,¹⁰ präsentierte der Berichterstatter des TYGODNIK ILUSTROWANY auf verräterische Weise etwas zu gewollt bescheiden den Mann, dem man einen wesentlichen Anteil des Verdienstes der Warschauer Uraufführung der *Halka* zuweisen wollte, nämlich den Regisseur Matuszyński. Mit folgenden Formulierungen wurde darauf hingewiesen:

> Aber es gibt noch jemanden, der von allen diesen Bühnenerfolgen verdeckt immer hinter den Kulissen steht, also unsichtbar ist, und der sich tief in seinem Herz über die ununterbrochenen Triumphe dieses Werks freut [...]. Die Pflicht zur Gerechtigkeit gebietet uns, ihn zu erwähnen: Es ist der Regisseur der Oper, Herr Matuszyński. Er schlug als erster vor zwei Jahren den Künstlern die Aufführung der *Halka* vor, er sparte als erster nicht an Überredungskunst und fortdauerndem Betreiben, um die anfangs unwilligen Künstler diesem Unternehmen geneigt zu machen. Wäre er nicht gewesen [...], so würde *Halka* vielleicht bis zum heutigen Tage im Regal ruhen, vom Staub des Vergessens bedeckt.¹¹

9 KURIER WARSZAWSKI Nr. 177 (1885), S. 2.
10 Ursprünglich war die Uraufführung von Moniuszkos Oper *Hrabina* am Neujahrstag 1860 vorgesehen – ein Datum, das bewusst an die symbolische Bedeutung des 1. Januar für Moniuszkos Opern anknüpfen sollte. Eine Krankheit des Komponisten zwang aber dazu, die Premiere der *Hrabina* zu verschieben und an ihrer Stelle die *Halka* aufzuführen, so dass Jahrestag und Jubiläum zusammenfallen konnten – ein Umstand, dem die Presse besondere Aufmerksamkeit bescheinigte. Vgl. die Ankündigung der GAZETA WARSZAWSKA Nr. 341 (24.12.1859).
11 TYGODNIK ILUSTROWANY Nr. 15 (7.1.1860).

Tatsächlich waren die Verdienste Matuszyńskis um das Zustandekommen der Premiere vom Neujahrstag 1858 offenbar nicht gering gewesen. Moniuszko selbst schien in dem seit 1854 am *Teatr Wielki* fest angestellten Sänger und Regisseur einen der hauptsächlichen Befürworter des Warschauer Opernprojekts zu sehen und bezeichnete ihn in ausführlichen Briefen als »allerehrlichsten Freund«.[12] Zumindest erstaunlich ist allerdings, dass Matuszyński hier so ausschließlich als Motor der Warschauer Uraufführung herausgestellt wurde. Hatte sich 1857 die Situation doch deutlich komplexer und verworrener dargestellt, so dass man auch mit dem heutigen – leider lückenhaften – Wissen Matuszyński zwar eine bedeutende, aber gewiss nicht die alleinige Rolle bei der Initiative und den Vorbereitungen zur Aufführung zusprechen kann. Auf die drei Jahre später präsentierte exponierte Stellung Matuszyńskis hin protestierte allerdings interessanterweise auch niemand. Es scheint sich hier in der Tat um eine Legende zu handeln, mit der man die eigenen Bemühungen um die Aufführung der *Halka* glaubwürdig belegen konnte, indem man eine allseits geachtete Person in den Mittelpunkt rückte, bei der nicht zu befürchten war, dass eine derart exponierte Stellung von irgendjemandem nicht gegönnt werden würde, was ja die zu erzielende Harmonie empfindlich gestört hätte.

In der Sondernummer der renommierten Warschauer Zeitschrift Echo Muzyczne, Teatralne i Artystyczne anlässlich der 500. Warschauer Aufführung der *Halka* schließlich wird Matuszyński kurz und bündig als »Warschauer Promotor« der *Halka* bezeichnet:[13] Wiederum hatte sich eine Legende in vermeintliche Gewissheit verwandelt.

In den sich ausbildenden Mythos um die Oper *Halka* wurde ab einem gewissen Punkt auch ihr Komponist miteinbezogen. Von Anfang an, d.h. seit dem Neujahrsabend 1858, wurde er geehrt und mit Zeichen der Anerkennung bedacht. Die neue Rolle Moniuszkos in der Gesellschaft war zunächst am Erscheinen ausführlicher biographischer Artikel über ihn erkennbar. Da der bislang in Warschau wenig bekannte Moniuszko ganz offensichtlich eine Bedeutung in der eigenen Weltsicht haben würde, wollte man mehr über ihn wissen. In den Jahren 1859 bis 1864

---

12 Listy, Nr. 250 vom 25.9./ 8.10.1857 aus Wilna an Leopold Matuszyński, S. 275.
13 Echo Muzyczne, Teatralne i Artystyczne Nr. 49 (897) (18.11./ 8.12.1930), S. 580.

entstanden einige Abhandlungen über den Komponisten, die für ganz unterschiedliche Zielgruppen bestimmt waren. Ein Jahr nach der Warschauer Premiere der *Halka* veröffentlichte der Musikfachmann Maurycy Karasowski eine umfassende Lebensbeschreibung und Würdigung des Komponisten im TYGODNIK ILUSTROWANY.[14] Es gehörte wesentlich zur Konzeption dieser Zeitung, durch biographische Abhandlungen über verdiente Gestalten des polnischen Geisteslebens die Klasse der Intellektuellen zusammenzuhalten und an Vorbildern auszurichten. Die Aufnahme eines Artikels über Moniuszko bedeutete also nichts weniger als die Anerkennung einer beispielhaften Vorbildrolle des Komponisten auch für die Zukunft.

Eher für das musikalisch gebildete Fachpublikum bestimmt war eine weitere Abhandlung Karasowskis über »Stanisław Moniuszko als dramatischer Komponist«, die in einem Hauptorgan der Warschauer Intellektuellen, der BIBLIOTEKA WARSZAWSKA, erschien.[15] Für eine ganz andere Personengruppe war der Beitrag von Alojzy Kuczyński bestimmt, was schon am Titel der Veröffentlichung, *Kalendarz Ilustrowany dla Polek* (Illustrierter Kalender für Polinnen) erkennbar ist. Musikästhetische Reflexionen im Sinne eines Karasowski sucht man hier vergeblich. Informationen über Lebensstationen und vorbildhafte Leistungen werden ergänzt durch wolkig-sentimentale Phrasen über das glückhafte Wirken der »Vorsehung«, das Moniuszko zu seinen außerordentlichen Fähigkeiten gebracht habe. Typisch für eine Frauenzeitschrift im damaligen Sinne ist die ausführliche Würdigung der Mutter des Komponisten in konservativ-klerikalem Geist, wie sie in folgenden Formulierungen gipfelt:

> [...] ihre Gebete fügten jeden Tag neuen Glanz der kindlichen Seele [Moniuszkos] hinzu. [...] Ehre solchen Müttern, Ehre ihrem Gedächtnis![16]

---

14 Karasowski, Maurycy: Stanisław Moniuszko, in: TYGODNIK ILUSTROWANY Nr. 8 (19.11. 1859).
15 Karasowski: Stanisław Moniuszko jako kompozytor, a.a.O., S. 261–281.
16 Kuczyński, Alojzy: Stanisław Moniuszko, in: Kalendarz Ilustrowany dla Polek na rok 1861, S. 190–193.

Schließlich wurde Moniuszko in den Kanon wichtiger Gestalten der polnischen Kultur aufgenommen, was durch Oskar Kolbergs Artikel »Moniuszko« im lexikalischen Hauptwerk seiner Zeit, der *Encyklopedia Powszechna* Hipolit Orgelbrands, symbolischen Ausdruck fand.[17] Auch als bedeutende Persönlichkeit der polnischen Kultur, zu der Moniuszko durch solche und weitere Veröffentlichungen gemacht wurde, sah sich der Komponist dennoch keineswegs vollkommen kritiklos anerkannt. Selbst in Kolbergs Lexikonartikel wurde immerhin noch kurz und knapp die Kritik an der *Halka* erwähnt: Man habe dem Text »unmoralische Tendenzen und allgemein ein unvollständiges Einverständnis mit dem Leben der Vorfahren« vorgeworfen. Darüber hinaus gab es auch nach 1858 Kritik an der *Halka*, an Moniuszko und an der hinter seinen Werken stehenden musikalischen Konzeption, wie noch auszuführen sein wird. Der Erfolg und im Anschluss daran einsetzende Prozess der Mythisierung der *Halka* konnte diese Tatsache zwar in spektakulärer Weise an den Rand drängen, aber keinesfalls beseitigen. Nur so ist es zu erklären, dass beispielsweise in der in Warschau erschienenen Musikgeschichte von Kazimierz Łada aus dem Jahre 1861 Moniuszko zwar genannt, aber in seiner Bedeutung zweitrangig erscheint[18] – zeitgleich also mit den erwähnten ausführlichen, so positiven biographischen Abhandlungen über Moniuszko.

3 Expansion der *Halka* in die polnischen Zentren

Im Warschauer Musikleben des 19. und 20. Jahrhunderts behielt Moniuszkos *Halka* ihren festen Platz. Die Oper wurde immer öfter aufgeführt, und die Aufführungsjubiläen folgten immer schneller aufeinander, wie folgende kurze Zusammenstellung zeigt:

1865	100. Aufführung	(ab 1898 beging man auch die
1876	200. Aufführung	Jahrestage nach der Warschauer
1885	300. Aufführung	Uraufführung von 1858)

---

17 Kolberg, Oskar: Artikel Moniuszko, in: Encyklopedia Powszechna, hrsg. v. Hipolit Orgelbrand, Bd. XVIII, Warszawa 1864.
18 Łada, Kazimierz: Historia muzyki, Warszawa 1861, S. 294.

1894	400. Aufführung	1908	50 Jahre nach der UA
1900	500. Aufführung	1912	700. Aufführung
1907	600. Aufführung	1918	60 Jahre nach der UA

Alle diese Jubiläen waren ihrer Natur nach städtische Warschauer Ereignisse, leiteten sie sich doch vom Datum der ersten Aufführung der Oper in Warschau, also dem Neujahrstag 1858, her. An der unterschiedlichen Behandlung durch die Presse kann man jedoch einen Wandel von städtischer hin zu nationaler Funktion der Jubiläen ablesen.
Den Gewinn aus der hundertsten Aufführung der Oper am 7. Oktober 1865 hatte die Operndirektion Moniuszko zuerkannt, da sie »auf diese verdienstvolle Weise das Talent Moniuszkos ehren und seine Arbeit belohnen wollte«, wie es im DZIENNIK WARSZAWSKI hieß.[19] Der Zustrom war anscheinend geringer als erwartet, dennoch fiel der Ertrag für den Komponisten befriedigend aus. Wie Tomasz Le Brun in seiner Besprechung betonte, waren viele Besucher nur zu Moniuszkos Ehren gekommen und hatten ihm zuliebe die erhöhten Preise gezahlt.[20] Die Eigenschaft der Aufführung als Jubiläum wurde zwar erwähnt, aber im Vergleich zu den Besprechungen späterer »runder« Aufführungen nicht über Gebühr herausgehoben. In einer Vorankündigung des Ereignisses im KURIER WARSZAWSKI erschien ein Kurzabriss der Warschauer Aufführungsgeschichte der Halka[21]; Adolf Bogucki betonte im TYGODNIK ILUSTROWANY die Seltenheit einer so oftmaligen Aufführung einer einzigen Oper und die Größe ihres Erfolgs[22] – noch sprach man aber nicht von der Bedeutung des Jubiläums als Ereignis von nationaler Tragweite, wenigstens nicht an herausgehobener Stelle.
Genau hierin lag der Unterschied zu späteren Jubiläen. Dreißig Jahre später erblickte man in der außergewöhnlichen Häufigkeit der Aufführungen einen Beleg für die Verbundenheit des polnischen, nicht nur des Warschauer Publikums mit diesem Werk. Zum 40. Jahrestag nach der Warschauer Premiere hieß es:

19 DZIENNIK WARSZAWSKI Nr. 214 (28.9.1865).
20 Le Brun, Tomasz, in: GAZETA MUZYCZNA I TEATRALNA Nr. 2 (13.10.1865); vgl. auch SM 2, S. 437.
21 KURIER WARSZAWSKI Nr. 165 (24.9.1865).
22 Bogucki, Adolf, in: TYGODNIK ILUSTROWANY Nr. 317 (21.1.1865).

Halka: Synthese des Bisherigen und Ausgangspunkt für Zukünftiges

Vierzig Jahre lang bewunderte die polnische Öffentlichkeit die Poesie dieser einfachen und schönen Musik und manifestierte seine Begeisterung mit nicht enden wollendem Beifall [...]. Jahre vergingen, die Zuhörer änderten sich, neue Generationen begannen ins Theater zu gehen – und die Begeisterung für die *Halka* kühlte kein bisschen ab.[23]

Das Jubiläum der 500. Aufführung wurde sogar gleichsam zu einem nationalen Gedenktag gemacht, wie die ersten, in charakteristisch nationalem Pathos gehaltenen Sätze der Konzertbesprechung im ECHO MUZYCZNE, TEATRALNE I ARTYSTYCZNE unmissverständlich deutlich machten:

> Die Behauptung, dass der 9. Dezember 1900 ein Feiertag der nationalen Musik ist, ist keineswegs eine rhetorische Wendung. Diejenigen, denen es gegeben war, am Ehrenakt des Gedenkens für Stanisław Moniuszko teilzunehmen, werden wohl niemals die bewegenden Momente des Festzugs vergessen, der die Gestalten der Werke des Meisters personifizierte.[24]

Weiter wurde der Ablauf der Feierlichkeiten beschrieben. Es gab je eine Nachmittags- und eine Abendvorstellung der Oper. Das gesamte Ensemble sang das zu diesem Anlass von Piotr Maszyński, dem Gründer und Leiter der Warschauer »Lutnia«, komponierte Lied zu Musik aus *Verbum nobile*. Schließlich zog eine Prozession aus Schauspielern in Verkleidungen der wichtigsten Gestalten aus Moniuszkos Bühnenwerken vor seiner auf der Bühne aufgestellten Büste unter den Klängen eines Potpourris aus Melodien dieser Werke vorüber. In ganz ähnlicher Weise wiederholte sich der gesamte Ablauf zehn Jahre später, zum sechzigsten Jubiläum am 1. Januar 1918.

Vor allem in den ersten Jahrzehnten nach ihrer Uraufführung in Warschau wurde die vieraktige *Halka* als Symbol des Polentums in alle größeren polnischen Zentren exportiert. Den Anfang machte Wilna, der vorherige Wirkungsort des Komponisten, wo die Oper schon im Jahre 1860, also zwei Jahre nach der Warschauer Premiere zu hören war. Sechs Jahre später wurde *Halka* in Krakau, ein weiteres Jahr später in Lemberg

---

23 BŁUSZCZ, 20.1.1898.
24 500-ne predstawienie »Halki«, in: ECHO MUZYCZNE, TEATRALNE I ARTYSTYCZNE Nr. 50 (899) (2./ 15.12.1900), S. 593.

Halka: Synthese des Bisherigen und Ausgangspunkt für Zukünftiges

Abb. 8: *Theaterzettel zur 500. Aufführung der Halka in Warschau im Jahre 1900 als Benefizveranstaltung für die Familie des Komponisten. Öffentliche Aushänge mussten im russischen Teilungsgebiet zweisprachig polnisch-russisch gestaltet werden.*

erstmalig gegeben. Zu Lebzeiten des Komponisten wurde die *Halka* nur noch in einer weiteren Stadt zur Aufführung gebracht, nämlich im Jahre 1869 in Lublin. Den Beschluss machten die Erstaufführungen in Posen (1873) und in Łódź (Ende 1875), womit nunmehr alle wichtigen großen polnischen Zentren ihre *Halka*-Vorstellungen erlebt hatten. Moniuszkos Hauptoper war aber bis zum Jahr 1875 nicht nur in den genannten Städten erklungen. Vielmehr lässt es sich beinahe in jeder Region beobachten, dass eine Aufführung des Werks im Oberzentrum Folgeaufführungen in den mittleren und kleineren Städten des Umlandes nach sich zog. Die Aufführung von Moniuszkos *Halka* oder einer anderen Oper war oftmals zunächst deswegen ein ganz außergewöhnliches Ereignis, da zum Gelingen dieses Projekts mitunter erhebliche Anstrengungen notwendig waren. Die Mitwirkung von Gesangvereinen in Posen oder der k.u.k. Militärmusik in Krakau und Lemberg entsprang der Notwendigkeit zur Improvisation, da in den seltensten Fällen ein vollständiges Opernensemble zur Verfügung stand. Das Gelingen einer geplanten Aufführung hing also gerade zu Beginn der Aufführungsgeschichte der *Halka* ganz wesentlich von der Akzeptanz und der Bereitschaft zur Mitarbeit der städtischen Bevölkerung ab. In einer Situation, in der die Anzahl gut ausgebildeter Musiker und Schauspieler verhältnismäßig niedrig war, machten sich derartige Probleme immer wieder bemerkbar. Was einer Stadt zum Vorteil gereichte, konnte sich mitunter anderswo gegenteilig auswirken. So hatte die Einrichtung einer polnischen Bühne in Wilna durch Nuna Młodziejowska auf die Stadt Posen nachteiligen Einfluss, da von dort viele Schauspieler nachfolgten und die Posener Bühne verließen. Stets lässt sich beobachten, dass die *Halka* von vornehrein nicht nur als interessantes Musikwerk, sondern als nationales polnisches Symbol gehört und auch so verstanden wurde. Besonders die erste Aufführung in einer Stadt stellte oft in dreifacher Hinsicht eine Manifestation dar: Zunächst handelte es sich um eine Loyalitätsbekundung gegenüber Warschau, dann um eine Selbstdemonstration der eigenen Geschlossenheit und endlich, damit eng verbunden, um eine Demonstration gegenüber dem nationalen Gegner. Gerade die Schwierigkeiten, die mit der Organisation einer Opernaufführung verbunden waren, schufen nach vollbrachter Realisierung ein Gefühl des Stolzes und erhöhten nochmals die Identifikationswirkung der *Halka*. Dieser Stolz über die vollbrachte

Realisierung eines nationalen Großprojekts verlieh der *Halka* einen zusätzlichen Nimbus, der sich bei kleineren Gattungen, etwa einem Lied Moniuszkos oder einer Polonaise für Klavier Chopins, nicht einstellte. Dieser Reiz des schwer Erreichbaren kompensierte die Tatsache, dass Moniuszkos *Halka* sich erst nach und nach die polnischen Opernbühnen eroberte – ein Prozess, der auch in der Zwischenkriegszeit noch nicht abgeschlossen war. Wie sehr aber bereits zu Beginn der Wiedererstehung des unabhängigen polnischen Staates die Vorstellung von *Halka* als nationalem Symbol auch in kleineren Orten verankert war, zeigt sich daran, dass es nach dem Ersten Weltkrieg zur ungeschriebenen Pflicht wurde, eine neue Opernbühne mit der Aufführung der *Halka* (oder wenigstens einer anderen Oper Moniuszkos) zu eröffnen.

Wo es überhaupt noch dazu kam, wurde die Diskussion um den sozialkritischen Inhalt eher beiläufig geführt; ebenso wie in Warschau trat diese Frage hinter der Bedeutung der Oper als Nationalsymbol fast vollkommen in den Hintergrund. Auch bei anderen Musikwerken Moniuszkos stand die Frage der nationalen Bedeutung im Mittelpunkt. Es hatte sich schnell ein Verständnis von Moniuszkos Musik als symbolhaft für die Zwecke des Nationalen aufgeladener Kunst ausgebildet.

Die Idee der übergeordneten nationalen Einheit erwies sich letztlich als stärker als die regionale Vielfalt. Für die erste Jahrhunderthälfte hatte Antoni Miller folgendes festgestellt:

> Und wäre nicht diese »Zentralisierung« der Einflüsse, wäre nicht der Blick auf Warschau, […] dann wären die polnischen Theater der Teilgebiete in der Flamme der Einflüsse der Kulturen der Aggressoren eingeschmolzen.[25]

Wie die Rezeption der *Halka* in den polnischen Zentren zeigt, hat diese Feststellung auch für die zweite Jahrhunderthälfte Gültigkeit. Moniuszkos Werk, insbesondere seine *Halka*, erwies sich hier als Klammer, die die regionalen Unterschiede einebnete und die Idee des Verbindenden, Polnischen, Nationalen in den Mittelpunkt stellte. Wie sehr es außerhalb Warschaus um diese übergeordnete nationalpolnische Funktion ging, zeigt sich daran, dass die regionalen Elemente, die in der *Halka* verarbeitet

---

25 Miller: Teatr polski, a.a.O., S. 123.

sind, gerade nicht zu einer Regionalisierung, d.h. zu einer regional eigenen Vereinnahmung der Oper führten. Dieser Prozess konnte deshalb funktionieren, da eine imaginäre Städtehierarchie aus einer Kombination von Selbst- und Fremdbildern die einzelnen städtischen Gesellschaften aufeinander bezog und dadurch die Idee der nationalen Gesellschaft aufrechterhielt.

4 Das Nationalsymbol *Halka* in der polnischen politischen Mythologie

Endpunkt dieses Prozesses, der durch die mythologisierende Beschreibung der Wirkung begonnen hatte, war eine feste Position der *Halka* als Nationalsymbol an zentraler Stelle in einer sich ausbildenden nationalen polnischen Mythologie. Die mythisierende Beschreibung oder kurz der Mythos *Halka* diente dabei dem Zweck, die Gewährung emotionaler Einigkeit durch dieses Werk unwiderruflich und stets für eigene Zwecke wiederholbar zu machen. Die Oper konnte somit in einer zuverlässigen, gleichsam stets abrufbereiten Weise zur Demonstration eines ganz bestimmten Bildes des »Polnischen« benutzt werden – eine Möglichkeit, die erst nach Moniuszkos Tod ihre ganze Auswirkung zeigte. *Halka* stand hier in einer Reihe mit vielen anderen Kunstwerken, die in ähnlicher Weise nationale Symbolfunktionen zugeschrieben bekamen. Auch wenn Entstehung und ursprüngliche Absicht dieser Werke in jedem Einzelfall unterschiedlich war, so sind sie doch in ihrer Funktion für die nationale polnische Mythologie als Nationalsymbole vergleichbar. In diesem Sinne erscheint es möglich, so unterschiedliche Werke wie etwa Henryk Sienkiewiczs *Ogniem i mieczem* (*Mit Feuer und Schwert*) oder die Historienmalerei eines Jan Matejko und Artur Grottger mit Moniuszkos *Halka* in einem Atemzug zu nennen.

Der Mythos des Nationalsymbols *Halka*, wie er in seiner vollen Form kurz vor dem Ersten Weltkrieg ausgebildet, in wesentlichen Teilen aber bereits gegen Ende von Moniuszkos Leben vollendet war, erzählt die Geschichte des zutiefst nationalbewegten Komponisten Stanisław Moniuszko (seine Person wurde in den Mythos einbezogen), der zur Förderung der

Nationalbewegung die nationale Oper *Halka* schrieb, die alle gesellschaftlichen Schichten in der Idee des Polnischen vereinen sollte. Von sozialen Gegensätzen im Libretto, musikalischen, dramaturgischen oder anderen Schwachstellen bzw. generellen Kritikpunkten ist in diesem Mythos keine Spur mehr vorhanden. Selbst die einfache Frage, ob neben diesem nationalen möglicherweise noch andere Beweggründe für die Entstehung der *Halka* denkbar sein könnten, wurde gar nicht erst gestellt.

Schon in der Zeit zwischen den beiden Aufständen trat eine Erscheinung auf, die für die polnische Kulturgeschichte des letzten Jahrhundertdrittels wesentlich werden sollte, nämlich die historisierende Aufarbeitung der eigenen Vergangenheit. Józef Sikorski forderte im Jahre 1849 öffentlich die Archive und Bibliotheken von Klöstern und Kirchen dazu auf, nach alten musikalischen Handschriften zu suchen, um dadurch die Grundlagen für eine eigene polnische Musikgeschichte zu legen. Sikorski unternahm in den 1850er Jahren auch eigene Forschungen an verschiedenen Orten. Motivation dafür war nicht nur das Bestreben nach Bereicherung der polnischen Musik, sondern auch einer weiteren Legitimierung der eigenen Nationalkultur in Form der Demonstration der Existenz historischer Tradition. Die Geschichte bzw. die Existenz einer reichhaltigen Vergangenheit erhielt somit einen besonders hohen Stellenwert.

Auf diese Weise entstand die Idee eines »nationalen Erbes«, d.h. die Idee von einer Sammlung von Kunstgegenständen, literarischen Werken oder eben auch Musikwerken, deren Gesamtheit gewissermaßen den Thesaurus der polnischen Kultur einnehmen sollte – ein Unternehmen, das als »Arbeit an den Grundlagen« der polnischen Nationalgesellschaft eng mit der Ideologie des Positivismus verbunden war. Diese historisierende Bedeutungsgebung erweiterte sich zu einer schlechthin bestimmenden Sichtweise. Zwei Zeitschriften, die 1841 gegründete BIBLIOTEKA WARSZAWSKA und der 1859 entstandene TYGODNIK ILUSTROWANY, wurden zum Kristallisationspunkt dieses Prozesses. In beiden Zeitschriften erschienen seit den Jahren ihrer Gründung immer wieder Lebensläufe von berühmten Gestalten aus der eigenen Geschichte. In Verbindung mit der Idee des Künstlers als Prophet der Nation (der *wieszcz*-Gedanke) sprach man den hier besprochenen Personen eine Leitungsfunktion zu. Die führende Musikzeitschrift des letzten Jahrhundertdrittels, das ECHO

MUZYCZNE, TEATRALNE I ARTYSTYCZNE, nahm die Praxis dieser Blätter auf und erweiterte den Kreis behandelter Personen bis auf zeitgenössische Figuren des Musiklebens, die nun ebenso wie andere polnische Komponisten aus längst vergangenen Epochen ausführlich besprochen wurden und dadurch eine Vorbildfunktion erhielten.

Zu den Persönlichkeiten, die man für diesen Aufbau eines nationalen Erbes instrumentalisierte, gehörte auch Stanisław Moniuszko. Die ausführliche Abhandlung über Leben und Werk des Komponisten, die ab 1898 im ECHO MUZYCZNE, TEATRALNE I ARTYSTYCZNE erschien, zeigte, wieviel Bedeutung man dem Komponisten für diese Funktion beimaß. Ein Zentrum der Pflege und Beschäftigung mit Moniuszkos Musik war die *Warschauer Musikgesellschaft*, die im vorletzten Lebensjahr des Komponisten entstand und sich ihm in einer speziell Moniuszko gewidmeten Unterabteilung zuwandte, die im Jahr 1891 entstanden war. Im Jahre 1869 trat der Warschauer Musikschriftsteller und Komponist Władysław Wiślicki mit dem Gedanken der Gründung eines »literarisch-künstlerischen Klubs« in der Zeitschrift KŁOSY in Erscheinung. Nach verschiedenen Vortreffen, von denen Moniuszko zumindest wusste, erfolgte die offizielle Gründung als »Warschauer Musikgesellschaft« (»*Warszawskie Towarzystwo Muzyczne*«) am 2. Februar 1871. In einem Statut hatte man zuvor die wesentlichen Zielsetzungen der Gesellschaft umrissen, wie die regelmäßige Ausrichtung von Konzerten, Veröffentlichung und Verbreitung der wichtigsten polnischen Kompositionen, Kompositionswettbewerbe, Hilfe bei der Gründung von musikalischen Amateurensembles, endlich Stipendien für begabte Talente und die Gründung einer eigenen Musikschule. Auch wenn von diesen Zielen nur ein Teil verwirklicht werden konnte, so errang die neugegründete Gesellschaft schnell eine wichtige Position im Warschauer Musikleben, war sie doch neben der Sängervereinigung »Lutnia« bis zur Eröffnung der Warschauer Philharmonie im Jahre 1901 die einzige Institution in der Stadt, die regelmäßig Konzerte organisierte.

Im Jahr 1887 übersiedelte der vielseitig interessierte Philologe Jan Karłowicz, Freund Stanisław Moniuszkos und Vater des Komponisten Mieczysław Karłowicz, aus Wilna nach Warschau. Am 28. Dezember 1891 berief er eine Versammlung ein, auf der eine Unterabteilung der Warschauer Musikgesellschaft ins Leben gerufen wurde, die sich speziell Mo-

Halka: Synthese des Bisherigen und Ausgangspunkt für Zukünftiges

Abb. 9: Ansichtskarte von einer Halka-Aufführung im Jahre 1900

niuszko widmen sollte. Die Liste der Gründungsmitglieder liest sich wie ein *Who is who* der damaligen Warschauer Musikszene: Der Leiter der Sängervereinigung »Lutnia« Piotr Maszyński war ebenso dabei wie der Dirigent des Opernorchesters Adam Münchheimer, der Komponist Zygmunt Noskowski und die Kritiker und Musikschriftsteller Aleksander Poliński und Aleksander Rajchman – um nur einige zu nennen. Der Charakter einer Unterabteilung der *Warschauer Musikgesellschaft* kam dadurch zum Ausdruck, dass nur Mitglieder der Musikgesellschaft auch aktive Mitglieder der Unterabteilung werden konnten.

In den ersten Jahren der Unterabteilung lag die Initiative hauptsächlich bei Jan Karłowicz selbst, einem passionierten Sammler und Liebhaber von Moniuszkos Musik. Er überredete die Familie Moniuszkos, wichtige Stücke aus dem Nachlass des Komponisten der Unterabteilung zu überlassen, fand in Wilna die Noten der Streichquartette auf, bereitete die *Sonety krymskie* (*Krim-Sonette*) zum Druck vor und plante das weitere Vorgehen der Unterabteilung. Das beharrliche und konsequente Arbeiten Karłowiczs und seines Nachfolgers seit 1895, Władysław Zahorowski, trug schließlich Früchte: Im Jahr 1899 bezeichnete das Komitee der *Warschauer Musikge-*

sellschaft die »künstlerisch-gesellschaftliche Tätigkeit« der Moniuszko-Unterabteilung als »imponierend«, räumte ihr den »ersten Platz« innerhalb der gesamten Musikgesellschaft ein und beschloss »im Gefolge und nach dem Vorbild« der Moniuszko-Unterabteilung eine ebensolche Einrichtung zur Pflege des Werks von Chopin zu gründen.

Diese Höherbewertung der Beschäftigung mit Moniuszko innerhalb der Organisationsstruktur der *Warschauer Musikgesellschaft* bedeutete auch die Möglichkeit zu einem sehr viel intensiveren Auftreten der Unterabteilung in der Öffentlichkeit. Hatte die Pflege der Hinterlassenschaft Moniuszkos bisher hauptsächlich der Sammlung und bibliothekarischen Verwaltung von Notenmaterial, Manuskripten und Briefen aus dem Nachlass des Komponisten gegolten, so konnte man in den Jahren 1902 und 1905/06 umfangreiche Moniuszko-Ausstellungen veranstalten, die auf großes allgemeines Interesse stießen: Die zweite Ausstellung wurde, obwohl in der Zeit zwischen den Jahren (vom 26. Dezember bis zum 8. Januar) ungünstig gelegen, von über 1200 Personen besucht. Beide Ausstellungen erhielten lobende Besprechungen von der Warschauer Presse. A. Dobrowolski stellte in seiner Besprechung der ersten Ausstellung im Dezember 1902 den leitenden Gedanken heraus, der auch für die Bemühungen der Veranstalter wesentlich war: Moniuszko und seine Musik wurden verstanden als kulturelles Erbe, das es für künftige Generationen zu bewahren galt.

> Herr Zahorowski gab uns ein Beispiel, wie man nicht nur das Gedächtnis eines großen Menschen ehren soll, sondern auch wie man alles, was unmittelbar mit diesem Menschen verbunden ist, für die Nachkommenschaft vor der Vergessenheit bewahren muss. […] Dies erst nennt man die wirkliche Pflege [*kult*] des Meisters.[26]

Das große öffentliche Interesse, das diese Veranstaltungen erweckten, zeigt sich auch an ihrer Organisationsstruktur. Die erste Ausstellung wurde von der *Warschauer Wohltätigkeitsgesellschaft* und der *Warschauer Musikgesellschaft* gemeinsam ausgerichtet. Beide Organisationen erhielten großzügige Hilfe von verschiedenen Firmen: von Gebethner & Wolff, der ersten Musikalienhandlung am Platze, die Direktion des Museums

---

26 Dobrowolski, A.: Wystawa teatralna, Teil 2, in: KURIER WARSZAWSKI Nr. 345 (1902), S. 4.

für Handel und Landwirtschaft überließ zwei Vitrinen, die Klavierbauerfirma J. Kerntopf restaurierte Moniuszkos erhaltenes Instrument, der Juwelier Turczyński und der Lederhandel Greulich verzichteten auf die Entlohnung für Reparaturen und verschiedene Aufbauarbeiten.

Seit November 1896 verfügte die Unterabteilung als Ergebnis einer Schenkung der Nachkommen Stanisław Moniuszkos über die alleinigen Rechte an den noch nicht herausgegebenen Musikwerken Moniuszkos. Die Publikation und Drucklegung dieser Materialien hielt der Vorstand der Unterabteilung für sein vornehmstes Ziel. Erreicht werden sollte damit

> die schnellstmögliche Erleichterung für in- und ausländische Kapellmeister, ihrem Verlangen Genüge zu tun, die Bereicherung der Konzertprogramme mit ausgewählten Werken Moniuszkos, und dadurch ebenfalls die Popularisierung seiner Musik in der künstlerischen Welt.[27]

In einer ersten Etappe bis 1902 konnte tatsächlich eine Reihe von Musikwerken im Druck herausgegeben werden. Aufschlussreich für den Geist, in dem dies geschah, ist die Verknüpfung der Herausgebertätigkeit mit Moniuszko-Gedenktagen. So wurde die Orchesterpartitur der *Halka*, deren Druck durch den als Mäzen auftretenden Warschauer Großbankier Leopold Kronenberg finanziert wurde, auf Initiative des Leiters der neuen Warschauer Philharmonie, Emil Młynarski, zur Erinnerung an die 500. Warschauer Vorstellung der *Halka* im Dezember 1900 herausgegeben.

In einer zweiten Phase der Herausgebertätigkeit suchte man finanziellen Engpässen vermehrt durch Spendenaufrufe an die Gesellschaft zu begegnen. Im Jahre 1911 beispielsweise wandte man sich in einem Rundschreiben an ausgewählte Adressaten und warb für Mitgliedschaft in der Unterabteilung oder andere Formen der Unterstützung. Es konnten in den Jahren 1908 bis 1910 fünf weitere Liedersammlungen, ebenfalls mit Moniuszkos Titel *Śpiewnik domowy*, herausgegeben werden.

Im Jahr 1891, als das Warschauer Opernteater innen umgebaut wurde, trat der seinerzeit sehr bekannte Tenor Władysław Mierzwiński mit dem

---

27 Sprawozdanie Warszawskiego Towarzystwa Muzycznego za 1898; hier zitiert nach Spóz, Andrzej: Tradycje moniuszkowskie w Warszawskim Towarzystwie Muzycznym w latach 1871–1914, in: Szkice o kulturze muzycznej XIX wieku. Studia i materiały, Bd. 2, hrsg. v. Zofia Chechlińska, Warszawa 1973, S. 239–286, hier S. 264.

Projekt auf den Plan, auf eigene Kosten ein Moniuszko-Standbild im neugestalteten Theaterfoyer zu errichten. Ein Künstlerwettbewerb wurde abgehalten, aus dem der Bildhauer Hipolit Marczewski als Sieger hervorging. Die Angelegenheit zog sich jedoch in die Länge, da Mierzwińskis Absicht, die erforderlichen Kosten durch Benefizkonzerte zu bestreiten, nicht den gewünschten Erfolg hatte. Die Erlöse aus zwei Konzerten in den Jahren 1891 und 1896 sowie aus einem weiteren von 1895, das Zygmunt Noskowski und andere während eines Auslandsaufenthaltes Mierzwińskis durchführten, deckten den finanziellen Aufwand nur teilweise. Die öffentliche Meinung drängte jedoch zusehends auf den Abschluss der Arbeiten. Jan Kleczyński kommentierte die komplizierte Entstehungsgeschichte des Denkmals mit den Worten, dieses habe »bereits seine eigene Legende«.[28] Schließlich wurde die Moniuszko-Unterabteilung der *Warschauer Musikgesellschaft* dazu verpflichtet, mit Mierzwiński einerseits und mit dem Bildhauer Marczewski andererseits in Verhandlungen zu treten. Diese Bemühungen waren von Erfolg gekrönt: Endlich konnte das Denkmal in einer Feierstunde am 13. Februar 1901 der Öffentlichkeit übergeben werden.

Im Jahr 1902 beschloss der Vorstand der Moniuszko-Unterabteilung bei der *Warschauer Musikgesellschaft*, ein neues Grabmal für den Nationalkomponisten zu errichten. Es sollte sich »an einem für Besucher des Friedhofs zugänglichen Platz« befinden und so gut es ging durch eine »dauerhafte« Bauweise vor dem Zahn der Zeit beschützt werden. Die gleichfalls zu errichtende Statue sollte aus Bronze oder wenigstens »aus möglichst beständigem Marmor« gefertigt sein. Wie allein aus diesem Beschluss vom 12. Mai 1902 schon zu erkennen ist, ging es letztlich darum, mit dem neuen Grabmal einen Platz öffentlicher Erinnerung zu schaffen, der auf seine Weise genau das leisten sollte, was man mit der Oper *Halka* allein in Warschau bereits mehr als fünfhundertmal erlebt hatte: die große identitätsstiftende Wirkung, die zuverlässig und voraussagbar immer wieder mit gleicher Intensität eintrat.

Zur Durchführung dieser Absicht hatte sich der Vorstand zuallererst des Einverständnisses der Hinterbliebenen versichert. Diese stimmten der Um-

---

28 Kleczyński, Jan: Na pomnik Moniuszki, in: Echo Muzyczne, Teatralne i Artystyczne Nr. 385 (2./ 14.2.1891), S. 105.

bettung der Leiche unter der Bedingung zu (am 22. April 1902), dass die Frau des Komponisten später neben ihrem Manne begraben werden könne. Ein Jahr später erteilte der Warschauer Magistrat sein Einverständnis zum Ankauf eines Grabplatzes auf dem Powązki-Friedhof, woraufhin man mit der Beschaffung der notwendigen finanziellen Mittel beginnen konnte. Am 29. Oktober 1908 schließlich erfolgte die Umbettung der Leiche in einer Feierstunde »in mustergültiger Ordnung und Ernsthaftigkeit«.[29] Ein kleiner Chor sang Lieder des Komponisten, Mitglieder der Warschauer Philharmonie führten eine Bearbeitung des *Gebets der Halka* in einer Fassung Münchheimers für Bläser auf. Die Aufstellung einer Statue scheiterte allerdings aus finanziellen Gründen, so dass lediglich eine Grabplatte mit der Aufschrift des Nachnamens die Grabstätte verschloss.

Fast zur gleichen Zeit, nur drei Tage später, fand ein weiteres Projekt seinen Abschluss: Am 26. Oktober 1908 wurde, ebenfalls in einer Feierstunde, eine Gedenktafel an Moniuszkos Warschauer Wohn- und Sterbehaus in der Mazowiecka-Straße 3 enthüllt, ein Projekt, das in der Unterabteilung bereits ein Jahr zuvor entstanden war. Schon im Jahr 1900 hatte der Warschauer Stadtpräsident auf Bitten der Unterabteilung die Benennung einer neuen Straße zwischen der Marszałkowska-Straße und dem Warecki-Platz als Moniuszko-Straße (»ulica Moniuszki«) genehmigt.

Wie bedeutend die Stellung Moniuszkos im kulturellen Gedächtnis damals bereits war, verdeutlicht der Vergleich mit Chopin. Der Opern- und Liederkomponist Stanisław Moniuszko und der fast ausschließlich auf das Klavier orientierte Frédéric Chopin bewegten sich in ganz verschiedenen musikalischen Gattungen, was den direkten Vergleich sehr erschwert. Dennoch wurden solche Vergleiche von den Zeitgenossen immer wieder angestellt. Dabei handelte es sich allerdings nicht um eine rein musikwissenschaftlich motivierte Diskussion um künstlerische Fragen, sondern letztlich stand die Frage im Hintergrund, welcher Komponist besser für Zwecke der nationalen Identitätsfindung geeignet sei. Es kam sogar zu einer Art »Konkurrenz« des Werks beider um den ersten Platz im musikalischen Nationalbewusstsein. Nicht selten gab man dabei Mo-

---

29 Sprawozdanie Warszawskiego Towarzystwa Muzycznego za 1908, S. 27.

niuszko den Vorrang, da man Chopins Musik bei aller Wertschätzung mit gewissen Vorbehalten begegnete.

Albert (Wojciech) Sowiński äußerte in seinem »Wörterbuch polnischer Musiker«, das im Pariser Exil im Jahre 1857 erschien, über Chopin, dass dessen Werke, »obwohl für die Allgemeinheit schwer zu verstehen, dennoch jeden ins Herz treffen«.[30] Damit war sozusagen die Richtung für das Verständnis Chopins im polnischen Bewusstsein der nächsten Jahrzehnte angegeben. Zwar konnte seine Musik als kulturelle Klammer wirken und insofern eine wichtige einigende Funktion der Identitätsstiftung im Nationalen ausüben. Gleichzeitig aber begegnete man Chopins Musik mit einer gewissen Scheu. Im Jahre 1856 bezeichnete Józef Kenig es als kaum möglich, dass irgendein polnischer Komponist Chopins Gedanken weiterführen könne: »Es wird noch viel Zeit verstreichen, bis er so verstanden, so gefühlsmäßig erfaßt sein wird, wie er allgemein bisher verehrt wird.«[31]

Wie es in einer solchen Äußerung schon anklingt, wurde Chopin durch Überhöhung nahezu unerreichbar gemacht. In seinem Gedicht »*Fortepian Szopena*«, das im Herbst 1863 nach der Nachricht entstanden war, die Soldateska habe Chopins Klavier durch das Fenster auf die Straße geworfen, benutzte der Dichter Cyprian Kamil Norwid, der den Klaviervirtuosen persönlich gekannt und verehrt hatte, die Musik Chopins als Sinnbild und irdische Ausprägung des vollkommen Schönen. Das »*ideał Chopina*« (Chopin-Ideal) verkörperte für Norwid Polen und das Polentum. In Norwids Chopin-Verehrung wurde der Klaviervirtuose gewissermaßen auf ein so hohes Podest gestellt, dass er gleichsam entrückt wurde, was im Positivismus zu charakteristischen Erscheinungen des Unverständnisses führte.

Das zeigte sich in der Verwendung der Musik Chopins im letzten Jahrhundertdrittel: Seine Werke fanden zwar Eingang in das Gebrauchs-

---

30 Sowiński, Wojciech: Dictionnaire des musiciens polonais, Paris 1857, S. 113–122. Eine polnische Ausgabe dieses Wörterbuchs erschien in Paris im Jahr 1874 unter dem Titel Słownik muzyków polskich, dort S. 52–59. Hier zitiert nach: Kompozytorzy polscy o Fryderyku Chopinie. Antologia. Zredagował i wstępem opatrzył Mieczysław Tomaszewski, Kraków 1959, S. 13.

31 Kenig, Józef: Z powodu wydania pośmiertnych dzieł Chopina, in: GAZETA WARSZAWSKA Nr. 121 (1856).

musikrepertoire, die Beschäftigung mit seinen Klavierstücken blieb aber vordergründig und formelhaft: Chopin verkam gewissermaßen zur Manier. Der Versuch, seine Musik nachzuahmen, führte zum Entstehen zahlreicher ähnlich klingender Tanzsätze wie Mazurken, Polonaisen o.ä., die aber über den Rang epigonaler Kopien nicht hinauskamen. Die produktive Verwendung Chopinscher Musik fand im 19. Jahrhundert nicht in der polnischen Musikkultur statt, sondern anderswo wie etwa bei Edvard Grieg. Moniuszko und seine Musik hingegen wurden im letzten Jahrhundertdrittel ohne derartige Berührungsängste wahrgenommen. Antoni Sygietyński schrieb anlässlich der 500. Aufführung der *Halka*, Chopin sei elitär, während Moniuszkos Musik »für alle« da sei.[32] Anlässlich eines Konzerts der Warschauer Musikgesellschaft mit Werken Moniuszkos in der Warschauer *Dolina Szwajcarska* hieß es:

> [...] was am meisten verblüfft und anzieht an Moniuszko, das ist dieser Reichtum der Phantasie, diese beispiellose Leichtigkeit, mit der sich seine Gedanken entspinnen, was den Zuhörer glauben macht, dass auch er selbst ohne Schwierigkeiten etwas Ähnliches schaffen könne.[33]

Mit dieser Einschätzung war allerdings mitunter auch eine Abwertung Moniuszkos verbunden. So bezeichnete derselbe Kleczyński Moniuszko in seinem Nekrolog zwar als »ersten großen und populären Komponisten bei uns nach Chopin«, lehnte es aber ausdrücklich ab, ihn auf eine Stufe neben Chopin zu stellen.[34]

Moniuszkos Musik erhielt im letzten Jahrhundertdrittel einen festen Platz in der Öffentlichkeit. Das führte zu einem ritualisierten Umgang mit einem Werk, das sich am deutlichsten an den Warschauer *Halka*-Jubiläen zeigt. Einer der seinerzeit führenden Musikkritiker in Warschau, Aleksander Poliński, fügte anlässlich der sechshundertsten Vorstellung der *Halka* in Warschau am 27. Januar 1907 auch einige Reflexionen über die Art und Weise des Umgangs der polnischen Gesellschaft mit der *Halka* ein:

---

32 Sygietyński, Antoni: Halka, in: KURIER WARSZAWSKI Nr. 340 (1900).
33 Kleczyński, Jan: Koncert w Dolinie Szwajcarskiej, in: ECHO MUZYCZNE, TEATRALNE I ARTYSTYCZNE Nr. 508 (12./24.6.1893), S. 296.
34 Kleczyński, Jan: Stanisław Moniuszko, in: BŁUSZCZ Nr. 25 (1872), S. 194.

> […] im Laufe von mehr als zwanzig Jahren kam es mir zu, die drei-, vier-, fünf- und jetzt die sechshundertste Aufführung der Halka auf der Warschauer Bühne zu kommentieren, außerdem das dreißig- und vierzigjährige Jubiläum der Halka und verschiedene andere Moniuszko-Jahrestage. Wenn man dasselbe Märchen immer wieder erzählt, dann wiederholt man es natürlich ohne Änderungen oder – höchstens – mit irgendwelchen unbedeutenden Varianten oder Ergänzungen. So ist es auch mit der Halka: Wenn sie über die Oper ein dutzendmal schreiben, müssen die Berichterstatter wohl oder übel eigene oder fremde Meinungen über ihren Wert, ihre Bedeutung für die polnische Kunst und die gesellschaftliche Tragweite wiederholen, so dass irgendjemand die bekannte Geschichte der Halka auf der Wilnaer und Warschauer Bühne beschreibt, die Briefe Moniuszkos oder die Ankündigungen der ersten Vorstellungen abdruckt usw.[35]

Poliński war sich über den ritualisierten Charakter der *Halka*-Verehrung in seiner Zeit also durchaus im Klaren, insbesondere darüber, dass etwas wirklich Neues angesichts dieser Lage beim nächsten Jubiläumsereignis kaum noch zu erwarten war. Die Oper war gleichsam ein musealisiertes Werk geworden. Der gebildete und musikwissenschaftlich beschlagene Rezensent beklagte das jedoch nicht, sondern begründete in seiner Fortsetzung, welchen Zweck die Jahrestage und Jubiläen der Aufführungen seiner Ansicht nach dennoch hatten:

> Und das ist nicht verwunderlich. Zuerst deswegen, da der jungen Generation diese Einzelheiten nicht bekannt sind, und weiter deswegen, da Halka die Lieblingsoper unserer Gesellschaft war und bleibt und als Ideal der Nationaloper anerkannt wird […].[36]

In diesen Ausführungen wird ein Aspekt des Umgangs mit Moniuszkos Musik deutlich, wie er nicht nur im Falle der *Halka* und Moniuszkos Musik, sondern eigentlich für die gesamte öffentliche Musikbetrachtung am Ausgang des 19. Jahrhunderts bis in den Ersten Weltkrieg hinein bestimmend war: Die musikalische bzw. musikwissenschaftliche Bedeutung einer Komposition trat in den Hintergrund zugunsten von gesellschaftli-

---

35 Poliński, A., in: KURIER WARSZAWSKI (28.1.1907).
36 Ebd.

chen, »außermusikalischen« Bedürfnissen. Die als solche anerkannte Nationaloper sollte immer wieder erklingen, um an ihr beständig aufs Neue den Wert der eigenen nationalen Kultur erfahren und sich selbst bestätigen zu können.

5 Die Grenzen des Mythos

Eng mit den Grundideen des Positivismus verbunden war eine Vorstellung, die in der polnischen musikalischen Kultur des letzten Jahrhundertdrittels bis weit in die Zwischenkriegszeit hinein beständig an Wirkungskraft zunahm. Es bildete sich zunehmend eine Selbstperzeption von der eigenen Musikkultur als rückständig gegenüber den westlich gelegenen Ländern aus. Jan Kleczyński beispielsweise, einer der wichtigsten Kritiker des Warschauer Positivismus, betonte, dass es das Ziel des Warschauer *Instytut Muzyczny* sein müsse, durch solide Ausbildung und musikalische Aktivität zu einem »herausragenden, europäischen Standpunkt« vorzudringen.[37] Ganz im Geist des Positivismus hieß es im Jahre 1897 in einer Standortbestimmung der polnischen Oper:

> Die polnische dramatische Musik hat quantitativ und qualitativ vielleicht keinen Ehrenplatz im europäischen Werk erreicht, aber das ist ein Grund mehr zum Recht der Sorge um die Musik, mit welcher eine günstig organisierte Hilfe sie umgeben und zur weiteren Entwicklung verhelfen sollte.[38]

Die Erkenntnis der Rückständigkeit mündete hier also in die Intensivierung des Erziehungsgedankens, d.h. der Intensivierung der »Arbeit an den Grundlagen«. Die Idee, einen europäischen Standard einholen zu müssen, kehrte in zahllosen Äußerungen der Zeit wieder und blieb auch nach der Epoche des Positivismus bestehen.

Für die Wirkungsgeschichte von Moniuszkos Musik nach seinem Tod hatte diese Idee eine entscheidende Funktion. Zu Beginn der Veranke-

---

37 Kleczyński, Jan: O konserwatoriach muzycznych, in: Echo Muzyczne, Teatralne i Artystyczne Nr. 94 (1885).
38 Opera, in: Echo Muzyczne, Teatralne i Artystyczne Nr. 14 (795) (22.3./3.4. 1897), S. 158.

rung der *Halka* als nationalem Mythos war mit diesem Werk noch die Erwartung verbunden, es werde im Ausland eine ähnliche Wertschätzung erfahren. So überzeugt war man in Warschau davon, dass diese Erwartung als Gewissheit formuliert wurde, wenn es elf Tage nach der Warschauer Uraufführung der *Halka* hieß: »Der Name ihres Schöpfers wurde auf der Karte des heutigen Fortschritts der europäischen Musik verzeichnet«.[39]

Bereits in den letzten Lebensjahren Moniuszkos zeichnete sich jedoch ab, dass weder die *Halka* noch ein anderes Werk Moniuszkos im westlichen Ausland Aufmerksamkeit erweckte, die über freundliche, aber unverbindliche Sympathiebekundungen hinausging. Insbesondere waren alle Versuche, die *Halka* selbst oder ein anderes Bühnenwerk auf eine Bühne im westlichen Ausland zur Aufführung zu bringen, erfolglos verlaufen. Das bedeutete, dass man mit Moniuszkos Musik außerhalb der eigenen, polnischen Kultur nicht repräsentieren konnte. Zur Demonstration der eigenen kulturellen Gleichwertigkeit gegenüber den führenden Musiknationen war Moniuszkos Musik also ganz offensichtlich ungeeignet. Ungeachtet anderer Unterschiede lag hier ein wesentlicher Gegensatz zwischen der Musik Moniuszkos und derjenigen Chopins: Gerade die Tatsache, dass Chopins Musik in ihrer Eigenschaft als polnische Musik auch im Ausland anerkannt war, sollte es Ignacy Jan Paderewski ermöglichen, mit klingendem Spiel, d.h. durch den Vortrag Chopinscher Klaviermusik, in Europa und Amerika für die polnische Sache zu werben – ein deutlicher Hinweis darauf, dass auch in Zeiten positivistischen Denkens die Idee von Musik als politisch engagierter, für die Zwecke der Nationalbewegung instrumentalisierter Kunst keineswegs aufgegeben war.

Dass Moniuszkos Musik dieses Geltungsbedürfnis nach außen nicht befriedigte, hatte für den Umgang mit ihr weitreichende Konsequenzen. Zum einen lässt sich als Gegenreaktion auf das verletzte Geltungsbedürfnis eine Art Trotzreaktion beobachten. In nationalistischer Selbstbezogenheit sprach man dem Ausland die Fähigkeit zur adäquaten Beurteilung Moniuszkos ab. So hieß es im Jahre 1893 anlässlich einer Aufführung des *Straszny dwór*:

---

39 KURIER WARSZAWSKI vom 11.1.1858.

Halka: Synthese des Bisherigen und Ausgangspunkt für Zukünftiges

Für eine angemessene Einschätzung dieses inspirierten Liedes [gemeint ist die Oper *Straszny dwór*] braucht man nicht nur Kenntnisse der allgemeinen, kosmopolitischen Formen der musikalischen, technischen Schablone. Wir wundern uns daher überhaupt nicht darüber, dass eine solche Kritik wie die deutsche nach einmaligem Hören des *Straszny dwór* nicht in der Lage war, sich ein angemessenes Bild von diesem Werk zu machen.[40]

In der Sondernummer des Echo Muzyczne, Teatralne i Artystyczne anlässlich der 500. Vorstellung der *Halka* in Warschau im Jahr 1900 galt allein schon »diese Ziffer und diese Ehre« als »Antwort auf die Vorwürfe der ausländischen Kritik, dass die Halka keine Kennzeichen einer nationalen Oper besitze«.[41] Dass die Hoffnung auf eine Anerkennung der *Halka* durch das westliche Ausland jedoch immer noch nicht ganz abgeklungen war, zeigen Überlegungen aus dem gleichen Jahr, ob man *Halka* oder *Verbum nobile* bei der Pariser Weltausstellung zur Aufführung bringen solle – Opern anderer polnischer Komponisten wurden anscheinend gar nicht ernsthaft in Betracht gezogen. Ein Argument für die *Halka* bildete nach Ansicht des Berichterstatters der Umstand, dass dieses Werk »nicht nur wir, sondern auch andere Nationalitäten als national« ansehen.[42]

Zum anderen nahm die Bedeutung von Moniuszkos Musik jedoch auf eine ganz bestimmte Weise ab. Seit der Zeit der Jahrhundertwende hatte sich insbesondere das Warschauer Musikleben so stark pluralisiert, dass Moniuszkos Musik nicht mehr automatisch im Mittelpunkt der Aufmerksamkeit stand. In den 50er und 60er Jahren des 19. Jahrhunderts hatte die Warschauer Opernbühne eine städtische Monopolstellung als einzige große ständige Musikinstitution innegehabt, so dass Moniuszkos Opern allein schon deswegen eine besondere Beachtung sicher war. Mittlerweile jedoch waren eine ganze Reihe anderer Musikstätten hin-

---

40 Ciechomski, Stanisław: Wznowienie »Strasznego Dworu«, in: Kurier Warszawski Nr. 115 (1893), S. 5.
41 Echo Muzyczne, Teatralne i Artystyczne Nr. 49 (897) (18.11./8.12.1900), S. 578.
42 Miller, A.: »Halka« czy »Verbum nobile«, in: Echo Muzyczne, Teatralne i Artystyczne Nr. 6 (854) (28.1./ 10.2.1900), S. 65. Zu einer Aufführung einer Oper Moniuszkos in Paris kam es jedoch nicht.

zugekommen, so dass die Opernbühne in den Jahren vor dem Ersten Weltkrieg nur noch eine, wenn auch bedeutende Institution unter anderen war. Zu nennen sind hier neben dem seit 1862 bestehenden Musikinstitut und der im Jahr 1871 gegründeten Warschauer Musikgesellschaft noch die Chorvereinigung *Lutnia Warszawska* von 1875 und die Warschauer Philharmonie, die im Jahre 1901 ihre Pforten öffnete.
Vor allem letztere führte zu einer gewissen Abkehr von Moniuszkos Musik. Die Möglichkeit, große sinfonische Werke in einem repräsentativen Rahmen nun auch in Warschau aufführen zu können, befriedigte in hohem Maße das Bestreben der großbürgerlichen Warschauer Intelligenzschicht nach Geltung, und zwar auch nach außen hin, indem man sich nunmehr als »Musikstadt« präsentieren konnte – ein Bestreben, das die Präsenz von Moniuszkos Werken auf der Warschauer Opernbühne nicht befriedigen konnte. Mit der Gründung der Philharmonie wurde außerdem eine Musikrichtung aufgewertet, die in der polnischen Kultur bislang immer noch ein untergeordnetes Dasein geführt hatte, nämlich die nicht wortgebundene Instrumentalmusik. Außer Moniuszkos *Bajka* und den Ouvertüren zu seinen Opern gab es in Moniuszkos ganz am Gesang orientiertem Oeuvre kein geeignetes Werk, das man in der Philharmonie hätte aufführen können. Der Ausweitung des Warschauer Musiklebens entsprach also gerade nicht eine Ausweitung des Wirkungsfeldes von Moniuszkos Musik.
Darüber hinaus entwickelten sich seit der Zeit kurz vor der Jahrhundertwende neue künstlerische Positionen, die den bisherigen positivistischen Musikbegriff und das Verständnis von Moniuszkos Musik als nationalem Erbe grundsätzlich in Frage stellten. Die Künstler des *Jungen Polen in der Musik* suchten nach einer Neubestimmung der polnischen Musik, was zu einer Ausbildung eines ganz neuen Kategoriensystems führte, wie einige wesentliche Punkte zeigen: Das Konzept der instrumentalisierten Musik wurde zugunsten einer *l'art-pour-l'art*-Konzeption zwar nicht aufgelöst, aber grundsätzlich in Frage gestellt, Instrumentalmusik erfuhr gegenüber der bisher vorrangig geschätzten Vokalmusik eine Höherbewertung. Mit der Ausbildung dieser Vorstellungen war auch eine grundsätzliche Kritik am positivistischen Musikdenken verbunden. Im Rückblick charakterisierte Karol Szymanowski diese Zeit mit folgenden plastischen und oft zitierten Worten:

Halka: Synthese des Bisherigen und Ausgangspunkt für Zukünftiges

Was hatte in der Zeit der Fremdherrschaft nicht alles den Namen »Nationale Kunst«! So genannt wurde das hoffnungslose Sichversenken in die Tiefen der ruhmreichen Vergangenheit, das Heraufbeschwören der verstorbenen Geister, das ängstliche Augenverschließen vor dem brausenden Strom des zeitgenössischen Kunstlebens, welches ganz in der Nähe, ja um uns herum brodelte; so genannt wurde auch das »Ins-Volk-Gehen«, eine wahre Hypnose der Mazurkenklänge und Weihnachtsgesänge, das Sammeln fürchterlicher himbeerroter Scherenschnitte und grüner Bänder; »Nationale Kunst« war die akademische deutsche Fuge über das Thema von »Unweit von Krakau« oder »Hopfen, grüner Hopfen« [...].[43]

Leitidee des Hauptvertreters der neuen Strömung, Karol Szymanowski, wurde die Idee, den Anschluss an Europa durch eine Neuorientierung an Chopin, nicht an Moniuszko, zu finden. In Moniuszko sah Szymanowski hingegen lediglich ein Denkmal der Vergangenheit »aus der Gesamtheit der Geschichte unserer Kultur«, das nicht als Ausgangspunkt einer Neuorientierung dienen könne.[44] Die Breitenwirkung der Musik Moniuszkos wertete Szymanowski mit dem in seinem Denken eine wichtige Rolle einnehmenden Begriff des Utilitarismus ab. Auch wenn die Zitate Szymanowskis aus einer späteren Zeit stammen, so gilt es dennoch festzuhalten, dass diese Ansichten bereits zur Entstehungszeit der Künstlergruppe des *Jungen Polen in der Musik* vorhanden waren.

Immer deutlicher wurde nämlich schon um die Jahrhundertwende Chopin zuungunsten Moniuszkos aufgewertet, etwa in Äußerungen des Musikforschers Adolf Chybiński oder des Komponisten Władysław Żeleński, der noch gar nicht dem *Jungen Polen* zuzuordnen ist. Für Moniuszkos Musik erwies sich nun die fehlende Anerkennung des Auslands als verhängnisvolles Hindernis für eine Rolle, die lediglich über die Rolle des

---

43 Szymanowski, Karol: Uwagi w sprawie współczesnej opinii muzycznej w Polsce, in: NOWY PRZEGLĄD LITERATURY I SZTUKI (1920), Bd. 1, Nr. 2, hier zitiert nach Helman: Musikanschauungen, a.a.O., S. 119.
44 Szymanowski, Karol: Uwagi w sprawie współczesnej opinii muzycznej w Polsce, in: NOWY PRZEGLĄD LITERATURY I SZTUKI (1920), Heft 2, S. 42, hier zitiert nach Demska-Trębacz, Mieczysława: Wokół problemów polskości (1918–1939). W Polsce połączonej, zjednoczonej..., in: ZESZYTY NAUKOWE, hrsg. v. Akademia Muzyczna im. F. Chopina, Nr. 23, Warszawa 1989, S. 69.

Nationalsymbols hinausging. Die Idee, das eigene Geltungsbedürfnis nach außen zu befriedigen, Europa einholen zu müssen und deshalb einen Bruch mit dem Bisherigen herbeizuführen, musste sich zwangsläufig gegen Moniuszkos Musik richten.

Eine Folge dieses Umstands war, dass Moniuszkos Musik auch innerhalb der polnischen Kultur ihre bisherige integrative Rolle nur noch eingeschränkt wahrnehmen konnte. Es wurde wieder über Moniuszkos Musik gestritten, allerdings ganz anders als zu Zeiten der *Halka*, als es um das Problem der Sozialkritik ging. Ein Beispiel zeigt das: Adolf Chybiński hatte sich in provokativer Art und Weise öffentlich für eine Höherbewertung Chopins zuungunsten Moniuszkos ausgesprochen. Ein anonymes »Mitglied der Moniuszko-Sektion« veröffentlichte daraufhin eine scharf gehaltene Replik, in der Chybiński persönlich angegriffen wurde und – noch wichtiger – der Erhalt der bisherigen nationalen Bedeutung von Moniuszkos Musik gefordert wurde:

> [Chybiński] bemüht sich ohne irgendeine Analyse des Werks des verstorbenen Meisters [Moniuszko], ihn vom Sockel zu zerren, auf den alle Moniuszko gesetzt haben: die dankbare Nation, die wirklichen Musiker und nicht die Amateure, zu denen Herr Chybiński sich kategorisch zählt.[45]

Dass solcherart das alte Wirkungssystem beschworen werde musste, zeigt seine Schwächung an. Die Pluralisierung und Ausdifferenzierung der Musiklandschaft hatte auch zur Ausbildung unterschiedlicher, heterogener Positionen geführt, die miteinander im Widerstreit lagen. Die Orientierung an Moniuszkos Musik als Mittel nationaler Selbstverständigung war fortan nicht mehr hauptsächliches Mittel, sondern nur noch eines unter mehreren. Als Zentrum der Orientierung an Moniuszkos Musik lässt sich die Warschauer Musikgesellschaft, hier insbesondere die Moniuszko-Sektion ausmachen, die sich unversehens in eine Nische abgedrängt sah.

---

45 Członek sek. im. Moniuszki: Chybiński o Moniuszce, in: Nowości Muzyczne. Dodatek literacki Nr. 4/ 5 (April/Mai 1905), S. IV.

V Ausblick: Rezeptionsstationen Moniuszkos bis heute

Als nach dem Ersten Weltkrieg wieder ein neuer polnischer Staat entstand, wurden in den großen Städten dieses neuen Staates auch bald wieder die Opernhäuser eröffnet – und zwar überall mit Moniuszkos *Halka* als Inaugurationsvorstellung. Moniuszko und seine Opern als Symbol des Polentums, als Zeichen kultureller Leistungsfähigkeit – diese Verwendung des Komponisten und seiner Musikwerke setzte sich im 20. Jahrhundert fort und nimmt auch im heutigen polnischen kulturellen Gedächtnis eine Schlüsselrolle ein.
Schon zu Moniuszkos Lebzeiten hatte sich jedoch herausgestellt, dass die Anerkennung dieser Funktion Moniuszkos und seiner Musik im Ausland nicht annähernd so groß war wie erhofft. Der Grund dafür war zunächst schlicht das Ausbleiben einer Rezeption des Komponisten und seines Schaffens an einigen wichtigen Orten. Die Musikgeschichte kennt zahlreiche Beispiele von Komponisten und Musikwerken, die einfach deswegen unbekannt blieben, weil die zu ihrer Zeit maßgeblichen Meinungsführer von ihrer Existenz nichts erfuhren. Lange Phasen vergeblichen Wartens, bis die eigenen Leistungen Anerkennung erfuhren – das ging nicht nur Moniuszko so. Selbst ein später so bedeutender Komponist wie Richard Wagner musste in Paris ähnliche Erfahrungen der Ablehnung und des Desinteresses machen wie Moniuszko. Zusätzlich war es gerade für einen Komponisten aus dem östlichen Europa entscheidend, einen Türöffner zu finden, der die eigenen Kompositionen ans Licht der Öffentlichkeit brachte. Einigen Komponisten gelang das mehr, anderen weniger – und die Ergebnisse bestimmten maßgeblich über die Bekanntheit der Komponisten und ihrer Werke in der europäischen Öffentlichkeit. Auch aus solchen Gründen gehört Smetana zum Standardrepertoire der großen Opernhäuser, Moniuszko aber nicht. Hier liegt ein tragisches Moment in seinem Lebenslauf vor, wusste Moniuszko doch um diesen Zusammenhang und versuchte er doch, alles dafür zu tun, solche Begegnungen einzufädeln.
Was für die Wahrnehmung Moniuszkos in der europäischen Öffentlichkeit zum Verhängnis wurde, war die Tatsache, dass vor allem deutsche Komponisten und Musikpublizisten gegen Ende des 19. Jahrhunderts

Ausblick: Rezeptionsstationen Moniuszkos bis heute

eine Vorstellung vom Ablauf der Musikgeschichte entwickelten, die sämtliche musikalischen Erzeugnisse aus dem östlichen Teil des Kontinents von vorneherein auf den zweiten Platz verwies. Musikgeschichte wurde hier betrachtet als Prozess stetiger Vervollkommnung eines imaginären Gebäudes mit dem Namen »Abendländische Musik«, an der jeder Komponist mit seinem eigenen Werk einen eigenen kleinen Baustein beitrug. Die tragenden Säulen dieses Gebäudes bildeten dabei die Erzeugnisse der »großen Musiknationen«, worunter Musikpublizisten wie noch Ernst Bücken oder Josef Sittard Deutschland mit seiner Instrumentalmusik, Italien mit seiner Oper und allenfalls noch Frankreich verstanden. Auf sinfonischem Gebiet wurden beispielsweise sämtliche Erzeugnisse des 19. Jahrhunderts an Beethoven gemessen, der zu einem in musikalischer Hinsicht unüberwindlichen Giganten erklärt wurde, wie es beispielsweise Hugo Riemann tat.

In diesem Bild erhielten die Komponisten der »neuen« Musiknationen aus dem östlichen Europa von vorneherein die Aufgabe zugewiesen, durch Kompositionen mit dem pittoresken Anstrich der Nationalität die von den »großen Musiknationen« geschaffenen Gattungen und Formen regional abzuwandeln – die Weiterentwicklung des großen Gebäudes der Musik blieb aber Vertretern der »großen Musiknationen« vorbehalten. Für Moniuszko war daher die Schublade des Nationalkomponisten bereits vorgefertigt, so dass seine Oper *Halka* im westlichen Ausland kaum anders als durch die Brille des Nationalen gesehen wurde. Ein gutes Beispiel dafür ist die einzige Kritik eines Werks von Moniuszko aus dem 19. Jahrhundert aus deutscher Feder, nämlich von Hans v. Bülow, der Moniuszkos *Halka* in der renommierten NEUEN ZEITSCHRIFT FÜR MUSIK als bemerkenswertes Beispiel für eine Nationaloper besprach.[1]
Moniuszkos Opern als Demonstration slawischer Leistungsfähigkeit auf dem Bereich der Oper – allzu oft wurden Aufführungen seiner Bühnenwerke vor allem im deutschsprachigen Raum lediglich unter diesem einengenden Aspekt betrachtet. Bereits nach dem Erfolg der ersten Aufführung der *Halka* in Posen, das damals zu Preußen gehörte, gab es Spe-

---

1 Bülow, Hans v.: Stanislas Moniuszko »Halka«, Oper in vier Aufzügen, in: NEUE ZEITSCHRIFT FÜR MUSIK, Nr. 20 (12.11.1858), S. 209-212 und Nr. 21 (19.11.1858), S. 221-223.

kulationen, die Oper solle auch in Berlin aufgeführt werden; und die Posener polnische Presse wollte wissen, dass der Generalintendant der Berliner Theater sich bereits mit dem Thema beschäftigte.

Von großer Bedeutung ist es nun, dass diese Konstruktion auch deshalb wenigstens bis zum Ende des Ersten Weltkriegs in der europäischen Gedankenwelt so stabil war, weil sie nicht nur von den Vertretern der »großen Musiknationen« propagiert, sondern von ihren Kollegen in den »neuen Nationalbewegungen« auch anerkannt wurde. Besonders deutlich zu sehen ist das am Unterschied der Wahrnehmung Moniuszkos und Chopins. In seinem Gedicht über den berühmten Klaviervirtuosen und -komponisten schrieb der polnische Dichter Norwid, Chopin habe »Volkstümlichkeit« zu »allgemeiner Menschlichkeit« erhoben, wohingegen Moniuszko nach eigenem Bekunden als auch nach den Urteilen in- und ausländischer Zeitgenossen stets als nationalpolnischer Komponist galt. Diese Urteile über beide Komponisten sind nur vor dem Hintergrund des Bildes vom Gebäude der Abendländischen Musik denkbar. Ein Komponist, der an diesem Bauwerk maßgeblichen Anteil haben wollte, musste aus dem Gefängnis seiner Nationalität heraustreten und Werke von übergeordneter Bedeutung schreiben – ein deutscher Kritiker wie Joseph Sittard sprach vom Gegensatz zwischen nationaler Musik und Weltmusik.

Hier liegt der Grund für die eigentümliche Doppelung der Rezeption Moniuszkos. So anerkannt er in Polen als Nationalkomponist war, so sehr hielten polnische Intellektuelle sich jedoch dabei zurück, ihn international zu propagieren, da er als »bloß nationaler« Komponist nur den eingeschränkten Anteil eines nationalen Komponisten am Gebäude der abendländischen Musik haben konnte. In dem Maße, in dem sich die polnische Musikkultur an der deutschen Musikkultur als Vorbild orientierte, hielt dieses Denkgebäude stand. Das hatte Rückwirkungen auf die Position Moniuszkos für die weitere Entwicklung der polnischen Musik: Auf der einen Seite wurde der Komponist bis heute fest auf dem Sockel des polnischen Nationalkomponisten installiert, auf der anderen Seite spielte er für die weitere Entwicklung der Musik in Polen eine weitaus geringere Rolle, als nach dieser Installierung eigentlich zu erwarten gewesen wäre.

Moniuszko bildete keine Kompositionsschule aus – und zwar weniger, weil er sich als Musiklehrer weit weniger engagierte denn als Komponist, sondern vor allem, weil die Komponisten der nachfolgenden Generationen andere Einflüsse wichtiger nahmen. Auf dem Gebiet der Oper war die Auseinandersetzung mit Wagners Bühnenwerken in der zweiten Jahrhunderthälfte sozusagen obligatorisch. Die Zeit bis zum Ersten Weltkrieg war in der polnischen Musikkultur geprägt durch einen starken, vor allem an deutschen Vorbildern geprägten Akademismus einerseits und zum anderen durch den Musikbegriff des Jungen Polen andererseits – beides Strömungen, die sich bei der Suche nach polnischen Ausdrucksformen ganz anderer musikalischer Methoden bedienten als Moniuszko es getan hatte. Ähnlich verhielt es sich in der Zwischenkriegszeit, als zwar einerseits Moniuszko als Symbol des Polentums hochgehalten und sein Denkmal pietätvoll gepflegt wurde, die Komponisten aber ihre Inspirationen ganz anderswo suchten – im Anschluss an Europa, bei Chopin, oder aber in Frankreich, wo die »Komponistenmacherin« Nadia Boulanger eine ganze Generation polnischer Komponisten im Sinne des Neoklassizismus ausbildete.

Aber auch die Pflege des verehrten Nationalkomponisten erwies sich nun aus ganz unerwarteten Gründen als problematisch: Die Euphorie über die vermeintlich phantastischen Möglichkeiten, die sich der Pflege der polnischen Kultur nach dem Wegfall der Besatzerlage im nunmehr unabhängigen Polen zu bieten schienen, wich bald herber Ernüchterung, als die Betreiber der Opernhäuser und Kulturstätten feststellen mussten, dass es nun darauf ankam, wirtschaftlich und kostendeckend zu arbeiten, da es keine Besatzermacht mehr gab, die den Fortbestand der Institutionen wenigstens in einer Rumpfversion garantierte. Nun, da der unabhängige Staat vorhanden war, zog die Beschwörung nationaler Identität und Einigkeit mittels der Aufführung einer der Opern Moniuszkos nicht mehr die großen Publikumsmassen an wie noch im 19. Jahrhundert.

Moniuszko als Symbol des Polentums spielte auch während der Zeit des Zweiten Weltkriegs in der polnischen Kultur eine wichtige Rolle, ebenso wie Chopin. Musik galt den polnischen Intellektuellen als eines der Refugien neben Sprache, Literatur und Religion, das kulturelle und nationale Identität angesichts der Bedrohungen von außen zu garantieren schien. Für die Musik verdeutlicht das symbolhaft der Titel des Buches *»Die polnische Musik ist die schönste von allen«*, das Józef Władysław Reiss

Abb. 10: Der Bildhauer Ignacy Zalek arbeitet an einem Moniuszko-Denkmal für die Stadt Graudenz, 1935

im Jahr 1946 schrieb, als sich Polen vom Trauma der nationalsozialistischen Herrschaft zu erholen begann. Polnische Komponisten wurden daher im Untergrund gespielt und dienten als Manifestation des nationalen Überlebenswillens. Allerdings war es aus begreiflichen Gründen erheblich schwieriger, eine Oper Moniuszkos zu diesem Zwecke zu benutzen als die Klaviermusik Chopins – dessen Schlüsselwerke wie etwa die sog. »*Revolutionsetude*«, die Polonaise fis-Moll oder andere seiner

Ausblick: Rezeptionsstationen Moniuszkos bis heute

Abb. 11: 100.000-Złoty-Banknote der Polnischen Nationalbank von 1990

Stücke, die seit der Mitte des 19. Jahrhunderts mit Polen identifiziert wurden.

Eine interessante Karriere erlebten Moniuszko und seine Werke im sozialistischen Polen. Während der Einbau vieler Komponisten in das marxistisch-leninistische Paradigma in zahlreichen Fällen mit massiven Umdeutungen und Tatsachenverfälschungen verbunden war, ergab sich im Falle Moniuszkos der Umstand, dass eine zentrale Eigenschaft seiner Musik und seiner Musikästhetik ungewöhnlich gut mit der Musikästhetik des Sozialistischen Realismus zusammenpasste. Die Forderung des Komponisten nach »schöner Musik« und nach »verständlicher Musik«, die immer eine konkrete Funktion als Textausdeutung haben sollte, ging parallel mit zentralen Postulaten des Sozialistischen Realismus, der eine leicht verständliche Musik forderte, die den proletarischen Klassenstandpunkt darzustellen habe. Überhaupt wies der Musikbegriff des Sozialistischen Realismus viele Parallelen zur ästhetischen Fundierung der Nationalmusik des 19. Jahrhunderts auf.

Dieser Umstand machte es möglich, gerade die beliebtesten und bekanntesten Melodien und Musikstücke des Komponisten auch im sozialistischen Volkspolen als Teil der offiziellen sozialistischen polnischen Kultur zu fördern. Er eröffnete außerdem die Möglichkeit, den Komponisten als Wegbereiter des sozialistischen Polen darzustellen. Damit kamen die staatssozialistischen Kulturpolitiker den Bedürfnissen der intellektuellen Elite des Landes entgegen, die ihre Loyalität zum System wesentlich mit der Forderung verband, die kulturellen Größen des Landes in das zu schaffende sozialistische Narrativ der polnischen Geschichte zu integrieren. Das ist der Grund dafür, dass Moniuszko seit den 1950er Jahren einen festen Platz im Repertoire polnischer Opernhäuser behielt und – wichtiger noch – dass nicht unerhebliche Anstrengungen aufgewendet wurden, biographische Forschungen zum Komponisten zu betreiben und seine Werke zu edieren. Aus dieser Zeit stammen nicht nur Editionen der wichtigsten Opern wie etwa *Halka* und *Straszny dwór*, sondern auch ein Katalog der über 300 Klavierlieder Moniuszkos sowie die über 1000 Seiten umfassende Biographie Witold Rudzińskis. Bis heute sind diese Arbeiten grundlegende Werke für jede Beschäftigung mit dem Komponisten und seinem Werk.

Allerdings wurden an einigen Punkten Anpassungen vorgenommen, um Komponist und Werk möglichst bruchlos in das marxistisch-leninistische Geschichtsbild einzugliedern. So wurde nun eine Interpretation der *Halka* favorisiert, die sie als sozialkritisches Manifest beschreibt und Moniuszko zu einer Art Vorkämpfer für den Sozialismus machte, wie er dann im Volkspolen realisiert worden sei. Auch wurden die guten Beziehungen Moniuszkos zur russischen Intellektuellen- und Musikwelt hervorgehoben, was das Abhängigkeitsverhältnis Volkspolens von der Sowjetunion sozusagen historisch legitimieren sollte. In beiden Fällen war es möglich, an Stationen aus Moniuszkos Biographie anzuknüpfen – sowohl sozialkritische Tendenzen in seinen Werken als auch eine positive Rezeption in Russland sind historische Tatsachen.

Der solcherart ideologisch aufbereitete Komponist konnte nun mit seinen Werken erneut eine zentrale Rolle im Repertoire polnischer Opernhäuser einnehmen. Der führende Regisseur dieser Zeit war Leon Schiller, dessen Inszenierungen die Postulate der Ideologie und die darauf aufbauenden Thesen der Moniuszko-Forschung auf der Opernbühne umsetzten. Ein Film wurde gedreht, der den Lebensweg des Komponisten in diesem Sinne zeichnete und half, dieses Bild des Komponisten und seiner Musik in der breiten Öffentlichkeit zu zementieren.

Nach dem Ende des Staatssozialismus in Polen fielen zwar die ideologisch motivierten Vorgaben und Beschränkungen weg, aber im Falle Moniuszkos kam es bis heute nicht zu einer grundlegenden Neufundierung in gleicher Größenordnung wie zu Beginn der 1950er Jahre. Die biographischen Werke aus der damaligen Zeit sind nach wie vor Standardwerke und ihre Interpretationen weiterhin gegenwärtig, auch wenn diese heutzutage kritisch betrachtet werden. Nach wie vor steht Moniuszko auf seinem Sockel. Die Verbindung zur polnischen aktuellen Wirklichkeit ist jedoch brüchig. Zwar werden Schulklassen in Aufführungen der *Halka* und des *Straszny dwór* geführt, Komponist und Musik gehören weiterhin zum nationalen Erbe, aber der Umgang mit ihm ist von festen, erstarrten Riten und pauschalen Vorgaben geprägt, die nicht verletzt werden sollten: Als der Filmregisseur Andrzej Żuławski eine Neuinszenierung des *Straszny dwór* präsentierte und in einem drastischen Bühnenbild verbrannte und verkohlte Adelspaläste zeigte, erhoben sich wütende Stimmen, die vor einer Verunglimpfung des Polentums warnten. Andererseits gab und gibt es auch Bemühungen, die Musik des Komponisten lebendig zu erhalten, etwa in Gestalt der Sängerin Maria Fołtyn, die der Erneuerung der Auseinandersetzung mit Moniuszko einen großen Dienst geleistet hat.

Als Aushängeschild des Polentums für die internationale Szene gilt Moniuszko im polnischen Denken aber offensichtlich als ungeeignet, ganz im Gegensatz zu Chopin, dessen Jubiläum im Jahr 2010 von polnischer Seite als Gelegenheit genutzt wurde, das eigene Land als Musikland international zu präsentieren. Die Betrachtung von Moniuszkos Leben und Werk hat erwiesen, dass das mit diesem Komponisten mindestens ebenso gut möglich wäre. Mit weißrussischer und litauischer Kultur vertraut, in polnischem Geist erzogen, mit intensiven Verbindungen zur deutschen und französischen Kultur – es ist alles andere als falsch, Moniuszko als Europäer zu bezeichnen, wie es Maria Fołtyn im Jahre 2000 tat.

Moniuszko wurde nicht nur in Polen für die eigenen nationalen Belange in Anspruch genommen. Zu einem kurzen Aufblühen der Beschäftigung mit Moniuszko kam es nach dem Ende des Sozialismus in Belarus. Bevor die prorussische Orientierung mit dem Präsidenten Aljaksandr Lukašenko die Oberhand gewann, propagierte die Gegenseite Moniuszko als Exponenten einer nach Westen ausgerichteten Intelligenzschicht auf dem Territorium des späteren Belarus. Als Argument galten hier insbesondere Moniuszkos Frühwerke aus seiner Minsker und Wilnaer Zeit. Auch nach dem Sieg der Geschichtsbetrachtung des prorussischen La-

Ausblick: Rezeptionsstationen Moniuszkos bis heute

gers um den Präsidenten blieb diese Perspektive auf Moniuszko in Belarus bestehen, wurde jedoch nun etwas verhaltener geäußert. Im Ansatz existiert diese Perspektive auf Moniuszko auch aus litauischer Sicht, indem er als einer derjenigen Künstler gilt, die mit musikalischen Mitteln Kultur, Musik und Sagenwelt der ethnisch litauischen Bevölkerung jener Zeit dargestellt haben – erheblich klarer als im belarussischen Fall wird hier jedoch Moniuszko der polnischen Musik zugeordnet und vom Narrativ der litauischen Musik abgetrennt. Zu einem Streit um Moniuszkos Zugehörigkeit zur polnischen, litauischen oder belarussischen Musikgeschichte kam es also nicht. Wohl aber zeigt das Interesse der drei Nationen an ihm, wie sehr die polnische, litauische und belarussische Kultur seit jeher und bis heute miteinander verzahnt waren und sind. Stellvertretend für viele andere stehen beispielsweise Mieczysław Karłowicz, ein Vertreter des »Jungen Polen in der Musik« mit seiner *Rapsodia litewska* (*Litauische Rhapsodie*), der in Litauen geborene polnische Literat Czesław Miłosz, aber auch der litauische Nationalkomponist Mikalojus Konstantinas Čiurlionis, der im Jahr 1905 den förmlichen Entschluss fasste, Litauer zu werden, nachdem er vorher eine Erziehung und Ausbildung in einem polnischsprachigen Umfeld erhalten hatte. Dass verschiedene Nationen bei ihrer historischen Fundierung auf dieselben Personen und Ereignisse zurückgreifen, ist im östlichen Europa angesichts der dortigen engen Verflechtungen nationaler Kulturen nichts Ungewöhnliches – nicht nur im Fall der drei für Moniuszko wichtigen Nationen. Da kulturelle und nationale Überschneidungen dieser Art im Sozialismus jedoch ein Tabu darstellten, konnte erst mit dem Zusammenbruch des Staatssozialismus die Verständigung über diese Aspekte beginnen.
Im deutschen Sprachraum steht die Entdeckung Moniuszkos noch bevor. Immer wieder verliefen Ansätze zur Präsentation seines Werks in Deutschland im Sande, wie folgender kleiner Überblick zeigt: Die erste Aufführung der *Halka* und damit auch die erste Aufführung eines Bühnenwerks von Moniuszko im deutschsprachigen Raum überhaupt kam an der Wiener Volksoper im Jahr 1926 unter Mithilfe polnischer Schauspieler zustande, eine weitere Aufführung in Oppeln im Jahr 1929 endete mit der Misshandlung der polnischen Schauspieler.
Ausgerechnet im Zeichen des von Adolf Hitler befohlenen deutsch-polnischen Kulturaustauschs der Jahre 1934 bis 1939, der unmittelbar Hitlers

Überfall auf Polen vorausging, kam es zu den ersten beiden großmaßstäblichen *Halka*-Produktionen deutscher Bühnen. Zwar sind sich die Historiker nicht einig in der Frage, ob die Annäherung an Polen gerade zu dieser Zeit nur ein perfider Trick Hitlers war oder tatsächlich einer aufrichtig gemeinten Absicht entsprach. Tatsache ist jedoch, dass in Hamburg und Berlin zwei karrierebewusste Intendanten, nämlich Heinrich Strohm und Heinz Tietjen, die augenblickliche offizielle Polenfreundlichkeit Hitlerdeutschlands dazu nutzen wollten, sich mit einer Aufführung der polnischen Nationaloper auch politisch ins rechte Licht zu setzen. Dem Musikhistoriker Heinrich Strohm, der erst kurz zuvor erfahren hatte, dass Polen überhaupt eine Nationaloper besaß, gelang es unter tätiger Mithilfe aus Warschau, innerhalb kürzester Zeit am 14. Mai 1935 eine Aufführung in Hamburg zu realisieren, der alle wichtigen Persönlichkeiten der Hamburger Politik und Kultur beiwohnten und die deutschlandweit beachtet wurde. Auch Kritiker, die nicht nur die nationalsozialistische Rhetorik jener Zeit wiedergaben, zeigten sich angenehm überrascht von diesem Werk und bezeichneten *Halka* als »sehens- und hörenswert«. Strohms Kollege Tietjen wollte ursprünglich den Hamburger Erfolg mit einer Aufführung des *Straszny dwór* noch übertreffen, scheiterte aber an den Details der Realisierung und musste sich schließlich notgedrungen mit der Übernahme der Hamburger Produktion der *Halka* begnügen. Die Aufführung am 15. November 1936 erreichte keine so starke Resonanz wie diejenige in Hamburg, auch wenn ihr weitere Aufführungen in Städten wie Gotha oder Erfurt folgten. Ein Versuch zur erstmaligen Inszenierung des *Straszny dwór* in Breslau am 26. Januar 1939, dem fünften Jahrestag des deutsch-polnischen Nichtangriffspakts, wurde schließlich verhindert, höchstwahrscheinlich durch den antipolnisch eingestellten Gauleiter.
Nach dem Zweiten Weltkrieg wurde Moniuszkos Musik im Rahmen des offiziellen Kulturaustauschs der sozialistischen Bruderländer auch einige Male in der DDR aufgeführt. So erklang *Halka* 1951 in Görlitz und Leipzig, 1953 in Berlin und 1958 in Dresden. In der Bundesrepublik Deutschland hingegen wurde ein Werk Moniuszkos erstmals 1966 in Saarbrücken gegeben, danach erst wieder 1984 in Karlsruhe und Ludwigshafen (im Rahmen eines Gastspiels des *Teatr Wielki* aus Warschau) und 1990 in Oberhausen – in allen Fällen handelte es sich um *Halka*. Die nächsten Aufführungen fanden 2005 in Münster und 2015 in Kaiserslautern statt.

Stets blieben diese Aufführungen in der westdeutschen Opernlandschaft Einzelereignisse; nirgendwo wurde diese Oper geschweige denn ein anderes Werk Moniuszkos in das ständige Programm aufgenommen. Immer wieder versackten diese Ansätze, Moniuszkos Musik in Deutschland zu propagieren, in einem Dickicht aus eingefahrenen Gewohnheiten sowohl der Opernhäuser als auch des Publikums und im Zielkonflikt zwischen innovativen Ideen einzelner Regisseure einerseits und kommerziellen Überlegungen andererseits. Die Kritiken der Aufführungen lobten durchweg die Musik Moniuszkos als wichtige Entdeckung, ließen aber auch eine für das deutsche Kulturleben sehr kennzeichnende Unsicherheit erkennen, wie mit dem nationalen Stoff umzugehen sei – mit historischer »Werktreue«, umgestaltet als Parabel auf heutige Probleme oder lediglich als Beispiel für die polnische Abwandlung eines Stoffs der europäischen Opernliteratur. Tatsächlich liegt hier die schwierigste Herausforderung einer Aufführung von Moniuszkos Musik außerhalb des polnischen Kulturraums – jedenfalls dann, wenn die Opernaufführung mehr sein soll als eine historische Lektion oder eine Art politisch motivierter Nachbarschaftspflege.

Zu billig ist es jedoch, kurz und bündig zu behaupten, dass Moniuszkos Werke nur in polnischer Umgebung begreifbar seien. Zu offensichtlich sind dafür die zahlreichen Bezüge von Moniuszkos Werk zu anderen europäischen Ländern, die zeigen, wie sehr und selbstverständlich dieses Werk in die europäische Kultur eingebettet ist. Es auf den nationalen Aspekt zu reduzieren, würde Werk und Komponist bei weitem nicht gerecht werden. Heutzutage ist es möglich, die Brille der nationalstaatlichen Betrachtungsweise abzusetzen und das Neben- und Miteinander zu betrachten – und zu erkennen, wie die Fixierung auf nationale Kulturen für einen Künstler wie Moniuszko zugleich Quelle künstlerischer Inspiration wie auch potentielle Beschränkung seines Schaffens war. So ungewöhnlich diese Interpretation insbesondere in Polen sein mag, so ermöglicht jedoch gerade eine solche Betrachtungsweise, die schöne und verständliche Musik Moniuszkos noch auf weiteren, bisher kaum beschrittenen Perspektiven als schön zu empfinden und zu verstehen.

VI Anhang

1 Literatur

QUELLEN, DISKOGRAPHIEN, NOTENAUSGABEN
Stanisław Moniuszko:
  Listy zebrane [Gesammelte Briefe]. Przygotował do druku Witold Rudziński przy współpracy Magdaleny Stokowskiej, Kraków 1969 [zitiert als: Listy].
Bagnowski, Paweł:
  Stanisław Moniuszko: Dyskografia, in: STUDIO 1996 Nr. 3, S. 12.
Moniuszko, Stanisław:
  Dzieła, hrsg. v. Witold Rudziński. 34 Bde.: Serie A (Pieśni): 6 Bde; B (Opery): 13 Bde; C (Muzyka sceniczna): 5 Bde; D (Muzyka chórowa): 7 Bde; E (Muzyka instrumentalna): 3 Bde, Kraków 1965 ff.
Nowaczyk, Erwin:
  Pieśni solowe Stanisława Moniuszki. Katalog tematyczny [Sololieder S. Moniuszkos. Thematischer Katalog], Kraków 1954 [zitiert als: KT].

BIOGRAPHIEN
Drucka, Nadzieja:
  Stanisław Moniuszko. Życie i twórczość, Instytut wydawnicy Nasza Księgarnia [Warszawa] 1976.
Fabry, Wladyslaw:
  Moniuszko. Powieść biograficzna [Biographische Erzählung], Warszawa 1938.
Jachimecki, Zdzisław:
  Moniuszko, Warszawa 1924, 2. erw. Aufl. 1961.
Karłowicz, Jan:
  Rys żywota i twórczości Stanisława Moniuszki [Abriss des Lebens und Schaffens von Stanisław Moniuszko], in: ECHO MUZYCZNE, TEATRALNE I ARTYSTYCZNE Jg. II (1885), Nr. 66 (S. 1–3), 67 (S. 13 f.), 68 (S. 25 f.), 70 (S. 46 f.), 72 (S. 61–63), 74 (S. 84 f.), 76 (S. 103–105), 78 (S. 123 f.).
Niewiadomski, Stanisław:
  Stanisław Moniuszko, Warszawa 1928.
Opieński, Henryk:
  S. Moniuszko: Życie i dzieła, Lwów und Poznań 1924.
Poliński, Aleksander:
  Moniuszko, Kiev und Warszawa 1914.
Prosnak, Jan:
  Stanisław Moniuszko, Kraków 1964, 2. Aufl. 1969.

Rudziński, Witold:
   Stanisław Moniuszko. Studia i materiały. Bd. 1 u. 2, Kraków 1955/1961 [zitiert als: SM 1 und 2].
Walicki, Aleksander:
   Stanisław Moniuszko, Warszawa 1873.
Wilczyński, Bolesław:
   Stanisław Moniuszko. Życiorys i muzyka [S. M. Lebenslauf und Musik], Petersburg 1900.

SEKUNDÄRLITERATUR
Bas, I.:
   Manjuška i belaruskija pis'menniki [Moniuszko und die weißrussischen Schriftsteller], in: LITARATURA I MASTACTVA (5.4.1957), S. 4.
Bator, Zbigniew:
   »Halka« – o czym to jest? [»Halka« – worüber geht das?], in: RUCH MUZYCZNY 27 (1983) H. 15, S. 3–5 und H. 16, S. 22–25.
Belza, Igor:
   Moniuszko i jego związki z rosyjską kulturą muzyczną [Moniuszko und seine Verbindungen zur russischen Musikkultur], in: MUZYKA Jg. III (1952), H. 9–10, 1952 (Russ. Original in: SOVETSKAJA MUZYKA 1952, Nr. 6, S. 773).
Błazejewski, M.:
   »Litanie Ostrobramskie« Stanisława Moniuszki [Die »Ostra-Brama-Litaneien« von S. M.], in: AUTOGRAF Nr. 6/8 (1989), S. 178–179.
Bogusławski, Władysław:
   Mickiewicz i Moniuszko, in: TYGODNIK ILUSTROWANY Nr. 9 (1900), S. 174–177.
Braver, Lizaveta:
   Prodki i svajaki Manjuški, in: MALADOŠČ Nr. 9 (1967), o. S.
Bula, Karol:
   Stanisław Moniuszko a reforma wagnerowska [S. M. und die Wagnersche Reform], in: R. Wagner und die polnische Musikkultur, Katowice 1954, S. 83–94.
Czapliński, Lesław:
   Huculska »Halka« [Huculische »Halka«], in: SCENA OPER Nr. 2 (1993), S. 28.
Czardybon, Magda:
   Analiza językowa listów Stanisława Moniuszki do żony [Sprachliche Analyse der Briefe von S. M. an seine Frau], in: PORADNIK JĘZYKOWY Nr. 8 (1994), S. 28–39; Nr. 9, S. 15–25; Nr. 10, S. 11–22.
Demska-Trębacz, Mieczysława:
   U źródeł moniuszkowskiej koncepcji muzyki służebnej wobec potrzeb jego

czasów [An den Quellen von Moniuszkos Musikkonzeption angesichts der Bedürfnisse seiner Zeit], in: ZESZYTY NAUKOWE Nr. 40, hrsg. v. Akademia Muzyczna im. F. Chopina w Warszawie, Warszawa 1998, S. 101–112.

Długońska, Barabara:
Piotr Rytel o Chopinie i Moniuszce [Piotr Rytel über Chopin und Moniuszko], in: ZESZYTY NAUKOWE AKADEMII MUZYCZNEJ IM. ST. MONIUSZKI W GDAŃSKU 28 (1989), S. 25–44.

Dzjanisaŭ, Uladzimir:
Tut byla pastaŭlena »Sjaljanka« [Hier wurde »Sielanka« aufgeführt], in: MASTACTVA BELARUSI 3 (1983), S. 21–23.

Dziębowska, Elżbieta:
Le 150e anniversaire de la naissance de Stanislaw Moniuszko, in: La musique en Pologne, Bd. 5, Warszawa 1969, S. 22–29.

Ekiert, Janusz:
Moniuszko Stanisław. Geniusz melodii [M. S. Genie der Melodie], in: WIADOMOŚCI KULTURALNE Nr. 16 (1996), S. 14.

Ekiert, Janusz:
Moniuszko Stanisław. Straszny dwór, in: WIADOMOŚCI KULTURALNE Nr. 42 (1996), S. 15.

Fołtyn, Maria:
Moniuszko i Paderewski w drodze do Zjednoczonej Europy [Moniuszko und Paderewski auf dem Weg zum Vereinigten Europa], in: BIULETYN 2 (15) 2000 (http://www.trubadur.pl/old/Biul_15/Moniuszko.html; Zugriff 27.5.2018).

Fuks, Marian:
Moniuszko na Białorusi [Moniuszko in Weißrussland], in: RUCH MUZYCZNY Nr. 9 (1968), S. 14–15.

Grubowski, J.:
»Straszny dwór« Stanisława Moniuszki na scenie warszawskiej 1865–1965 [»Straszny dwór« von S. M. auf der Warschauer Bühne], in: RUCH MUZYCZNY Nr. 24 (1965), S. 15–16.

Heising, Roman:
Stanisław Moniuszko i jego społeczne znaczenie [S. M. und seine gesellschaftliche Bedeutung], in: REJSY Nr. 28 (1947), S. 2 ff.

Hinz, Edward:
Udział Stanisława Moniuszki w polskiej muzyce kościelnej w XIX wieku [Der Anteil von S. M. an der polnischen Kirchenmusik im 19. Jhdt.], in: STUDIA PELPLIŃSKIE 25 (1996), S. 179–186.

Jachimecki, Zdzisław:
Czy znasz ten kraj? Ballada »Mignon« Goethego w kompozycji Beethovena, Spontiniego, Liszta, Schumanna i Moniuszki [Kennst Du dieses Land? Goe-

thes Ballade »Mignon« in der Komposition Beethovens, Spontinis, Liszts, Schumanns und Moniuszkos], in: RUCH MUZYCZNY IV Nr. 7 (1948), S. 5–10.

Jachimecki, Zdzisław:
Muzyka kościelna Moniuszki [Die Kirchenmusik Moniuszkos], Warszawa 1947.

Jachimecki, Zdzisław:
Stanislaus Moniuszko and Polish Music, in: SLAVONIC REVIEW Jg. II (1924), S. 533–546.

Januszkiewicz, Jazep:
Znakomity mój ziomko... Autograf Stanisława Moniuszki w »Imionniku« Aleksandra Tyszyńskiego [O mein berühmter Landsmann... Ein Autograph von S. M. im »Namensbuch« von Aleksandr Tyszyński], in: RUCH MUZYCZNY Nr. 13 (1989), S. 23–24.

Kaczyński, Tadeusz:
Dzieje sceniczne »Halki« Stanisława Moniuszki [Bühnengeschichte der Halka von S. M.], Kraków 1969.

Kanapacki, Maciej:
Stanislav Manjuška ab belaruskim časopise [S. M. über eine weißrussische Zeitschrift], in: NIVA (Białystok) Nr. 10, 10.3.1963, o. S.

Kostka, Violetta:
Die drei Budrisse by Carl Loewe and Trzech budrysów by Stanislaw Moniuszko, in: Carl Loewe (1796–1869). Beiträge zu Leben, Werk und Wirkung, Frankfurt/Main u. a. 1998, hrsg. v. Ekkehard Ochs und Lutz Winkler (= Greifswalder Beiträge zur Musikwissenschaft Bd. 6), S. 281–286.

Maciejewski, B. N.:
Moniuszko, father of Polish opera, London 1979.

Marchel', Uladzimir/ Skorabahataŭ, Viktar:
Z »Chatnjaha Speŭnika«. Stanislaŭ Manjuška i Jan Čačot [Aus dem »Liederbuch für den Hausgebrauch«. Stanisław Moniuszko und Jan Czeczot], in: RODNAE SLOVA, 1996, S. 139–146.

Marrené-Morzkowska, Walerya:
Cyganeria warszawska [Warschauer Bohème], Warszawa 1905.

Matracka-Kościelna, Alicja:
Poezja a muzyka w twórczości pieśniarskiej Moniuszki do tekstów Mickiewicza [Dichtung und Musik im Liedschaffen Moniuszkos zu Texten von Mickiewicz], in: Szkice o kulturze muzycznej XIX wieku. Studia i materiały [Skizzen zur Musikkultur des 19. Jhdts. Studien und Materialien], hrsg von Zofia Chechlińska, Bd. 4, Warszawa 1980, S. 62–116.

Matracka-Kościelna, Alicja:
Świtezianka Mickiewicza w pieśniach M. Szymanowskiej, Moniuszki i Rims-

kiego-Korsakowa [Świtezianka von Mickiewicz in Liedern von M. Szymanowska, Moniuszko und Rimskij-Korsakov], in: Wiersz i jego pieśniowe interpretacje: Zagadnienie tekstów wielokrotnie umuzycznianych – Studia porównawcze [Der Vers und seine Liedinterpretation: Das Problem vielfach vertonter Texte – Vergleichende Studien], hrsg. v. Mieczysław Tomaszewski, Kraków 1991, S. 115–123.

Mazur, Krzysztof:
Muzyka instrumentalna w twórczości Stanisława Moniuszki [Instrumentalmusik im Schaffen von S. M.], in: Szkice o kulturze muzycznej XIX wieku. Studia i materiały [Skizzen zur Musikkultur des 19. Jhdts. Studien und Materialien], hrsg. v. Zofia Chechlińska, Bd. 4, Warszawa 1980, S. 117–150.

Mazur, Krzysztof:
Pierwodruki Stanisława Moniuszki [Erstdrucke von S. M.], Warszawa 1970.

Mianowski, Jarosław:
O trzech kręgach moniuszkowskiej mitologii. Apologeci, krytycy i socrealiści, in: Opera Polska w XVIII i XIX wieku, hrsg. v. Maciej Jabłoński u.a., Poznań 2000, S. 277–312.

Moniuszko:
Le Manoir hanté, hrsg. v. Alain Duault (= L'Avant-scène opéra 83, Januar 1986).

Noskowski, Z.:
Stanowisko Moniuszki wobec Mickiewicza [Die Haltung Moniuszkos zu Mickiewicz], in: ŻYCIE ŚPIEWACZE Nr. 11–12 (1949), S. 17–19.

Nowaczyk, Erwin:
Moniuszko nieznany [Unbekannter Moniuszko], in: RUCH MUZYCZNY (1972), Nr. 20, Nr. 516, S. 12–13.

Nowaczyk, Erwin:
Niezwykłe dzieje partytury »Strasznego dworu«. Na marginesie prac nad wydaniem źródłowym [Die ungewöhnliche Geschichte der Partitur des »Straszny dwór«. Am Rande der Arbeiten an der Quellenedition], in: RUCH MUZYCZNY 28 (1984) H. 15, S. 3–8.

Pociej, Bohdan:
Odkrywanie Moniuszki? [Entdeckung Moniuszkos?], in: TYGODNIK SOLIDARNOŚĆ Nr. 25 (1996), , S. 13.

Podgórski, Wojciech Jerzy:
Statystyka i muzy. O poezje »Śpiewników domowych« Moniuszki [Die Statistik und die Musen. Über die Dichtung der »Liederbücher für den Hausgebrauch« Moniuszkos], in: WYCHOWANIE MUZYCZNE W SZKOLE Nr. 3 (1988), S. 155–160.

Prosnak, Jan:
Warszawa w czasach Moniuszki (Charakterystyka fragmentaryczna) [War-

schau zur Zeit Moniuzszkos (Fragmentarische Charakteristik)], in: MUZYKA Nr. 7–8 (1952), S. 48–55.

Prosnak, Jan:
Ze studiów nad Moniuszką. Środowisko wileńskie [Aus Studien zu Moniuszko. Das Wilnaer Milieu], in: MUZYKA III 9/10 (1952), S. 41–55.

Ritter, Rüdiger:
Der Komponist Stanisław Moniuszko (1819–1872) zwischen polnischer, litauischer und weißrussischer Nationalbewegung, in: Litauisches Kulturinstitut (Hrsg.): Jahrestagung 2000, Lampertheim 2001, S. 97–111.

Ritter, Rüdiger:
Musik für die Nation. Der Komponist Stanisław Moniuszko (1819–1872) in der polnischen Nationalbewegung des 19. Jahrhunderts, Frankfurt/Main u. a., 2005.

Ritter, Rüdiger:
Neuer Wein in alten Schläuchen. Gedanken zu den Konzepter »Nationalmusik« und »nationale Musik« am Beispiel des Komponisten Stanisław Moniuszko, in: ARCHIV FÜR MUSIKWISSENSCHAFT, Jahrgang LXI, Heft 1 (2004), S. 19–37.

Rudziński, Witold und Prosnak, Jan:
Almanach Moniuszkowski 1872–1952, Warszawa 1952.

Rudziński, Witold:
»Halka« S. Moniuszki, Kraków 1954.

Rudziński, Witold:
»Straszny dwór« S. Moniuszki, Kraków 1956.

Rudzinskij, Vitold:
O značenij i roli muzyki Stanislava Monjuško [Über die Bedeutung und die Rolle der Musik von S. M.], in: Slavjane i zapad. Sbornik statej k 70-letiju I. F. Belzy [Die Slaven und der Westen. Aufsatzsammlung zum 70-jähr. Geburtstag von I. F. Belza], Moskva 1975, S. 153–160.

Rudziński, Witold:
Adam Kirkor o Stanisławie Moniuszce [Adam Kirkor über S. M.], in: RUCH MUZYCZNY Nr. 5 (1995), S. 19–21.

Rudziński, Witold:
Co śpiewano na prapremierze »Strasznego dworu«? [Was sang man in der Vorpremiere des »Straszny dwór«], in: RUCH MUZYCZNY 30 (1986), H. 26, S. 3–7.

Rudziński, Witold:
Czy Jontek był Hucułem? [War Jontek Hucule?], in: RUCH MUZYCZNY Nr. 11 (1996), S. 10–11.

Rudziński, Witold:
Kultura literacka Stanisława Moniuszki [Die literarische Kultur von S. M.],

in: Akademia Muzyczna w Łodzi (Hrsg.): Arcana Musicae. Księga prac dedykowanych pof. Franciszkowi Wesołowskiemu z okazji 85-lecia urodzin, Łódź 1999, S. 129–135.

Rudziński, Witold:
Moniuszko a Chopin, in: Chopin a muzyka europejska [Chopin und die europäische Musik], hrsg. v. Karol Musioł, Katowice 1977, S. 120–128.

Rudziński, Witold:
Pieśni Moniuszki we Francji [Lieder Moniuszkos in Frankreich], in: Studia Hieronimo Feicht septuagenario dedicata, Kraków 1967.

Rudziński, Witold:
Rewelacje moniuszkowskie [Moniuszko-Entdeckungen], in: RUCH MUZYCZNY Nr. 1 (1997), S. 30–31.

Rudziński, Witold:
Romantyzm. Już miesiąc zaszedł... Chopin i Moniuszko – kompozytorzy warszawscy [Romantik. Der Mond ging schon auf... Chopin und Moniuszko – Warschauer Komponisten], in: Rudziński, Witold: Dzwięki i rozdzwięki [Klänge und Missklänge], Warszawa 1985, S. 106–115.

Rudziński, Witold:
Śladami Stanisława Moniuszki. W Ubielu i w Minsku [Auf den Spuren von S. M. in Ubiel und Minsk], in: RUCH MUZYCZNY 27 (1983), H. 17, S. 20–21.

Rudziński, Witold:
Tradycje demokratyczne w utworach Stanisława Moniuszki [Demokratische Traditionen in den Werken von S. M.], in: Muzyka a rewolucja (= Zeszyty naukowe Akademii Muzycznej im. K Szymanowskiego w Katowicach, Nr. 19), Katowice 1982, S. 52–63.

Rudziński, Witold:
Z zagadnień moniuszkowskiej dramaturgii operowej [Aus Problemen der Operndramaturgie Moniuszkos], in: Z dziejów muzyki polskiej, Bd. 14 (1969), S. 139–148.

Sadoŭski, Jafim:
Stanislaŭ Manjuška v Belarusi [S. M. in Weißrußland], in: POLYMJA 1956, Nr. 8, Minsk 1956, o. S.

Sivert, Tadeusz:
Z dziejów inscenizacji »Widm« Moniuszki-Mickiewicza [Aus der Geschichte der Inszenierungen der »Widma« von Moniuszko-Mickiewicz], in: Studia z dziejów teatru w Polsce [Untersuchungen zur Geschichte des Theaters in Polen], hrsg. v. T. S., Tom VI, Wrocław u. a. 1968, S. 83–113.

Skorabahataŭ, Viktar/ Marchel', Uladzimir:
Stanislaŭ Manjuška, in: Skorabahataŭ, Viktar: Zajhrali spadčynnyja kuranty. C'ikl narysaŭ z historyi prafesijnaj muzyčnaj kul'tury Belarusi [Es spiel-

ten die ererbten Glockenspiele. Ein Zyklus von Abrissen zur Geschichte der professionellen Musikkultur Weißrußlands], Minsk 1998, S. 67–97.

Skorabahataŭ, Viktar:
»... Ja lirnik vjaskovy«. Stanislaŭ Manjuška i Uladzislaŭ Syrakomlja [»Ich bin der Dorfleiermann«. Stanisław Moniuszko und Władysław Syrokomla], in: RODNAE SLOVA 1997, S. 161–171.

Skorabahataŭ, Viktar:
»Razhani ž mae ŭzdychanni, sėrca vypaŭni žadanni...« Stanislaŭ Manjuška i Vincėnt Dunin-Marcinkevič, in: RODNAE SLOVA 2 (1997), S.149–161.

Spóz, Andrzej:
O dacie powstania »Strasznego dworu« [Über das Entstehungsdatum von »Straszny dwór«], in: Dzieło muzyczne. Teoria, historia, interpretacja [Das Musikwerk. Theorie, Geschichte, Interpretation]. Prof. Józefowi M. Chomińskiemu w 70-ą rocznicę urodzin, Kraków 1984, S. 339–345.

Spóz, Andrzej:
Tradycje moniuszkowskie w Warszawskim Towarzystwie Muzycznym w latach 1871–1914 [Moniuszko-Traditionen in der Warschauer Musikgesellschaft in den Jahren 1871–1914], in: Szkice o kulturze muzycznej XIX wieku. Studia i materiały [Skizzen zur Musikkultur des 19. Jhdts. Studien und Materialien], Bd. 2, hrsg. v. Zofia Chechlińska, Warszawa 1973, S. 233–286.

Sydow, B. E.:
Moniuszko w Berlinie [Moniuszko in Berlin], in: ŻYCIE ŚPIEWACZE Nr. 1–2 (1951).

Szeligowski, Tadeusz:
»Paria« Stanisława Moniuszki, in: MUZYKA Nr. 3 (1951), S. 28–29.

Ziejka, F.:
Paryska przygoda »Halki« [Das Pariser Abenteuer der »Halka«], in: RUCH LITERACKI (1991) H. 4, S. 387–392.

2 Werkverzeichnis (Auswahl)

VOKALMUSIK
über 300 Lieder für Singstimme und Klavierbegleitung in 6 *Liederbüchern für den Hausgebrauch* [*Śpiewniki domowe*]. Erscheinungsjahre: 1843, 1845, 1851, 1855, 1858, 1859. Weitere 6 Liederbücher postum herausgegeben in den Jahren 1873, 1908 (8., 9. und 11. Liederbuch), 1909 (10. Liederbuch) sowie 1910 (12. Liederbuch).

BÜHNENWERKE
Loteria [Lotterie], Oper, 1 Akt, Libretto Oskar Milewski, ca. 1840, UA Grodno 8.9.1841.

Pobór rekrutów [Die Rekrutenauswahl], Oper (fragm.), zusammen mit Krzyżanowski, Libretto Wincenty Dunin-Marcinkiewicz, vor dem 23.9.1841, UA Minsk 23.9.1841.

Sielanka [Idylle], Oper, 2 Akte, zusammen mit Krzyżanowski, Libretto Wincenty Dunin-Marcinkiewicz, UA Minsk 1842.

Halka, Oper, 2 Akte, Libretto Włodzimierz Wolski, 1846–47, UA Wilna 1.1.1848 (konzertant).

Jawnuta, Idylle, 2 Akte, Libretto Władysław Ludwik Anszyc, 1850, UA Wilna 20.5.1852.

Bettly, Komische Oper, 2 Akte, Libretto Feliks Schober, 1852, UA Wilna 20.5.1852.

Halka, Oper, 4 Akte, Libretto Włodzimierz Wolski, 1857, UA Warschau 1.1.1858.

Flis [Der Flößer], Oper, 1 Akt, Libretto Stanisław Bogusławski, 1858, UA Warschau 24.9.1858.

Hrabina [Die Gräfin], Oper 3 Akte, Libretto Włodzimierz Wolski, 1859, UA Warschau, 7.2.1860.

Verbum nobile, Oper, 1 Akt, Libretto Jan Chęciński, 1860, Warschau 1.1.1861.

Straszny dwór [Das Gespensterschloß], Oper, 4 Akte, Libretto Jan Chęciński, 1861–62, UA Warschau 28.9.1865.

Paria, Oper, 3 Akte mit Prolog, Libretto Jan Chęciński, 1859. 1869, UA Warschau 11.12.1869.

Milda, Mythologische Kantate, nach Józef Ignacy Kraszewski, 1848, Solo, Chor, Orchester, UA Wilna 18.12.1848.

Widma [Ahnengeister], Kantate, nach Adam Mickiewicz, ca. 1852, Solo, Chor, Orchester, UA Warschau 22.1.1865.

Sonety krymskie [Krim-Sonette], Kantate, Adam Mickiewicz, 1867, Solo, Chor, Orchester, UA Warschau 16.2.1868.

Witolorauda [Witolds Klage], 9 Lieder für Chor, Text Józef Ignacy Kraszewski, 1842, UA Wilna 1848.

4 Litanie ostrobramskie [4 Ostra-Brama-Litaneien], 1843–1855, Solo, Chor, Orchester.

Msza piotrowińska [Piotrowinsker Messe] B-Dur, Text Justyn Wojewódzki, Soli, Chor, Orchester, 1872, UA 19.5.1872.

INSTRUMENTALMUSIK

Bajka (Conte d'hiver), Phantastische Ouverture für Orchester, 1848, UA Wilna 1848.

Monte Christo, Ballett, 5 Akte, 1866, UA Warschau 27.8.1866.

Na kwaterunku / Na kwaterze [Im Quartier], Ballett, 1 Akt, 1868, UA Warschau 6.9.1868.

2 Streichquartette d-Moll, F-Dur, 1839 und 1840.

Anhang

6 Polonaisen Fis-Dur, Es-Dur, Es-Dur, D-Dur, es-Moll, G-Dur, Erstdruck Wilna 1846.

3 Verzeichnis der Abbildungen

Abb. 1: Zeitgenössische Darstellung von Ubiel (Archiv der Warschauer Musikgesellschaft)
Abb. 2: Zeichnung von Czesław Moniuszko, um 1844 (Jachimecki, Moniuszko, 1983, Bildteil)
Abb. 3: Theaterplakat von 1858 (Niewiadomski, Stanisław Moniuszko, 1928, nach S. 34)
Abb. 4: Paulina Rivoli als Halka (Niewiadomski, Stanisław Moniuszko, 1928, nach S. 38)
Abb. 5: Zeichnung von Czesław Moniuszko, um 1850 (Archiv der Warschauer Musikgesellschaft)
Abb. 6: Fotografie von Stanisław Moniszko, um 1870 (Polnische Nationalbibliothek, Polona.pl)
Abb. 7: Leichenzug Moniuszkos 1872, Zeichnung von Henryk Pillati (KŁOSY Nr. 364, 8.6./ 20.6.1872)
Abb. 8: Theaterzettel zur 500. Aufführung von *Halka* (Polnische Nationalbibliothek, Polona.pl)
Abb. 9: Ansichtskarte von 1900 (Polnische Nationalbibliothek, Polona.pl)
Abb. 10: Arbeiten am Moniuszko-Denkmal für Graudenz (Narodowe Archiwum Cyfrowe)
Abb. 11: 100.000-Złoty-Banknote (Privatbesitz)

4 Quellen der Notenbeispiele

Polonez staroszlachecki, in: Oskar Kolberg: Mazowsze, Bd. 2, Kraków 1885, Nr. 739 (wiedergegeben nach MGG Artikel Polonaise, Sp. 1687).

Notenbeispiele aus *Halka* nach: Stanisław Moniuszko: Halka. Wyciąg fortepianowy, opracował Władysław Raczkowski, Kraków: Polskie Wydawnictwo Muzyczne 1966.

Notenbeispiele aus *Straszny Dwór* nach: Stanisław Moniuszko: Straszny dwór. Wyciąg fortepianowy, opracował Jerzy Lefeld, Kraków: Polskie Wydawnictwo Muzyczne ²1958.

Notenbeispiel aus *Zosia* nach: Erwin Nowaczyk: Pieśni solowe Stanisława Moniuszki. Katalog tematyczny [Sololieder S. Moniuszkos. Thematischer Katalog], Kraków 1954, Nr. 299.

Żal dziewczyny. Aus: Stanisław Moniuszko. Pieśni, Bd. 2: Ballady i śpiewy dramatyczne, redakcja Erwin Nowaczyk, Kraków: Polskie Wydawnictwo Muzyczne, 1982, S. 36–40.

Anhang

5 Stanisław Moniuszko: *Żal dziewczyny*

Żal dziewczyny 1

Anhang

Żal dziewczyny 2

Zal dziewczyny 3

Anhang

Zal dziewczyny 4

Zal dziewczyny 5

VII Personenregister

Abramowicz, Ignacy 72, 81, 88, 106, 107
Adam, Adolphe 38
Alexander (Aleksandr) II., Zar von Russland 57, 72, 80, 107
Apponyi, Rudolphe 66
Auber, Daniel-Esprit François 32, 65, 75, 181-186

Bach, Johann Sebastian 25, 26, 64
Baliński, Karol 46, 60
Balzac, Honoré de 69
Beethoven, Ludwig van 34, 64
Bejlin, Hirš 151
Belgiojoso, Cristina 66
Bellini, Vincenzo 32, 69, 173
Bérat, Frédéric 38
Berg, Graf Fëdor 93
Berlioz, Hector 110
Blome, Gustav 63
Bogucki, Adolf 197
Bogusławski, Wojciech 79, 80, 100
Bohrer, Sophie 51
Boieldieu, François-Adrien 32
Bonoldi, Achilles 51, 55, 56, 69, 108
Boulanger, Nadia 224
Bücken, Ernst 222
Bulharyn, Tadeusz 56
Bülow, Hans von 185, 222

Chęciński, Jan 84, 85, 100, 101, 103, 180
Chodźko, Aleksander 69
Chodźko, Ignacy 152
Chodźko, Leonard 109
Chojecki, Edward 112
Chopin, Frédéric (Fryderyk) 6, 18, 23, 64, 67-69, 105, 110, 115, 135, 136, 175, 201, 206, 209-211, 214, 217, 218, 223-225, 228
Chybiński, Adolf 44, 217, 218
Cui, César 34, 35, 93, 94, 113, 115
Custine, Astolphe de 69
Czartoryska, Marcelina 67, 109, 110
Czartoryski, Adam 68, 69
Czeczot, Jan 152
Czyński, Jan 68
Čiurlionis, Mikalojus Konstantinas 229

Dammas, Heinrich 27
Dargomyžskij, Aleksandr 52, 110, 113, 115
Delacroix, Eugène 69
Delavigne, Jean François Casimir 19, 20, 95, 125
Dessauer, Josef 38
Deszczyński, Józef 30
Dobrowolski, Adam 206

251

Personenregister

Dobrski, Julian 81, 86, 106
Dobrzyński, Ignacy Feliks 5, 37, 38, 53, 73, 97, 106
Donizetti, Gaetano 75, 173
Dowiakowska, Bronisława 86
Dreyschock, Alexander 26
Dunin-Marcinkiewicz, Wincenty 16, 36, 151-153

Elsner, Józef 17, 18, 28, 105

Fasch, Johann Friedrich 24
Fauré, Gabriel 110
Fijałkowski, Antoni Melchior 91
Flotow, Friedrich von 91
Fołtyn, Maria 228
Franck, César 66
Frank, Dr. 19, 31
Frank, Joseph 23
Fredro, Aleksander 27, 33, 100
Freyer, August 17, 18, 106, 107

Gautier, Théophile 69
Gevaërt, François-Auguste 65
Gier, Albert 186, 187
Girardin, Delphine 66
Girardin, Emile 66
Glinka, Michail Ivanovič 52, 110, 115
Gorčakov, Michail D. 64, 111
Gounod, Charles 110
Grabowska, Gräfin 67
Grieg, Edvard 211
Groddeck, Gottfried Ernst 23
Grottger, Artur 202
Grzymała, Wojciech 182

Gwozdecki, Baltazar 5

Haydn, Joseph 34
Halpert, Boris 47
Händel, Georg Friedrich 26
Hauke, Aleksander 124
Heine, Heinrich 69
Henselt, Adolf 26
d'Herbelot, Alphonse 68
Hérold, Ferdinand 32, 65
Herz, Henri 69
Hiller, Ferdinand 69
Hitler, Adolf 229, 230
Hoffmann, E. T. A. 17
Holland, Jan David 30
Holtei von, Karl 32
Hugo, Victor 69

Ilcewicz, Edward 77, 95, 97, 98, 121, 144, 157
Isouard, Nicolas 32
Iwański, August 146, 147

Kalergis, Jan 62
Kalergis, Maria 62-64, 109, 111
Kalkbrenner, Friedrich 69
Karaffa-Korbut, Piotr 16
Karasowski, Maurycy 76, 85, 136, 155, 195
Karłowicz, Jan 55, 76, 77, 119, 147, 204, 205
Karłowicz, Mieczysław 204, 229
Każyński, Wiktor 32, 56
Kątski, Apolinary 55, 74, 106-108, 132, 152
Kenig, Józef 4, 60, 155, 210

Kirkor, Adam 55, 136
Klaczko, Julian 109
Kleczyński, Jan 137, 208, 211, 213
Kleszczyńska, Julia 131
Koehler, Jan 86
Kolberg, Oskar 5, 74, 76, 156, 196
Kondratowicz, Ludwik s. Syrokomla
Korwin-Milewski, Oskar 16, 152
Korzeniowski, Józef 44, 47, 78, 79, 144
Koziegrodzka, Agata 131
Koźmian, Andrzej Edward 109, 112
Koźmian, Kajetan 18
Krasiński, Zygmunt 68
Kraszewski, Józef Ignacy 38, 39, 48, 49, 75, 98, 112, 147, 152, 158
Krępowiecki, Tadeusz 68
Kronenberg, Leopold 207
Krzyżanowski, Ignacy 106
Krzyżanowski, Konstanty 151
Kuczyński, Alojzy 195
Kullak, Theodor 26
Kurpiński, Karol 44, 70, 74, 85, 182

Le Brun, Tomasz 197
Legatowicz, Ignacy Piotr 151
Legouvé, Ernest 69
Lelewel, Joachim 68, 83, 142
Lemaitre, Frédéric 110
Lesznowski, Antoni 76, 193
Levezow, Karl 26
Liszt, Franz 51, 65, 67
Loewe, Carl 25
Lukašenko, Aljaksandr 228
L' vov, Fürst Aleksej 42, 52

Łada, Kazimierz 196
Łopacińska, Dorota 33
Łuszczewska, Jadwiga („Deotyma") 58, 64

Madżarska, Elżbieta 11
Malibran, Maria 110
Marczewski, Hipolit 208
Marrené-Morzkowska, Walerya 95
Martin, Aleksander 5, 74
Massenet, Jules 110
Maszyński, Piotr 198, 205
Matejko, Jan 202
Matuszyński, Leopold 76, 106, 193, 194
Mendelssohn-Bartholdy, Felix 24, 25, 34
Mérimée, Prosper 69
Meyerbeer, Giacomo 64, 65
Michelet, Jules 69
Mickiewicz, Adam 15, 18, 27, 30, 68, 69, 71, 99-101, 103, 104, 135, 136, 148, 150, 176
Mickiewicz, Władysław 110
Mierzwiński, Władysław 207, 208
Miladowski, Florian 54
Milewski, Oskar 27, 28, 31
Miller, Antoni 201
Miłosz, Czesław 229
Minejko, Stanisław 33
Młodziejowska, Nuna 200
Młynarski, Emil 207
Mokrzecki, Onufry A. 151
Moniuszko, Aleksander 14, 15, 19
Moniuszko, Aleksandra, geb. Müller 20, 32

Moniuszko, Czesław 11-16, 33, 105, 131, 151
Moniuszko, Dominik 14-16
Moniuszko, Ignacy 14, 131
Moniuszko, Józef 14
Moniuszko, Kazimierz 14-16, 18, 19, 27
Monpou, Hippolyte 38
Montalembert, Charles de 69
Moraczewska, Bibianna 145
Mostowski, Edward 33
Mozart, Wolfgang Amadeus 32, 34, 64
Muchanov, Sergej 124
Müller, Jan 3
Müller, Ksawery 21
Müller, Maria 21
Müller, Wenzel 32
Münchheimer, Adam 5, 74, 107, 205, 209

Napoleon Bonaparte 14
Napoleon III. 68, 112
Nesselrode-Ehreshoven, Friedrich Carl Reichsgraf von 62
Nesselrode-Ehreshoven, Karl Robert Graf von 62
Nesselrode-Ehreshoven, Tekla geb. Nałęcz Górska 62
Nidecki, Tomasz 45, 47, 48, 105
Niemcewicz, Julian Ursyn 16, 31, 38
Norwid, Cyprian Kamil 68, 210, 223
Noskowski, Zygmunt 101, 205, 208
Nowowiejski, Feliks 185

Odyniec, Edward 144

Offenbach, Jacques 121, 129
Ogiński, Michael Kleophas (Michał Kleofas) 11
Onacewicz, Ignacy 42
Opieński, Henryk 101
Orfila, Anne Gabrielle 66
Orgelbrand, Hipolit 196
Osztorp, Franciszek 11

Paderewski, Ignacy Jan 214
Paër, Ferdinando 32
Pasdeloup, Jules 67
Paskevič, Ivan 88
Perrin, Emil 112
Pierluigi da Palestrina, Giovanni 26
Pivoda, František 117
Pleyel, Camille 69
Pług, Adam 152
Podbereski, Romuald 41, 147
Poliński, Aleksander 205, 211, 212
Poniatowski, Józef Michał 71, 111, 112
Poniatowski, Stanisław August 17
Potocka, Laura 67
Procházka, Ludevit 118
Prus, Bolesław 123
Pruszakowa, Seweryna z Żochowskich 149
Przeciszewska, Józefa 69, 70, 109
Przeciszewski, Antoni 70, 109
Przybylski, Wacław 47
Puget, P.L. 38
Pułaski, Kazimierz Aleksander 68

Quattrini, Jan 58
Quattrini, Tomasz 73, 80

Quinet, Edgar 69
Radziwiłł, Anton (Antoni) Fürst 26
Rajchman, Aleksander 205
Rameau, Jean-Philippe 20
Reichardt, Johann Friedrich 25
Reiss, Józef Władysław 224
Renner, Jan 30, 31
Riemann, Hugo 222
Riess, Ferdinand 26
Rivoli, Paulina 61, 106
Römer, Alfred 69
Römer, Edward 39
Römer, Seweryn 46, 147
Rosołowski, Dr. 19
Rossini, Gioachino 54, 66, 71, 82, 108, 110, 113
Rudziński, Witold 130, 227
Rungenhagen, Carl Friedrich 23-26, 28
Rywacka, Ludwika 106
Ryszczewski, Leon 110, 112
Ryszczewska, Michalina 112

Saint-Antoine, Daniel de 68
Saint-Saëns, Camille 110
Sand, George 69, 110
Sauzay, Eugène 67
Schiller, Leon 227
Schmidkoff, Wilhelm 32, 181
Schneider, Friedrich 17
Schneider, Georg Abraham 26
Schubert, Franz 64
Schumann, Robert 25, 162
Scudo, Pierre 109
Serov, Aleksandr 53, 115

Servais, Adrien-François 51
Sienkiewicz, Henryk 202
Sierakowski, Wacław 162
Sikorski, Józef 40, 44-46, 48, 50, 51, 57, 60, 73, 76, 83, 86, 106, 127, 141, 144, 145, 146, 170, 188, 203
Sittard, Josef 222, 223
Słowacki, Juliusz 68, 135
Smetana, Bedřich 80, 117-120, 221
Sowiński, Albert (Wojciech) 67, 69-71, 109, 210
Spontini, Gaspare 26, 34
Stefani, Jan 44
Stefanowicz, Dominik 19
Strohm, Heinrich 230
Sygietyński, Antoni 211
Syrokomla, Władysław (Ludwik Kondratowicz) 144, 148-150, 152, 153
Szanser, Władysław 134, 137
Szmuglewicz, Franciszek 42
Sztyrmer, Ludwik 159
Szymanowski, Karol 216, 217
Szymanowski, Wacław 19

Thalberg, Sigismund 26, 67
Tietjen, Heinz 230
Titius, Julian 47, 144
Toeplitz, Henryk 109
Tyszkiewicz, Eustachy 55
Tyszkiewicz, Rafał 33, 34

Verdi, Giuseppe 75
Viardot, Louis 110
Viardot-García, Paulina 110, 111
Viel'gorskij, Matvej 53

Personenregister

Vieuxtemps, Henri 51
Vigny, Alfred de 69

Wagner, Richard 112, 175, 221, 224
Walewski, Aleksander 68
Walicki, Aleksander 26, 130, 134, 136, 137, 144, 151, 170, 174, 175
Weber, Carl Maria von 32, 163
Wieck, Clara 26
Wielopolski, Graf Aleksander 91
Wieniawski, Henryk 55
Wieniawski, Józef 109, 110
Wilczyński, Kazimierz 34
Wiślicki, Władysław 121, 129, 135, 137, 204
Witwicki, Stefan 18

Wolski, Włodzimierz 44, 45, 62, 76, 82, 83, 85, 94, 95, 100, 180, 185-187
Worcell, Stanisław 68
Wyssogota-Zakrzewski, Ignacy 21

Zahorowski, Władysław 205, 206
Zaleski, Bohdan 18
Zaleski, Bronisław 34
Zawiszanka, Helena 116, 117
Zelter, Carl Friedrich 24-26
Zimmerman, Pierre 66
Żeleński, Władysław 217
Żeligowski, Edward 34, 152
Żmichowska, Narcyza 145
Żółkowski, Alojzy 106
Żuławski, Andrzej 228